法学学位论文写作

韩立收 ◎ 著

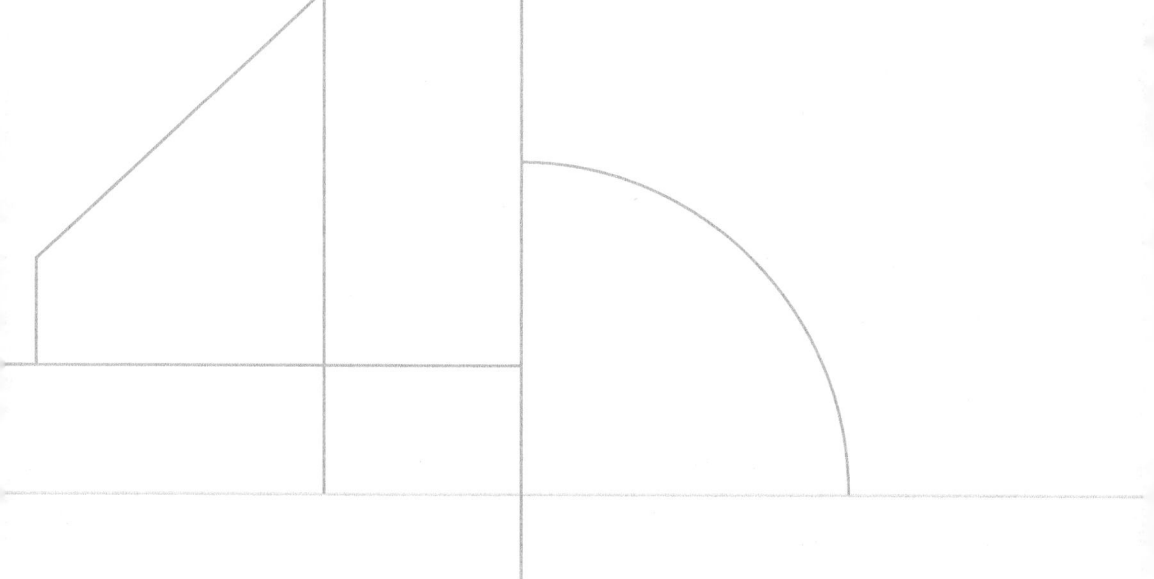

知识产权出版社
全国百佳图书出版单位
—北京—

图书在版编目（CIP）数据

法学学位论文写作 / 韩立收著 . —北京：知识产权出版社，2024.11. — ISBN 978-7-5130-9543-3

Ⅰ. D90

中国国家版本馆 CIP 数据核字第 2024TP4832 号

责任编辑：赵　昱　　　　　　　　　　　责任校对：谷　洋
封面设计：北京麦莫瑞文化传播有限公司　　责任印制：孙婷婷

法学学位论文写作

韩立收　著

出版发行	知识产权出版社有限责任公司	网　　址	http://www.ipph.cn
社　　址	北京市海淀区气象路 50 号院	邮　　编	100081
责编电话	010-82000860 转 8128	责编邮箱	zhaoyu@cnipr.com
发行电话	010-82000860 转 8101/8102	发行传真	010-82000893/82005070/82000270
印　　刷	北京九州迅驰传媒文化有限公司	经　　销	新华书店、各大网上书店及相关专业书店
开　　本	720mm×1000mm　1/16	印　　张	20.25
版　　次	2024 年 11 月第 1 版	印　　次	2024 年 11 月第 1 次印刷
字　　数	293 千字	定　　价	88.00 元
ISBN 978-7-5130-9543-3			

出版权专有　侵权必究
如有印装质量问题，本社负责调换。

卷首语

　　学位论文写作是大学生、研究生必经的一场孤身终极探险之旅。它命中注定，无可逃避，且只许成功，不许失败。你形单影只，踽踽前行，同时左顾右盼，瞻前顾后，直面旅途中无数不可预知的严峻挑战。学位论文写作迫使你不得不使出浑身解数，孤注一掷。在此过程中，你不仅要战胜自己的孤独和寂寞、懦弱和恐惧、懒惰和苟且，更重要的是必须战胜自己的无知和偏见、浮躁和卑俗。论文通过答辩，表明你已经脱胎换骨获得了新生，成功地完成这次旅行，胜利的欣喜也是无可比拟的！

序

"法学论文写作"的写法

我的朋友和同事韩立收教授是个有心人。他把自己从事法学教育教学，尤其是指导研究生学位论文的点点滴滴悉心记录、保存、整理、思考，终成一部书稿，命名为《法学学位论文写作》，且即将交付出版。

韩立收教授要我为这本书写个"序"，一开始我是明确拒绝的。一方面因为我确确实实地知道自己的学术斤两还是上不了秤的，所以几乎从不给别人（包括我自己的学生）的著作写"序"，这也算我有自知之明；另一方面因为从2000年就开始指导法学理论专业研究生，所以我对本书的这个主题肯定是关注的，但我对此并没有进行过系统化的思考，在这样主题的一本著作面前用文字来谈论其得失，我也非常惶恐不安。我不想作为无知的外行而开口，从而暴露自己的短板，虽然已年近花甲，脸皮够厚，并不会太在意"面子"，但若话说得不当而误导读者，尤其是误导年轻的学生，那罪过就大了。但韩立收教授一再坚持要我写一些话，几经权衡，我感觉如果还坚持谢绝，恐怕就有矫揉造作之嫌了，遂答应就这个主题本身而不是就他的这本著作，写点个人的感想。

其实，韩立收教授的这本著作的稿子我是浏览过两遍的。个人的一些意见和建议也直接给他提过，因此我不拟就本书进行褒贬评论，这个应该是留给读者特别是那些法科学生读者去做的。我在这里只想简单地谈谈我作为法学教师是如何看待"法学（学术、学位）论文写作"这类专著和课程的，也就是说我想谈的正是我对"法学（学术、学位）论文写作"的"写法"的一些个人看法。

"法学（学术、学位）论文写作"无疑是属于法学方法这个主题领域的。自1987年第一本《法学论文写作指南》（张永芳等编，辽宁人民出版社1987年版）正式出版以来，到目前为止共有三十余部关于法学论文写作的著作出版。这些著作的侧重点彼此不同、风格各异，但对我国法学教育和法律人才培养都有贡献与助益，我也零星地读过其中的四五本，受益良多。

就我指导研究生的经历和感悟，结合阅读"法学论文写作"主题的相关著作的体会，我深感"法学论文写作"很有必要认真对待和妥善处理如下问题：

第一，"法学论文写作"——无论是作为著作还是作为课程或者导师对学生的直接指导——都应该杜绝那种"功利"取向的"写作"指导。比如指导学生分析刊物、编辑的即期采稿兴趣与偏好，"投其所好"地有"针对"性地去"写作"和"投稿"，这种单纯地为了"发表"而写作的指导恐怕不是一种值得弘扬的优良学风和文风。

第二，"法学论文写作"应该避免将单纯的"写作"的"技""巧"作为重点来"教""授"给学生。写作的"技""巧"作为方法确实是学生要掌握的，但这种方法本身只是写作的"内容"的"表达"形式与载体。写作的"技""巧"是为写作的"内容"服务的，只是写作的"内容"的辅助手段。如果写作的"技""巧"本身成为"法学论文写作"的重点和核心,那就本末倒置了。

第三,"法学论文写作"的重点应该是教会学生"读书"(文献)。一方面要教给学生有效读书(文献)的"方法",即要让学生能够自己"读懂"所读之书(文献),使学生能够准确理解作者的观点和思想以及为什么作者要提出这样的观点和思想,从而对作者及其著作能够"同情地理解";另一方面要教会学生在有效读书(文献)之中"发现自己",也就是使学生在"读懂"所读之书(文献)的基础上,能够"独立""自主"地对所读之书(文献)的观点、思想、论据、论证"大胆怀疑"和"真切反思",进而对所读之书(文献)能够作出"妥当的评论",即褒贬有据且褒贬有度,能够克服"要么绝对正确要么绝对错误"这类极端化的学术认知与评价倾向。

第四,"法学论文写作"的核心应该是让学生学会"思想"(动词)或者"思考"。这也就是说:一方面要将现代法治的思想、观念、精神和原则融入"法学论文写作"的方法传授之中,使其成为学生思考问题的学术立场的意识基础和学术脉络的环境空间;另一方面,在此基础上,也要使学生能够逐渐养成独立思考、自主思考、自由思考的思维习惯,不人云亦云,而是有自己的主见并形成自己思考学术问题和社会问题的独特思维方式。

当然,"法学论文写作"毕竟只是涉及法学方法这个主题的一个侧面,不可能解决法律人才培养的全部问题或者主要问题,比如在审读硕士、博士研究生的学术论文和学位论文的时候,我就经常发现很多同学(绝非个别)文章里的很多句子没有"主语",但他们自己从没有觉得这些句子有问题,这是基本的语法问题,是中学语文课程要解决的;还有很多同学写文章根本不考虑句子的先后顺序安排，不知道哪些话应该先说，哪些话应该后说，胡乱安排句子的位置，读起来明显感觉颠三倒四的，这是没有逻辑思维能力的表现，应该是逻辑学这门课程要解决的。这些问题，"法学论文写作"一般也会涉及，但难以真正解决。因此，我们也不必对无论是作为著作的"法学论文写作"，还是作为课程的"法学论文写作"要求过多、期望太高。

以上仅是我个人对"法学论文写作"的写法的一些零零碎碎的想法，很不成熟，将其用文字呈现在这里，也是希望与韩立收教授的这本《法学学位论文写作》一起接受读者诸君，特别是法科同学们的检视与批评。

姚建宗

2023 年 2 月 27 日

海口市海甸岛荣域小区寓所

自序

跨越最后一道难关

"老师，法学学位论文到底应该怎么写？太难了。"这是笔者常被学生问到的问题，不仅正在进行论文写作的学生这样问，论文答辩通过已经毕业的学生有时也会问起同样的问题。有的硕士毕业生就因为对写论文心有余悸，怕以后博士论文答辩通不过，干脆放弃报考博士生。

学位论文的写作是本科及研究生学习的最后阶段，同时也是教学过程中最重要的环节之一。在整个大学时代，同学们往往对学位论文写作的经历感受最深。❶ 写作学位论文可以培养学生的综合素质，提高学生的科研能力，具有其他课程学习所不可替代的特殊作用。学位论文是学生在整个大学或研究生阶段学习成果的一个总的展现和检验，也是评定一所学校教学质量的重要指标之一。因此，各高等院校也一直都高度重视学位论文写

---

❶ 学生毕业离校走向工作岗位前，我与学生交流时最爱问的三个问题是："你对论文写作的感受如何？你最后一年的感受如何？你整个学生时代的感受如何？"不少同学对第一个问题的回答是："刻骨铭心！"

作工作。❶

　　在欧美大学中，即使是理工科系，在专业课程之外关于学术论文的写作也要讲授 20—30 学时，这是很普遍的。我国大部分高校对本科学生没有开设"论文写作"课程（开设讲座的较多），研究生一般也多是开设论文写作的选修课。不少学生由于缺乏课堂学习和平时的训练，对如何进行论文写作没有基本的认识，到写论文时往往感到压力很大，存在"三不"现象，即所谓"不想写，不敢写，不能写"，像中学那样"作文"成了"作难"。再加上他们对写作论文重视不够，以至于交给老师审阅的论文初稿质量很差，个别论文甚至在老师的指导下经过反复修改也难以达到学位论文最基本的要求。在多年的法学教学工作，尤其是指导学生学位论文写作的过程中，笔者深切地感到法学学位论文写作能力的培养是一个不容忽视的大问题。

　　目前我国已经有了很多有关法学学位论文写作的著作出版、论文发表，不少还是名家的作品。笔者从这些著作及论文中获益匪浅，同时也发现这些著述存在一些不足，不能完全满足法学学位论文课程教学的需要。这主要体现在：很少把论文写作看作一个创新的过程，更没有着重对如何培养创新思维能力展开探讨；往往缺少对毕业答辩环节的探讨，似乎答辩不是学位论文写作的必经环节；忽视学生在写作中亟待解决的心理焦虑问

---

❶ 谈到法学论文写作方法，人们很容易联想到两位名人对方法论探讨所抱有的强烈偏见。"就像人，如果终日为自省折磨，大多数情况下成为病人，而科学，如果总是抓住机会忙于研究自己的方法论，也常常是有病的科学。"（古斯塔夫·拉德布鲁赫：《法律智慧警句集》，舒国滢译，中国法制出版社 2001 年版，第 139 页）"能做研究的都做着研究；那些不能做研究的就胡扯其方法论。"（萨缪尔森：《我的人生哲学：政策信条和工作方式》，见迈克尔·曾伯格：《经济学大师的人生哲学》，侯玲等译，商务印书馆 2001 年版，第 334 页）

　　这两位学者的看法笔者不敢苟同。不懂方法论确实也可以写作，但只有懂得方法论才可以写出高质量的作品。这也正如不懂语法规则的人也会说话，但只有懂的人才可以从事研究。工欲善其事，必先利其器。研究方法的反省和自觉是学者学术成熟的标志，而方法论研究的系统化是一门学科摆脱幼稚阶段的体现！

题，不够贴合学生写作的实际需求。

本书除引言和结语外，按照写作顺序大致可分为四个部分：第一部分，论文动笔前的选题、文献综述、写作提纲、开题报告；第二部分，学术论证；第三部分，论文的体例格式及学术规范；第四部分，论文的写作及答辩。

本书的特点在于：

（1）注重论文写作的理论探讨，同时兼顾论文写作的技巧阐述。正如法律是价值、制度和现实的结合一样，法学学位论文写作的探讨也是写作理论、写作规范以及写作现实状况的结合。本书对"意在笔先与笔在意先""理论的证实与证伪"等问题进行了理论探讨，力求在写作理念上开阔同学们的视野。

（2）把论文写作与创新思维相结合。论文写作就是论文创作，创新是学术论文的生命所在。本书着重对问题意识、创新精神以及创新思维方法进行探讨。

（3）剖析法学学位论文写作正反两方面的大量案例。法学学位论文写作是一门实践性课程，正如案例教学法可以有效地培养学生的法律操作能力一样，通过大量写作实例的分析可以使学生更深刻地理解及掌握论文写作的方法。

（4）采用第一人称，以导师的视角按照学生论文写作的顺序，用轻松活泼的谈话式语言风格来阐述，手把手地引导学生，个性鲜明，可读性强。

笔者在整理自己多年教学讲义的基础上，用切身体会写就本书，以期对同学们有所帮助，同时也希望能够抛砖引玉，就教于各位方家。

是为序。

目录

引　言	……………………………………………	001
第一讲	确定选题………………………………	034
第二讲	文献综述………………………………	063
第三讲	写作提纲………………………………	094
第四讲	开题报告………………………………	118
第五讲	学术论证………………………………	128
第六讲	体例格式………………………………	183
第七讲	学术规范………………………………	244
第八讲	动笔写作………………………………	267
第九讲	毕业答辩………………………………	281
结　语	……………………………………………	298
主要参考文献	…………………………………	304
跋：冒险中的冒险	……………………………	309

引　言

　　学位论文的撰写，既是学生所学知识和技能的重温和综合运用的过程，也是学生独立探索，积极创新，对以后研究工作预演和模拟的过程。学位论文的完成既是本科、研究生学习的终点，又是毕业后新工作的起点。对相当一部分同学来说，也许一生就只写这一篇法学论文，写学位论文是人生中独一无二的特殊体验，值得倍加珍惜！对于研究生来说，学位论文的写作在整个学习阶段的地位尤其重要，甚至可以说研究生的学习过程就是一个"Paper Chase"的过程。❶

　　在规定的时间内写出一篇合格的论文绝非易事，它需要学生严肃认真地对待，付出足够的时间和努力。写论文是在体验一种经历，获得一种终身受用的能力，即发现问题，找出处理问题的适当方法，按照一定的沟通技巧阐述问题。论文写作是一种挑战，而挑战的结果是自己的丰硕收获——知识的增加和能力的提高。同学们"应该明白，论文是一次唯一地做一些可以使你终身受益的作业的机会"。❷

　　法学学位论文写作的探讨首先要清楚，为什么要写法学学位论文，何谓法学学位论文，它有什么特征，其最重要的特征是什么，进而什么样的

---

❶ 1973年，美国导演詹姆斯·布里奇斯（James Bridges）以当年哈佛法学院学生刻苦学习的实际经历，拍摄了一部名为"The Paper Chase"的电影（中文译为《平步青云》或《寒窗恋》《力争上游》）。这部电影在后来的几十年中一直被全美几乎每个法律系的学生视为"第一堂必修课"。Paper Chase，原指撒纸追踪游戏（旧时野外运动，在前边跑的人撒下纸屑让后边的人追踪），后主要指繁冗的文书工作，繁文缛节。电影的名字是指法科学生在学习（尤其是案例教学）中不懈努力、执着地追求法律知识和技能的过程。本书此处意指法科学生为学位论文（paper）的顺利通过而努力奋斗（chase）。

❷ 翁贝托·埃科：《大学生如何写毕业论文》，高俊方等译，华龄出版社2003年版，第45页。作者在该书第252页还有这样一种说法，令人印象深刻："第一次写论文，就像你们的初恋，很难令人忘怀。"

论文才是一篇合格的法学学位论文？弄清这些是写好法学学位论文的前提和基础。

一、为什么要写法学学位论文？[1]

论文写作是学术研究成果的最后展示阶段，它凝结着前面所有学术研究的努力和心血，是建立在前面研究基础上的，是治学不可分割的重要组成部分。[2]通过论文写作，可以培养和锻炼学术研究的综合能力。这些能力可以概括为两种：思维能力[3]和行动能力。具体来讲主要包括以下几个方面。

（一）培养阅读理解能力

对学生来说，阅读能力无论如何强调都不会过分。人们往往把"上学"说成"读书"，"上高中"说成"读高中"，"上大学"说成"读大学"，"上研究生"说成"读研究生"，就说明了这一点。读书是治学的基础，世界各地众多的读书会、读书小组的存在也说明了读书的重要性。在论文写作过程中，很重要的一个方面就是搜集和阅读大量的文献。这就需要学生对文献有很强的分类、分析、阅读、理解、整理以及评价的能力。考虑到资料搜集不仅是文献搜集，也包括通过社会调查等方法自己得到相关的资料，这里的阅读理解能力也包括调查及分析的能力。

---

[1] 2018年教育部办公厅发布《关于开展清理"唯论文、唯帽子、唯职称、唯学历、唯奖项"专项行动的通知》（教技厅函〔2018〕110号），指出将在各有关高校开展"唯论文、唯帽子、唯职称、唯学历、唯奖项"（简称"五唯"）清理。这是讲不要迷信论文，但论文的重要性仍是不言而喻的。

[2] 正因为如此，有本关于论文写作的书题目就定为"论文与治学"，参见郑也夫：《论文与治学》，中信出版社2018年版。

[3] 写作须臾离不开思维，思维的重要性无论如何强调都不会过分。正因为如此，有部论文写作著作的副标题就是"法学写作思维六讲"，参见阎天：《法意文心：法学写作思维六讲》，中国民主法制出版社2021年版。

（二）培养写作表达能力

仅仅自己头脑中有一定的思想观点是不够的，还要通过语言文字表达出来，让别人知道及理解。这主要指文字表达——书面提交论文，也包括语言表达——学位论文答辩。一个人的表达和沟通能力是非常重要的。写论文就是用语言文字表达自己观点和想法的过程，同时也是与别人沟通、交流的重要途径。全面而准确、清晰地表达自己，同时又使人明白你的意思，不是一件容易的事情。法学学位论文写作训练可以提高学生对本专业的学术表达能力。这包括学术概念的准确理解和使用，也包括对语法、标点符号用法等方面基本规范的遵循。

严耕望先生有云：

> 常有人说某人学问极好，可惜不写作。事实上，此话大有问题。某人可能常识丰富，也有见解，但不写作为文，他的学问议论只停留在见解看法的阶段，没有经过严肃的考验阶段，就不可能是有系统的真正成熟的知识。一个人的学术见解要想成为有系统的成熟的知识，就必须经过搜集材料，加以思考，最后系统化地写作出来，始能成为真知识真学问。因为平时找材料用思考，都是零碎的，未必严密，也无系统。在到写作时，各种矛盾，各种缺隙，各种问题，可能都钻出来了，须得经过更精细的复读，更严密的思考，一一解决，理出一条线索，把论断显豁出来，这条论断才站得住；否则只能算是个人看法而已，不足称为成熟的学问。所以写作是最精细的阅读，最严密的思考，也是问题研究进程中最严肃的最后阶段，非写作成文，不能视为研究终结。❶

这段话讲得实在太好了，恕我不避抄袭的嫌疑，一下子引用了这么多内容。它包括三个观点：其一，不写出来，就是零碎的、不严密、不系统

---

❶ 严耕望：《治史三书》，辽宁教育出版社1998年版，第95页。

的知识；其二，写作时可以发现自己思想的矛盾、漏洞和问题；其三，写作会逼着你梳理自己的思路，做更深入的思考，进而写出严谨的东西来。这里我还想再加上一条：写作会自动引出奇思妙想。写作中除了矛盾和问题会显露出来外，新的奇思妙想也往往会不自觉地涌现出来，就好像杯子溢满啤酒泡沫一样难以接住，所谓"文思泉涌""下笔如有神"就属于这种情况。写作中大脑高速旋转，思维往往很敏捷，新思路、新观点也很容易产生，其中包括很多平时根本想不到的、有价值的东西。"静生慧"的说法固然有道理，但是"动生慧"更常见，如急中生智就属于这种情况。❶

学术论文写作是对清晰、良好的表达能力的最佳训练，其对逻辑思维能力的培养尤其突出。培根有云："读书使人充实，讨论使人机智，笔记使人准确，读史使人明智，读诗使人灵秀，数学使人周密，科学使人深刻，伦理使人庄重，逻辑修辞使人善辩。"毛泽东也讲过：写文章可以"锻炼头脑的细致准确性"。"客观事物是独立存在的东西，全面地认识它，写成文章是不容易的事情。经过多次反复，才能比较接近客观实际，写出来经过大家讨论一下，搞成比较谨慎的作风，把问题把思想写成定型的语言文字，可以提高准确性。"❷不仅如此，写作还有利于将自己的经验概括总结，乃至于升华，变为理论，这对于学术研究是非常重要的。

"读""想""说"与"写"，完全是两回事。"读"明白了，"想"明白了，"说"明白了，还不是"写"明白了，中间隔着一堵墙。写作学术训练的价值要远远高过单纯地"读""想"或"说"。为此，我们不妨说"念头口头终觉浅，绝知此事要笔头"。固然"写而不思则罔"，但"思而不写

---

❶ 写作本身有一个自我激励的功能，并不是一件苦差事，往往会成为一种很愉快的正反馈体验。越写越愿意写，越喜欢写，写作（包括论文写作）会上瘾，往往是欲罢不能，甚至会成为"写作狂"，一天不写作就不舒服，就难受。这种感觉，不写作的人很难体会到。这方面内容读者可以参见：雷·布雷德伯里：《写作的禅机》，巨超译，江西人民出版社2019年版。

❷ 毛泽东谈文章写作之道，http://dangshi.people.com.cn/n1/2017/0406/c85037-29193515.html，2022年6月2日访问。

则殆","不写"是更加要不得的。多写才是硬道理!

(三) 提高个人学术素养

学术素养,顾名思义就是学术方面的基本素质和修养。它主要由学术意识、学术知识、学术能力以及学术伦理道德组成,体现的是创新精神和执行能力。它是获得研究成果的保证。学术研究是一项艰难而重要的工作。学位论文写作是一个准学术活动的完整过程,可以使学生直接感受学术活动的酸甜苦辣,有利于学生养成良好的学术研究习惯,为以后的学术研究工作打下良好的基础。这包括如何选题,如何搜集资料,如何写文献综述,如何利用各种相关的检索工具和软件,如何构思,如何论证,如何写好开题报告,如何修改论文,等等。同时,这也包括遵循各种学术规范。这里的学术规范包括逻辑规范、论文格式、伦理规范、语法和修辞规范、标点符号使用规范等。此外,学术素养还包括增强学生与老师等他人及机构在学术研究过程中相互配合、协调的能力。

论文写作可以培养和塑造法律职业共同体的价值观念。不断地接触和整理法学资料,学习他人的法律理论,必然潜移默化地接受法律人的观点和价值理念。这可以使学生能够尽快地在法学上找到自己的精神家园,强化自己的归属感。

(四) 锻炼心理承受能力

心理承受能力大致也属于学术素养的范畴,但由于比较特殊,为此专门予以阐述。论文写作中总会出现茫无头绪、焦头烂额、遭到批评等情况。这样的"苦难"经历,可以培养学生勤奋、认真、严谨的作风,使其具有坚韧的品格,不畏惧困难,不怕挫折,屡败屡战,愈挫愈奋,增强心理承受能力。马克思在《资本论》法文版序言中有云:"在科学上没有平坦的大道,只有不畏劳苦沿着陡峭山路攀登的人,才有希望达到光辉的顶点。"不少学生心理脆弱,一遇到困难就不知所措,甚至打退堂鼓,自暴自弃。写作论文是一个时间较长的"探险"过程,会遇到学术上、人际关系上的很多大大小小的问题和困难，这种"挫折教育"是对学生难得的锻炼机会，可以提高他们的"抗击打能力"。

学位论文写作过程可以使学生深刻认识到，困难、挫折、犯错是学习及研究的重要组成部分，也是进步、成功的必要一环。不难理解，一位耶鲁大学毕业的政治学博士有这样的感悟，"读博士就是必要的黑暗历练"，"读博士最大的意义并不在于学到了多少新知识，而在于经历一场自我摧毁与重建的修行并由此获得心智的成长"。❶

（五）培养学术创新能力

论文写作训练有别于以前的教学课程，前述它是综合性训练教学环节，这还不够，其实称它是在综合训练基础上的创新训练环节，更妥当些。这种训练与其他课程相比，关键不是"量"上的区别，而是"质"的区别。它是没有确定题目更没有标准答案的开放式教学课程，要求挑战自我、发挥潜力、自由创作、释放天性、实现创新。学位论文写作是对正式论文写作的模拟、实验。它要求学生按照学校的教学计划，在导师的指导下在规定的时间内，充分运用法学知识，独立从事科研工作，最后写出一篇具有一定创新性的论文。❷

考虑到文科与理工科不同的特点，所谓科研能力，就文科而言就往往体现为写作能力，尤其是对于理论型论文及专著的写作。论文是研究成果的最终表述，即科研成果的基本载体。

写论文，学生不仅要继承前人的东西，还要评价别人的学术观点，进而发现其局限和错误，在此基础上有所创新。创新是论文的生命。在论文写作中，学生可以摆脱传统填鸭式教学的桎梏，跳出"假大空"及

---

❶ 一位耶鲁毕业博士的感悟：必要的黑暗历练，https：//mp.weixin.qq.com/s/UFrokDtL1BR-1z0vTa8X4Q，2022年6月16日访问。

❷ 创新性是评价博士论文的核心标准，在2015年社科博士论文的抽检中"涉及的108篇不合格论文中，超过一半的论文被指出缺少创新性"。秦琳：《社会科学博士论文的质量底线——基于抽检不合格论文评阅意见的分析》，《北京大学教育评论》2018年第16卷第1期。

"高大全"式的思维模式，不迷信他人，不盲从权威，反思前人的观点和方法。

二、何谓法学学位论文？

法学学位论文具有"法学""学位""论文"三种基本特征。

（一）"法学"特征

首先来看"法学"特征，其包括"人文"要素和"专业"要素两个方面。

1. 人文要素

法学属于人文学科[1]，而理工科属于自然科学，二者有较大的区别。这主要体现在：第一，文科的研究一般不易计量、很难检验。通常讲实践是检验真理的标准，但文科的实践，往往不是一时、一地、一人或数人的实践，而可能是指整个人类社会或者一个、几个国家的几代人长期（数十年、上百年）的实践。这与自然科学的实验、检测、计量靠一个人或少数人，在短时间内就能得出结果不可同日而语。文科往往无法做实验，只能是"思想实验"。孙正聿教授曾讲："理科在实验，文科在文献。"[2] 这也说明文科的特殊性，以及文科要特别重视文献的作用。文科打基础最重要的就是文献的积累，简单地讲就是要大量地读书。第二，文科的问题很难取得一致的意见。文科研究者在研究过程中，不能不受自己的感情、经历、知识背景、价值取向的影响，往往对同一个问题不同的学者有截然相反的看法。不仅如此，同一位学者对同一个问题，在不同时期或场合下也可能观点不同。而理工科研究者则可以以一个旁观者的身份对研究对象进行分析和探讨，研究结果具有客观性，研究过程

---

[1] 法学属于社会科学，还是人文学科，这是一个颇有争议的问题。有兴趣的读者可以参阅：鲁道夫·冯·耶林：《法学是一门科学吗？》，李君韬译，法律出版社2010年版。

[2] 孙正聿：《立德树人：导师的形象和工作》，《学位与研究生教育》2020年第4期。

可以重复，不同的人得出的结论应是一致的。第三，文科研究的目的在于解释事实，主观性较强，相应的论文写作具有较大的自由度。而理工科的研究目的在于阐述事实，少有主观判断，相应的论文写作制约因素较多。

文科论文的这些特点客观上要求论文：第一，因为观点或理论往往不能验证，或很难获得验证，所以应特别重视其内在的逻辑自洽性，即自圆其说。第二，对其他学者的不同观点要有一个比较全面的认识和把握，并对其予以"同情式的理解"，能够容忍"异端邪说"，而不是把它们简单地予以完全否定。

2. 专业要素

与经济学论文、政治学论文等不同，法学论文写作的前提是对法学的特点有比较清楚的认识。法学具有哪些特征[1]，不同的学者有不同的看法[2]。确实，由于法学包括很多二级学科，内容比较庞杂，既包括法律的（of law）学问，又包括关于法律的（about law）的学问，其特征难以简单概括归纳。本书这里主要讲前者。笔者认为，法学的专业特征指论文研究法律问题，运用法律方法以及采用法律思维，具体来讲主要包括以下三种特征：[3]

首先，规范性。法学思维是一种相对保守性的思维，与经济学思维明显不同。经济学家总是问：有没有经济效率？能否提高生产力？能否做到价值最大化？法学家总是问：是否合法？有没有法律规定？法律是怎样规定的？其构成要件是什么？适用范围如何？能否实现正义？通常法学论文

---

[1] 法学属性与法律属性，严格来讲是有不同的，不过鉴于二者的密切联系，这里不予区分。

[2] 朱苏力教授认为，研究法学首先要了解法律有什么特点：法律是非常实用的，功利性很强的；法律是用来解决他人问题的；法律具有社会性。关于如何研究法学，他认为，首先要关心现实，要把焦点放在如何把事情办好办成；其次要注意宏观与微观相结合；再次要有强烈的社会责任感；最后要注意方法。朱苏力：《反思法学的特点》，《读书》1998年第1期。

此外，梁慧星先生认为，法律具有以下六种属性：规范性、社会性、逻辑性、概念性、目的性、正义性。见梁慧星：《法学学位论文写作方法》，法律出版社2012年版，第133-169页。

[3] 不少同学的论文在答辩时被评委批评为不是法学论文，就是因为论文没有体现法学的基本特征。

写作中需要引用法律条文，完全离开法律规范的法学研究就不是真正的法学研究。

其次，职业性。律师与法官、医生一样是职业（professional）人士，在西方这一般被认为是少数精英人物才能从事的领域。在德国职业法律工作者甚至被称为"法袍贵族"（noblesse de robe）。我们经常听到"普法"教育这样的说法，实际上法律知识以及法律技能是很难普及的。法学有自己的一套概念体系，法学论文主要采用法言法语来表述。也正因为如此，学术研究论文中总有人在使用许多有生命力的文言词语（许多法律概念本身就是文言词语），整个风格介于文（言）、白（话）之间。外国法学中有大量的拉丁词汇，以及古代的词汇，这在判例法国家表现尤其突出。不奇怪，在美国有"法律是另一门语言"的说法。❶此外，法律还往往使用长句子来表述，在英语中这一点体现得非常充分，现在我国不少法学家（如邓正来教授）也习惯用长句子，与一般汉语写作习惯使用短句有所不同。❷

法学是以法律现象为研究对象的一门独立学科，明显区别于其他学科，尤其是政治学。尽管法律与政治二者关系密切，甚至有这样的说法，"法律与政治是一枚硬币的两面"，但它们毕竟是两回事。学生要学会"像法律人那样思维"（thinking like a lawyer），同时"像法律人那样写作"（writing like a lawyer），充分利用法言法语来表达自己的观点，而不是一味地运用政治话语，把官方政策作为毋庸置疑的思考问题的前提。研究者要与研究对象，如国家现行法律，保持一定的距离，不能"亲密无间"，想当然地把法律中的理念作为自己应当具有的正确理念来看待，把"存在的就是合理的"奉为圭臬，而应该保持冷静审视、辩证批判的眼光。"以政

---

❶ 这与法律及法学的继承性也密切相关，如西方法律中不少概念是采用拉丁文表述的，不少仍然有效的判例是几百年前用当时的文字写成的。

❷ 正因为如此，有学者甚至有这样的看法：汉语不适宜表述法律。"汉语较为灵活，与法律语言的准确性容易发生冲突。法律语言需要多用长句、散句和紧句，而汉语则惯用短句、整句和松句。"而汉语的这种特点的产生"是因为在自然经济年代，生活节奏缓慢，社会关系较为简单"。郝铁川：《汉语与现代法治》，《检察日报》1999年7月28日。

策为教""以吏为师"的思维方式是法学研究的大忌。学生要明确法学本身具有独立于政治学的品性，法学工作者本身也有独立于政治家的人格，不能以政治政策分析来代替法律分析。

最后，社会性。世界上没有纯粹的法律问题，法学研究必须联系社会现实，要彻底解决法律问题必须从社会因素入手。法学研究突出的特点是要为社会服务，甚至是直接为社会某一具体问题服务，仅仅了解法律规范本身对研究法律来说是远远不够的，这也就是一些国家规定只有本科学习其他专业的学生毕业后才能报考法律专业的原因。一位19世纪的美国费城律师说过这样一句话："一个只懂法律的人，只是一个十足的傻瓜而已。"❶可谓精辟！

（二）"学位"特征

学位论文是为了获得学位而撰写的论文，这与一般期刊论文等明显不同。

1. 学术训练性

学位论文与一般学年论文一样，都带有学术训练的特点，其主要功用在于通过考核，所以也被称作"训练性论文"或"水平检测性论文"。❷

它与正式作品不同，是类似于绘画中的素描那样的习作。一般的论文写作是为了发表，目的在于促进学术交流，往往要具有实用价值，创新要达到一定的程度，通常不需要指导老师，但可以与他人合作完成，也没有必须写自己专业领域文章的限制。学位论文是学生学校学习的一部分，写作必须限制在自己的专业领域内，并且对时间和字数有明确的要求，必须个人独立完成，写作目的是申请学位。本科学位论文对创新性的要求较低，不必达到发表的程度。

---

❶ 博登海默：《法理学——法律哲学与法律方法》，邓正来译，中国政法大学出版社1999年版，第507页。

❷ 有人按照写作的目的和功用不同，把学术论文分为两大类，一种是传播性论文，一种是水平检测性论文。陈妙云：《学术论文写作》，广东人民出版社1998年版，第58页。

在学位论文的写作过程中，学生必须按照学校的要求，依序经过几个固定的写作阶段，并且严格遵守论文写作的格式，而在一般论文写作过程中并不一定遵循这样的规定，而是具有更大的自由度，依据具体情况而自己决定。如：不写文献综述，不写开题报告，甚至没有书面的写作提纲，更没有开题答辩以及论文答辩；论文可以没有目录，没有明显的"引言"及"结语"部分，其余各部分可以没有小标题而以"一、二、"等代替，结构格式中也可以不包括致谢部分，作者可以是多人，结构中可以有"题注""索引"，等等；论文文风更加自由，可以采用大量文学化的描述，广泛运用比喻、拟人、夸张等修辞手法。

学生写作是在学院教务部门的指引、管理及监督下，指导老师的指导下，"有计划按比例"地严格控制下进行的，有一定的时间限制及其他条件的制约，不完全是学生自觉自愿、独立的写作。❶同时，在论文的写作过程中，学校还对老师的指导有具体的要求，老师对学生的论文写作负有重要的责任。如：有些学校规定，指导老师必须填写指导学生记录表，必须对每个学生指导次数在三次以上，以及每位老师指导的学生人数一般为4名以内，最多不超过6名，等等。此外，学院还可能组织指导老师对学生的论文进行交叉评阅，以及成立本科或研究生毕业论文指导小组等来指导、督促老师和学生。最后，学院要组成答辩小组或答辩委员会进行答辩，对学生的论文分别进行评价并且给出成绩。这些都表明学生论文写作的学术训练性质。

2. 综合考查性 ❷

学位论文可以被看作一篇总结性独立作业论文，不同于平时课程测验或考试中的作业论文。学位论文的教学目标比较全面，不仅包括培养综合

---

❶ 学位论文不仅要保质保量地完成，而且要以看得见（可监督）的方式，通过"正当程序"（规定的方式、步骤、顺序和时限）完成。这类似司法审判要实体正义和程序正义都实现。

❷ 一般写作文也具有某种程度的综合性训练的特点。也正因为如此，文科考试一般最后都有一道大题，占分数比较多的，是作文题或论述题。甚至不少老师认为，有的考试只需要出一道作文题就够了，完全可以全方位考查出学生对知识的掌握及运用能力。相信，作文的这种综合性也是学生觉得"作文即作难"的基本原因。

运用所学知识、技能以发现、分析、解决法律问题的初步能力，培养搜集、整理、分析与综合各类文献资料的能力，还包括培养口头表达能力，以及培养不惧挫折的心理素质，等等。

学位论文写作是一种全真模拟训练，比较接近实际研究，可谓一般学习训练与实际研究之间的一个过渡环节。严格来讲，本科毕业论文及硕士论文还不是标准的论文，而只能称为"研习论文"或"准论文"，博士论文虽然也具有训练性，但由于质量较高，可以算是真正的论文。

（三）学位论文的种类

《科学技术报告、学位论文和学术论文的编写格式》（GB7713-87）规定："学位论文是表明作者从事科学研究取得创造性的结果或有了新的见解，并以此为内容撰写而成，作为提出申请授予相应的学位时评审用的学术论文。"不同的学位论文层级不同。学位论文包括学士论文（本科毕业论文）、硕士论文和博士论文。❶至于这几种学位论文的区别，有以下几种说法：

第一，从论文的字数上来评价不同的论文。❷如一般文科博士论文10万字至20万字，硕士论文3万字至5万字，❸学士论文6000字至1万字。

第二，从文章创新内容占论文内容的比例来评价。一般认为，博士论文有三分之一是专业常识性的内容，三分之一是本领域前沿别人观点的介绍和阐释，其余三分之一才是真正属于自己的观点，具有创新性的部分。不妨做如下类推，硕士论文只有五分之一左右的内容属于自己创新的部

---

❶ 严格来讲，就法学学位而言，有四种学位论文，除了上面三种外，还包括法律硕士专业学位论文，其要求与一般法律硕士论文有所不同，其最大的区别是这种学位论文必须属于实践应用型论文，不能属于理论探讨型论文，同时字数一般不低于2万字，少于学术硕士论文的不得低于3万字。

❷ 美国博士论文一般没有字数的明确要求，有的论文甚至只有一两万字。

❸ 有这样的例子：学校规定法律硕士论文至少2万字，学生开始写的字数达到要求，但后来为了应对"查重"删减了不少字数，导师及外审的专家都没有发现这一问题，给予通过了。最后答辩时发现，字数只有17700字，当即被判为"不通过"。

分，而学士论文则只有八分之一左右的内容属于自己创新的部分。

第三，从论文的实质内容创新程度上来评价。一般认为：博士论文应有创新的、比较系统的理论；硕士论文应有充分论据支撑的创新见解，未必系统化；学士论文应有一定的新思路和新观点。

此外，从写作时间上来看，一般学士论文在 10—16 周，而硕士论文至少为一年，博士论文写作则至少为两年。可以看出，学士论文的要求是最低的，可以说是按照最基本的论文写作训练的需要来提出要求的。

2024 年通过、将于 2025 年 1 月 1 日起实施的《中华人民共和国学位法》第 19 条规定：接受本科教育，通过规定的课程考核或者修满相应学分，通过毕业论文或者毕业设计等毕业环节审查，表明学位申请人达到下列水平的，授予学士学位：（一）在本学科或者专业领域较好地掌握基础理论、专门知识和基本技能；（二）具有从事学术研究或者承担专业实践工作的初步能力。❶ 由此看来，学士论文写作的要求主要还是在融会贯通自己四年大学所学知识的基础上，综合运用所学知识，深入理解论文主题领域别人的已有研究成果，分析不同观点的优势和劣势，有一定的心得体会，初步形成自己的观点，并用文字清晰地表达出来。

---

❶ 相比之下，国家对硕士及博士的要求就高多了。《中华人民共和国学位法》(2024 年通过，2025 年 1 月 1 日实施）规定：

第 20 条：接受硕士研究生教育，通过规定的课程考核或者修满相应学分，完成学术研究训练或者专业实践训练，通过学位论文答辩或者规定的实践成果答辩，表明学位申请人达到下列水平的，授予硕士学位：

（一）在本学科或者专业领域掌握坚实的基础理论和系统的专门知识；

（二）学术学位申请人应当具有从事学术研究工作的能力，专业学位申请人应当具有承担专业实践工作的能力。

第 21 条：接受博士研究生教育，通过规定的课程考核或者修满相应学分，完成学术研究训练或者专业实践训练，通过学位论文答辩或者规定的实践成果答辩，表明学位申请人达到下列水平的，授予博士学位：

（一）在本学科或者专业领域掌握坚实全面的基础理论和系统深入的专门知识；

（二）学术学位申请人应当具有独立从事学术研究工作的能力，专业学位申请人应当具有独立承担专业实践工作的能力；

（三）学术学位申请人应当在学术研究领域做出创新性成果，专业学位申请人应当在专业实践领域做出创新性成果。

学士论文的写作是学生科学研究的规范和起步。学习的开端始于模仿。学士论文很重要的方面在于模仿和学习别人的东西,如参考别人的观点,参考别人的思维方式以及别人写作的技巧,等等。在学习阶段"照葫芦画瓢"并不是一件丢人的事情,而是一种学术必经阶段。在中央电视台的《对话》栏目中,曾经有一位企业家在谈到管理方法的创新时,说过这样一句话:"目前中国企业最好的管理方式创新,就是尽快模仿西方企业成熟的管理方法。"我想对写学士论文的学生来说,这句话的实质精神也是适用的。当然,硕士及博士论文的要求相比学士论文就高多了,对此我们在下面进一步阐述。❶

(四)"论文"特征

法学学位论文具有"文""论"及"学术"三个要素,它具有一般"文章"的特点,同时具有"议论文"以及"学术论文"的特点。

1. 文章

何谓文章?文章就是围绕一个核心的文字集合!写作是人运用语言文字符号以记述的方式反映事物、表达思想感情、传递知识信息、实现交流沟通的创造性脑力劳动过程。清末启蒙思想家严复在其翻译的《天演论》"译例言"中讲道:"译事三难:信、达、雅。求其信,已大难矣!顾信矣,不达,虽译,犹不译也,则达尚焉。"❷其实,对于论文写作也要达到信、达、雅的目标。信,就是有道理,正确;达,就是深刻,有新的观点;雅,就是简明优雅,使人容易接受。关于如何写文章的问题,很多著作作了详细的阐述,读者可以自己翻阅。这里只强调几点:

---

❶ 也正因如此,博士论文的学术训练属性有所降低,而学术创新属性比较突出。
❷ 赫胥黎:《天演论》,严复译,北京理工大学出版社2020年版,第5页。

引 言

首先,要有一个核心思想。零散的几句话往往构不成一篇文章。❶ 文章有一个内在的结构,是一个由句子、段落构成的有机统一整体。它表达的是作者完整的思想观点,同时,它也与读者进行清晰的有明确内容的思想交流。

其次,要有真情实感。论文应"只写自己所深知者",不能人云亦云,无病呻吟,没有真正属于自己的观点。任何一篇论文只有首先自己觉得有话要说❷,并且认为自己的观点很有道理,才有可能说服别人,"以其昏昏"是无法"使人昭昭"的。❸"有真意,去粉饰,少做作,无卖弄",❹ 这应是写作一切文章的基本道理。同学们之所以害怕写文章,很大程度上也是因为自己不喜欢写文章,自己根本就没有写文章的欲望,勉强写出来的文章连自己都不满意、不相信。❺ 黄庭坚赞苏东坡"嬉笑怒骂皆成文章",虽然对一般人来讲嬉笑怒骂未必皆能成文章,但嬉笑怒骂毫无疑问是文章写作的动力和前提基础。❻ 没有情感,甚至是强烈的情感,是无法写好文章的。

---

❶ 文章不一定很长。北岛有一首诗,题目为"生活",全诗只有一个字"网",可谓"一字诗"。它实际表达的是"生活就像一张网",核心思想明确,尽管简单,也是一篇文章。英国曾举行短文大赛,要求用最短的语言写一篇小说,包含宗教、皇室、神秘和性,结果有人就用这样三句话的文章摘得了大奖:"My heavenly father, the queen is pregnant, who did it?"(上帝啊,女王怀孕了,谁干的?)这部小说情节完整,意思明确,还饶有趣味,当然也是一篇文章。

❷ "人类大抵都有着表现的欲望,用文字的技巧来实践这种表现的,这就是文章了。……所以,文章的好坏,往往决定于作者的意识和态度。"唐弢:《文章修养》第2版,生活·读书·新知三联书店1998年版,第3-4页。

❸ 季羡林先生有云:"凡是没有真正使我感动的事物,我决不下笔去写。"参见季羡林:《季羡林谈读书治学》,当代中国出版社2016年版,第44页。

❹ 鲁迅:《写作秘诀》,见《鲁迅全集》第四卷,人民文学出版社2005年版,第611页。

❺ 我国中学生上语文课往往有"三怕":一怕文言文,二怕周树人,三怕写作文。这里的"怕写作文"主要也是他们不愿意写自己不感兴趣的东西,以及不愿意以自己不感兴趣的方式写作。

❻ 刘鹗《老残游记》序言有云:"《离骚》为屈大夫之哭泣,《庄子》为蒙叟之哭泣,《史记》为太史公之哭泣,《草诗集》为杜工部之哭泣,李后主以词哭,八大山人以画哭。"《红楼梦》作者也自述:"满纸荒唐言,一把辛酸泪。"此外,刘慈欣《三体》中有这样的话语:"没有人性,会失去很多;没有兽性,失去一切!"依此,我们不妨这样说:"没有理性,失去很多;没有感性,失去一切!"

一般文学作品如此，实际上论文写作原则上也是如此。❶

最后，要看对象。正如射箭要看靶子一样，论文写作要有"读者意识"或称"市场意识""发表意识"，要作"读者分析"。写作应该是"见什么人说什么话"，不能"对牛弹琴"。论文不仅要自己懂，使自己受益，也要使读者懂，使读者受益。上法学专业课程时，老师总是要求学生"像律师那样思考"，现在对于论文写作，应要求学生"像读者那样思考"，心里想着读者，为读者着想，从读者角度思考，接受读者的考问，满足读者的需求。这一点常常被人们所忽视，然而"下笔时有一个对象，是为文的一个重要出发点"。❷ 这个问题"至关重要，因为它首先涉及著作的论述形式，同时也关系到你们想赋予著作内部的清晰程度"。❸

因为学位论文通常并不发表，它只是给指导老师、审议老师、答辩老师及学位委员会委员看的，似乎不言而喻，读者也就是这些老师，实际上并非如此，因为他们并不是想从论文中获取知识的读者。一般认为，论文的读者对象是同行。这表明读者不是大众，是专业人员。但论文的读者仅仅是同行中的一部分人员，并不是所有同行。考虑到学术论文的关键在于创新，学位论文的对象应该就是论文选题范围领域内的一般法学学者，具体来讲就是：懂得该专业领域的所有常识，但没有一点新知识的人。这类似于专利法上虚拟的"本领域普通技术人员"。❹

2. 论文

论文，又称议论文，它以记叙文、说明文为基础，但相比更加复杂。❺

---

❶ 亚里士多德有云"法律是最高的理性"。确实，法律与理性须臾不可分离，甚至可以说法律就是理性的象征，法学老师上课时也一直在强调这一点。然而法学论文写作的属性与法律属性不同，它与一般文章写作一样，需要理性，但同样需要情感，需要作者将自己的情感倾注其中，甚至要有激情，以此作为写作的强大驱动力。

❷ 张五常：《学术上的老人与海》，社会科学文献出版社 2001 年版，第 4 页。

❸ 翁贝托·埃科：《大学生如何写毕业论文》，高俊方等译，华龄出版社 2003 年版，第 195 页。

❹ 这类人具有该专利申请领域的全部常识及基本技能，但是没有关于该申请专利领域的哪怕一点新知识。申请的专利以他们为标准来衡量是否有创新，以他们作为评定人。

❺ 这也就是为什么我们小时候由浅入深的学习过程，先学记叙文、说明文的写作，然后再学议论文写作。

引 言

论文可谓有理有据的文字集合。仅有观点，没有对这些观点进行说理、论证以讲清楚持这些观点理由的不属于论文。诗歌、小说等文体总的说来重在"以情感人"❶，而论文则重在"以理服人"。论文不能含蓄、委婉，犹抱琵琶半遮面，让读者猜测作者的意图，而是直截了当，阐述自己的观点和理由。论文不同于公文。公文一般具有政治性、有效性、权威性等特点，重在介绍说明"是什么，应该怎么做"，要"把一件事情说清楚"，而论文则重在分析论证"为什么"，要"把一个道理说明白"。

"论"字，《说文解字》注云："凡言语，循其理得其宜谓之论。"❷没有"论"就不成"论文"。传播消息、表达感情的记叙文、说明文只是"描述对象"，阐述"是什么"，并不属于学术研究。论文要"论述对象"，在阐述"是什么"的基础上，再论证"为什么"。二者区别明显，如："皇帝死了，皇后也死了"这是"描述"，而"皇帝死了，皇后因为悲伤也死了"这就是"论述"（尽管是只包含一个因果判断、不完整的最简单论述）。再如："人是生而自由的，但却无往不在枷锁之中"就不是论述，而是描述，前半句是对信仰的描述，后半句是对现实的描述。

论文特别重视逻辑的运用，对因果关系的探讨，从这个意义上可以讲，论文写作就是做逻辑游戏。❸议论文从逻辑架构上讲一般应包括提出问题、分析问题、解决问题三个大的部分，论点、论据、论证三者缺一不可。如中学做几何题一样，论文必须逻辑严密，环环相扣，什么是"已知条件"，要"求证什么"，以及"证明过程"如何，一定要脉络清楚，有条有理。不少学生在写作中不能清醒地认识到以下问题：自己论证的前提条件是什么，即自己正在有意无意中采用什么样的理论模型（"研究范

---

❶ 网上有一首题目为"等"的小诗，据称获得2015年大学生短诗竞赛一等奖。"三岁你让我等你五分钟，二十三岁你却不回来。爸，我以后不要马路对面的冰糖葫芦了。"这确实是一首感情充沛的诗，但它不属于议论文的范畴。

❷ 《说文解字（一）》，汤可敬译注，中华书局2018年版，第479页。

❸ 不少学校的法学论文写作讲座是由该校学报人社版的编辑来讲授的，尽管他们往往不懂法学，同时不少学校也不开"法学论文写作课"而只开"论文写作课"，如复旦大学开设"通识学术写作系列讲座"课程。这些都是因为无论何种专业的论文写作课，最主要的都不是讲授专业知识，而是讲如何用文字来表达，即主要讲授逻辑思维和训练。

式"），该模型赖以成立的主要因素有哪些，这种理论模型的优势和劣势各是什么？他们一方面往往把未经证实的判断作为自己论述的先定基础，如"中国传统法律文化是专制的、落后的"等，另一方面也往往把某些理论模型，如维辛斯基的"统治阶级意志论"当成真理性的认识，不加反思地使用。

有些学生的论文只是一味自言自语，孤芳自赏，说明自己的观点如何重要和正确，没有严谨的论证过程，更没有一点驳辩的因素在内，对于比较尖锐的不同意见避之唯恐不及，更不必说主动挑起论战，似乎别人都完全同意自己的观点，或其他任何学者都没有对该问题发表过哪怕一句看法。论文实质上就是"辩论文"，它内在地要求作者与他人展开辩论，通过争论来求得真知。不少优秀的学术论文，如北京大学朱苏力教授的文章，往往主动为自己设立一个对立面，不断转换角色，进行争论，好像在"自我折磨"。这才反映了"论证"的本质。有些学生论文即使在论证中谈及别人的不同观点，也往往以"这是唯心主义""那是不可知论""这违背了马克思主义的基本观点"等说法一笔带过，类似用贴"黑标签"的简单方法来代替细致的分析。论证与一般日常争论不同，尤其强调要实事求是，"以理服人""摆事实，讲道理"，逻辑自洽，自圆其说，不能强词夺理，凭气势压人，更不能"上纲上线"。鲁迅先生说过"辱骂和恐吓绝不是战斗"，用在这里也是合适的。

有些学生论文只有对自己观点的说明及描述，而没有论证，缺乏理论性，在表达上也以叙述方式为主，体现为对问题的"五不"态度，即"不提出问题，不分析问题，不解决问题，不表示赞成什么，不表示反对什么"，实质上已经成了变相的记叙文，甚至说明文。究其原因，这些学生往往过分地强调论文得出的结论，而相对忽视了得出结论的理论前提假设以及具体的逻辑推理论证过程。其实对于学术论文来讲，尤其是对于学术训练来讲，结论并不是最重要的，关键应是论证过程。如：你完全可以批评黑格尔的法学观点保守，但你必须对其《法哲学原理》进行了严肃认真的分析后，才可以这样说。缺乏论证过程的论文根本也就不能称其为"论"文！论证的过程就是"说服的过程"，这包括"说服自己"，也包括"说服别人"，当然主要是在"说服自己"的基础上"说服他人"。

此外，一般小说等文章重视文学色彩，故事情节的趣味性、修辞的华丽以及语言的幽默，如象声词、儿化词、感叹词、语气词以及歇后语等往往大量使用，而议论文则并不追求语言及结构的对称、美观，也不追求无谓的生动、形象和语言的变化。不少学生在论文写作中采用了大量的具有文学色彩的语言（如把一篇关于网络赌球的论文主标题定为"足球向监狱的大门飞去"），几乎把文章写成了抒情诗，这样是不行的，如此往往是用绮丽的辞藻来掩饰空虚的内容，"有哗众取宠之心，无实事求是之意"，丧失了论文所应有的严谨性和逻辑性。❶当然，论文写作也不是一概排斥文采，"质胜文则野"，有文采本身是一件好事，然而讲究文采有一个原则，那就是一定要做到"以意役文"，而不能"以文役意"，❷否则就本末倒置，"文胜质则史"了。

3. 学术论文

法学学位论文不是一般的论文，而是学术性论文。《科学技术报告、学位论文和学术论文的编写格式》规定："学术论文是某一学术课题在实验性、理论性或观测性上具有新的研究结果或创新见解和知识的科学记录；或是某种已知原理应用于实际中取得新进展的科学总结，用以提供学术会议上宣读、交流或讨论；或学术刊物上发表；或作其他用途的书面文件。"社论、时评、杂文、书评、读书笔记、经验总结等一般的议论文也有不少论述的内容，甚至颇有新意，但是与学术论文具有明显的区别。

学术性可谓学术论文的首要特征，❸同时也是"学术论文"冠以"学

---

❶ 学生论文写作不严谨的情况比较严重。参见康星华：《论文科学生毕业论文的写作》，《海南大学学报》（人文社会科学版）2004年第22卷增刊。

❷ 饶鑫贤：《博观约取，厚积薄发——漫谈毕业论文的写作》，《中外法学》1991年第1期。

❸ 不少学校规定，在学位论文评审中，选题与综述占20分，创新性及论文的价值占20分，科研能力与基础知识占40分，论文的规范性占20分。这里占40%分数的"科研能力与基础知识"，主要就是指学生的"学术"论文写作的素养。

术"二字的基本原因。一篇成功的论文应该具有深刻的内涵,细致的考证、严密的推理以及准确的表述。具体包括以下方面:

第一,专业性。注重采用专业通用的术语、理论及研究方法,在一定程度上偏离大众话语,并不通俗易懂。即使概念所用语言与大众语言相同,往往也赋予其特殊的含义以与大众话语相区别。这种专业性,一方面保证研究在一个较小的范围内进行,有利于研究的深化,另一方面远离了常识,建立了学术壁垒,使学术论文与非专业性文章,以及不同专业领域的学术论文相互之间区别开来。❶

不少学生容易把论文写成理论宣传文章、教材或科学普及读物,下面把它们与论文进行比较分析。理论宣传文章与学术论文区别如下:❷(1)研究对象不同。前者的对象是社会政治、思想、生活中具有普遍性、时代性的问题,而后者的对象是科学领域具有明显专业性、学术性的问题。(2)作者不同。前者为报刊评论员、思想政治工作者等长期做行政工作的人,而后者为具有专业修养的专家。(3)读者不同。前者为社会大众,后者为同行专家。(4)论据类型不同。前者多为名人名言、中央文件、领导人讲话、历史史料、生活事实等,而后者为通过观察、实验、调查等获取的数据和材料。(5)结构不同。前者注重条理,而后者除此之外还必须符合国家论文的格式要求。(6)语言不同。前者比较平白、大众化,注重情理交融,往往包含浓厚的感情因素,而后者则追求客观、准确、术语化,理论色彩很浓,不带主观感情色彩。(7)写作目的不同。前者是现实意识形态的政治表现,其目的在于通过对党的政策和策略的理解、解释和宣传,解决思想问题,重视的是对某一特定的具体问题,而后者在于反映科研成果,传播科研信息。

学术论文与一般教材或普及读物也具有明显不同。教材内容往往是很

---

❶ 也正因为学术具有专业性,尽管也存在笼统地探讨论文写作的专著,但大部分相关专著还是限定探讨内容为某一专业的论文写作,因为毕竟不同专业的论文写作方法以及相应的学术规范是不大相同的。

❷ 陈妙云:《学术论文写作》,广东人民出版社1998年版,第56页。

多学者多年经验的总结和概括，具有权威性，通常面面俱到，比较系统化，但没有一个中心论点，并不追求深刻，而是强调深入浅出，以便于学生理解。其写作风格往往是以真理的口吻进行讲述，不容别人反驳或不理会别人的不同意见。普及读物则主要是介绍性内容，浅显易懂。二者都在一定的程度上偏重陈述，而不是论证。从这个意义上讲，教材和普及读物介于记叙文和议论文之间。而学术论文则是典型的论文，要紧紧围绕一个主题来展开细致的论证，站在一定的理论高度观察和剖析，提出自己的观念与见解。❶有学者认为，学位论文要深入浅出，具有通俗性，可读性强。笔者认为，既然是学术论文就不需要大众都能读懂，因为它的目的不在于此。同时由于学生的能力有限，即使想"深入浅出"恐怕也做不到。事实上只有学问大家写的作品才可能做到这一点。

第二，理论性。学术不是应用，而是理论知识的探求。学术一词的英语 academy，本身含义就是追求知识。学术具有普遍性、理论性、高深性的特点。对现状的客观表述本身不是学术，必须经过作者的加工、升华，由感性层面上升到理论层面才是学术。论文应保持高度的理性自觉，不仅要反映法律现象发展变化的规律，更重要的是要揭示这种发展变化的内在原因。这与一般非学术性文章往往从外部因素出发来思考问题差别明显。理论性可谓学术论文的灵魂。不少学校要求论文内容"理论联系实际""研究以致用"，笔者认为这值得商榷。学术活动并不强调它一定要"直接"发挥现实作用，这与搞经济工作有根本的差异。❷过分强调"理论联系实际"，往往导致片面追求论文的"实用性"或"功利性"，而相对忽视论文的理论性。

第三，规范性。学术论文严格遵循学术规范，包括实质性学术规范和

---

❶ 学术论文与著作，甚至教科书尽管没有截然的界限，但一般说来，著作或教科书涉及的范围比较广，并不紧紧围绕一个核心，可以说是"关于某一议题"（about issues）的内容都在内，而学术论文则紧紧围绕一个核心，只探讨"该议题的"（of issues）内容。

❷ 商业领域非常重视实用性，并注重知识产权的保护。我国专利法要求发明专利必须具有"三性"：新颖性、创造性和实用性。这与学术论文的要求是两回事。

形式性学术规范。如：论文即使不能做到"无一字无来处"，也要做到句句"持之有故"，并且这个"故"通常还应是比较经典的权威性文献资料，同时论文应逻辑严密，语言准确，没有歧义，符合规定的格式要求。论文看似在讲理，但如果论证不合乎逻辑，只是讲歪理，那就是"妄议"，也不具有学术性。

三、法学学位论文的创新 ❶

尽管西方古语有云"法律是唯一将'那是原创观点'视为贬义的学科"，然而，法律实践规范不同于法律学术写作规范。法学论文写作要遵循论文写作的一般规律，它以创新为圭臬，可以说创新就是论文的生命，就是论文的灵魂。没有创新的论文也就失去了写作的意义，不能称为论文。一般认为学术论文包含两种基本特点：学术性和创造性。❷ 这两种特点相互支持和补充，有机结合，共同塑造学术论文的品格。也有人认为，学术性中就包含着创造性。考虑到创造性的重要性，尽管前面已经有述"学位论文写作的目的之一就是培养学生的科研创新能力"，这里仍有必要对创新性进行专门的探讨。

---

❶ 当然，文学作品也要具有创新性，创新是作品的灵魂，否则也没有人愿意读。著名文学家也都是"创新大师"。论文创新与文学作品创新最大的区别在于，前者为严密论证下的创新，而后者则主要为情感描述下的创新。

❷ 王嘉陵：《毕业论文写作与答辩》，四川大学出版社 2003 年版，第 3-4 页。也有学者认为，学术论文具有两大特点：科学性和创见性。科学性具体表现为：反映"本质的一般"；理性的思维和认识；专业的语言和表达。创见性包括创获、创新、创造与新的独特见解（朱希祥、王一力：《大学生论文写作——规范·方法·示例》，汉语大词典出版社 2003 年版，第 10-20 页）。也有学者认为学术论文的基本特征为：客观性、创造性、专业性和议论性（朱礼生、朱江：《论文写作与答辩》，江西高校出版社 1997 年版，第 3-5 页）。有学者认为学术论文的特征为：学术性、科学性、创造性、理论性（陈妙云：《学术论文写作》，广东人民出版社 1998 年版，第 92-120 页）。

引　言

（一）写作即创作❶

写作是运用语言文字符号反映事物、表达思想感情、传递知识信息、实现交流沟通的创造性脑力劳动过程。写论文不是写你已经了解的事物，而是写你想了解的未知事物。写论文就是要探讨事物的本质，找出事物内在的规律。作者也是探索者、探险家。他知道他要达到某个地方，但他甚至不确定这个地方是否存在。为什么学生害怕写论文？我们现在明白，除了前述写论文涉及多个方面的知识及能力，环节比较复杂，要求具有综合能力外，主要就是因为学生害怕面对未知的挑战，怀疑自己的知识和能力，觉得自己无法创新，同时心理上不敢承受创新失败的风险。❷

文章有精致与粗野之别，也有平庸与深刻之分，前者可谓学术性（主要是逻辑性）的有无，后者可谓创新性（主要是新观点）的有无。有学者把论文大致分为三种：精致的平庸、自负的深刻、精致的深刻。❸"精致的平庸"论文，有证据，有逻辑，无新意；"自负的深刻"论文，有新意，无充分的证据及逻辑；"精致的深刻"论文，有证据，有逻辑，有理论的创新和冲击力，穿透力，诱惑力。❹写文章，"精致"是基础，没有它就不是学术文章；"深刻"是关键，没有它就不具有真正的学术价值。论文写作不仅需要培养逻辑思维能力，更需要培养创造性思维能力。

---

❶ 既然"写作就是创作"，自然"教授撰写论文"就是"传授创新方法"，即教人如何创造，开发创造潜力。从这一点上来讲，论文写作指南之类著作的"关键"就在于培养学生的创造力，而不是传授某一专业方面的知识、搜集及分析文献的技巧，更不是传授论文吸引读者眼球、发表的技巧，以及传授论文写作格式及排版方面的知识。这里的"关键"是指论文写作中最重要的方面，即评价论文优劣的最重要指标，而学生又普遍觉得最难以把握的内容。

关于如何提高自己的创造力，读者可以参见：罗伯特·沃尔森：《异想天开——创造性思维的艺术》，朱士群、袁玉立编译，中国城市经济社会出版社1990年版；詹姆斯·L.亚当斯：《突破思维的障碍》，陈新等译，中国社会科学出版社1990年版。

❷ 学生害怕写论文，还有一个很重要的原因就是：本来自己不愿意写，但没有办法最后只能硬着头皮来写，或者不愿意写某些方面的内容，而老师却采取"命题作文"的方式要求必须写这方面的内容。

❸ 参见熊易寒：《社会科学论文选题策略与写作技巧》，见葛剑雄：《通识写作：怎样进行学术表达》，上海人民出版社2020年版，第167页。

❹ 按照作者观点的内在逻辑进行推理，论文应该还有一种类型——"自负的平庸"类型，作者并没有明确指出，也许是认为这种类型的论文根本不值一提。

论文写作就是为创造思想而写作。❶ 创新是论文的灵魂和核心，没有创新的论文不能为读者提供知识增量及提高思维能力，严格来讲也不能称其为论文。❷ 学术论文的根本目的在于创新，而不是继承，这也是本书上述学术论文的概念本身所包含的。❸ 论文中不能仅仅"我注六经"，而且还要"六经注我"。单纯地"述而不作，信而好古"是无法写出合格论文的。朱苏力教授的文章一再问自己"什么是你的贡献？"❹ 这是在强调论文写作的创新价值。通常我们讲写作要"言之有物"，实质上指的是要"言之有新物"。❺ 明确这一点，实际上也就是要向"假大空"开战。

学术论文是学术研究新成果和新见解的科学记录，是人类智慧最美丽的花朵之一。它是衡量科学研究工作者创造才能的一个极其重要的指标。❻ 考虑到创新的重要性，论文写作课程也许可以以"学术创新与论文写作"为课程名称。遗憾的是，很少看到这样的课程名称，同时也少见在论文写作课程上老师以教授如何创新为主要内容。

---

❶ 有人认为，知识分子就是"为创造思想而活着"的人，脑力劳动者就是"靠思想而活着"的人。

❷ 论文贵在创新，一般文学作品也是如此。王若虚《评东坡山谷四绝》其四有云："文章自得方为贵，衣钵相传岂是真。"（他这里的"文章"指诗歌的文辞，与我们现代的"文章"含义有所不同）进一步来讲，创新不限于写作领域，创新是人的基本需求，"嚼别人嚼过的馍没有味道"乃人之常情。

❸ 论文写作难，其实就是创新难。这无论对于学生，还是富有写作经验的著名学者都是如此。写一篇文章就是开辟一个战场，而世界上没有一模一样的战场，战场都是丰富多彩、复杂多变，新情况、新问题频出的。水无常形，兵无常势，不能纸上谈兵，过去的知识、能力及经验的积累永远都是不足的。

❹ 朱苏力：《法治及其本土资源》，中国政法大学出版社1996年版，自序。

❺ 季羡林先生在写博士论文时，把论文长长的绪论给德国导师瓦尔德施密特教授看，自我感觉良好，但导师不仅没有夸奖，而是原封不动地退了回来，"只是在第一行第一个字前面画上了一个前引号，在最后一行最后一个字后面画上了一个后引号"。导师讲："你的文章费劲很大，引书不少，但都是别人的意见，根本没有你自己的创见。看上去面面俱到，实际毫无价值。……因此我建议，把绪论统统删掉。在对限定动词进行分析之前，只写上几句说明就行了。"他"仿佛当头挨了一棒"。这也使他终身牢记"没有创见，不要写文章"的道理。季羡林：《季羡林谈读书治学》，当代中国出版社2006年版，第133页。

❻ 也正因为如此，我国把发表论文作为学者评定职称以及获得政府津贴的基本依据。当然目前以论文的篇数以及发表刊物或出版社的级别作为主要学术评定标准是不完全妥当的。

（二）何谓创新？

"创新"一词，人们经常说，这个词很时髦，似乎不言自明、大家都懂，然而真要回答何谓创新，却是一个难题。也许创新本身就决定了它是无法下定义的，能够下定义（被限定）的东西就不是创新。如果非要勉强回答何谓创新，恐怕回答的内容也是最没有创新的创新定义了。尽管如此，这里还是姑且从形式上（尤其从反面）来简单地描述这个概念。创新，就是"不人云亦云，不循规蹈矩，不落窠臼"，就是"想人之所未想，见人之所未见，发人之所未发，做人之所未做"，就是"想出新方法，建立新理论，作出新成绩"。学术创造指学术研究的成果要有新意，要有发展，要"敢为人先"，不能"老生常谈"。有学者说得好："创建和新意其实就是自己的看法与既存的所有他人的看法不同。要达到这点，前提是能够发现他人的看法中'有问题'。"❶ 创新首先在于"新"，然后才是"创"，因为没有前者也就没有后者，后者提出了较高的要求。同时说明，"新"本身也是一种"创"，只是未必程度很高。创新说是"标新"，实则是"立异"，就是"求异存同"。比如，唱反调就是一种创新的方式。巴尔扎克说："第一个把女人比作鲜花的是天才，第二个把女人比作鲜花的是庸才，第三个把女人比作鲜花的是蠢才。"创新贵在第一。

所谓"新"，一般说来有两种含义。❷ 一种是指古今中外都没有、突破学术共同体的极限、自己独创意义上的"新"，尤其强调创建一套全新的理论和观念，填补学术空白，或作出重大发现，极大地促进社会发展；另一种是在理解别人观点的基础上，把别人的精华变为自己的营养，自己有了比以前更深刻的理解和体会，进而产生一些不同于以前的观点和思路，突破了自己的极限，自身实现了超越。这两种"新"的含义是从不同的角

---

❶ 储槐植：《刑法学论文写作谈》，《中外法学》1991年第2期。
❷ 有学者认为，所谓创新精神无非以下这些方面：第一求"异"；第二求"争"，争论，争辩；第三求"全"，全面；第四求"新"；第五求"远"，远见。参见葛剑雄：《问题意识、创新精神、学术规范——学术写作的基础》（代序），见葛剑雄：《通识写作：怎样进行学术表达》，上海人民出版社2020年版。

度来看问题，其比较的对象不同：一是横向与别人比，一是纵向与自己比。自然，二者也是密切联系的，不可截然分开，前者以后者为基础和前提。同时说明，西谚云"太阳底下无新事"，绝对的创新并不存在。有学者指出："学术论文的独创性，并不是要求论文中提出的见解是空前绝后、绝无仅有的，而是指在论文所研究的范围内，要有真知灼见，有独立看法，绝不人云亦云，单纯重复前人的发现。"❶ 由于本科生在学术上还不成熟，尤其不应该用学术界最高的标准来衡量，所以学士论文的"新"更强调后者。❷ 研究生学位论文的"新"则更强调前者。创新，包括构建新的理论，补充、深化已有理论，也包括批判已有的观点。用一个形象的比喻可以说，对学术观点的"立、改、废、释"都属于创新。

论文的创新不在于有精巧的结构、斐然的文采，而在于灿烂的思想火花。正是因为学位论文重视创新，尤其是理论创新，所以往往"曲高和寡""知音难觅"，使人不好理解，这很正常，作者不必为此而过分担忧。为了讨好读者，使他们看得懂，或者看得舒服而降低学术标准，这是论文写作的大忌。当年维特根斯坦的博士论文，导师罗素看不懂，答辩的其他评委也看不太懂，❸ 甚至当今时代能够看懂的人也不多，但是这并不妨碍人们对其论文的高度评价。

---

❶ 徐振宗：《汉语写作学》，北京师范大学出版社 1995 年版，第 418 页。

❷ 实际上要不要取消本科毕业论文一直是一个争议的话题，争议的焦点就在于本科生很难写出有创新性的论文。在一些西方国家甚至法律硕士都可以不写毕业论文。

笔者认为，本科毕业论文也需要创新，关键是提高自己学术水平的创新，即相对自己的创新，而不是相对于别人的创新，不是给别人提供知识增量。同时，关键是理解及分析别人观点意义上的创新，即学术史梳理层面的创新，而未必是自己提出的研究方法及观点层面上的创新。简单地说，本科毕业论文的创新是较低层次的创新。

❸ 由于学生的研究比较深刻，答辩委员理解不了的情况也存在。号称史上最牛博士毕业论文答辩的维特根斯坦的答辩，就因为老师理解不了他的论文内容而出现了很尴尬的场面。维特根斯坦的剑桥博士论文答辩委员会成员是由三个国际学术大师组成的：罗素、摩尔、魏斯曼。三个人在答辩前一直漫无边际地讨论着维特根斯坦的博士论文里的问题。时间很长了，还没有哪个敢开口问博士生维特根斯坦一个学术问题。这时罗素开口了，他转向摩尔说："继续，你必须问他几个问题，你是教授。"摩尔表示还没有弄懂维特根斯坦的问题，这时维特根斯坦含笑走到摩尔与罗素面前，拍拍他们的肩膀，笑着说：不要担心，你们永远都弄不懂这些问题。博士论文答辩就以这样的方式通过了。参见：史上最牛博士论文（答辩），https://www.sohu.com/a/219375998_761814，2021 年 8 月 9 日访问。

（三）创新的表现

论文的"新"❶，一般分为四个方面：选题新、论点新、论证方法新以及论据新。研究太空法、基金编辑立法、人工智能立法、互联网背景下的司法公信力建构、大数据"杀熟"问题、算法的法律规制等，可谓选题较新；提出"法律的核心价值是和谐""法律是美的学问"等，可谓论点新；采用法律传播学、法律地理学、女性法学、幼儿法学、残疾人法学、穷人法学、富人法学、双性人法学、连体人法学等视角和方法，可谓方法新；利用最新发现的甲骨文及竹简中的内容、自己田野调查得来的资料等，可谓论据新。

真正实质上的创新体现在论点新及论证方法新两个方面，选题新及论据新往往只是形式上的新，最后未必有创新（或者创新很少，程度不够）。❷ 同时，考虑到论证方法与论点往往是不可分的，方法新也可以说是一种特殊类型的"观点新"的体现（该观点是"可以用这种方法来研究某法律问题"），实际上真正的创新，就可以认为体现在"论点新"一个方面。

当然，对论文来说，仅仅"论点新"还是不够的，关键在于必须是"有逻辑论证支撑的论点新"，仅仅有新观点，甚至可以操作，有实用性，

---

❶ 对创新，不同的学者往往见解不同。有学者认为："一个学术产品要创新，取决于以下几个因素：第一要有新的选题；第二要有新观点的阐发；第三要有新的资料；第四要有新的论证方法。……其中最重要的是选题，还有方法。"（刘作翔：《创新是学术研究永远不变的真理——谈谈学术研究的体会》，《法学教育研究》2016 年第 14 卷第 1 期）

还有学者把文科的研究成果从高到低划分为五个层次："解释原则的创新、概念框架的构建、背景知识的转换、提问方式的更新、逻辑关系的重组。"（孙正聿：《我国人文社会科学研究的范式转换及其他——关于文科研究的几点体会》，《学术界》2005 年第 2 期）他认为最难、最高水准的学术创建是"解释原则的创新"，这里的"解释原则"也就是库恩的"范式"、拉卡托斯的"科学研究纲领"。

❷ 现实中选题新或论据（资料）新，但没有进行充分的论证，最后导致论文写作失败，这样的例子很多。有时老师认为选题不合适，经常有同学不服气，认为自己的选题很新颖，别人没有研究过。但这位同学没有想一想：为什么没有人进行过这项课题的研究？并不是别人没有发现这一选题，或自己能力弱写不了，而往往是觉得该选题没有价值，不值得研究，或题目范围太大或太小，根本不应该作为论文选题。

还不是真正意义上的"学术创新"。仅仅告诉别人"应该怎么做""是什么",还不够,还必须告诉别人"为什么应当这样做""为什么是这样"。我们常见网上介绍一些"生活小妙招",尽管实用、有效、方便,观点也有一定的新意,但它们根本不属于学术论文研究的范畴,不是学术创新。

从具体的表现方式上来看,论文的创新可以分为三类[1]:一是同意别人的观点,但有独特的感受,从新的角度补充了新的理由,丰富了别人的观点。二是有不同的意见,展开争论,说明自己的理由。三是受到别人的启发,承接了别人的论点而发现了新的领域,提出了新的看法。[2]

(四) 如何创新?

这首先应注意树立以下观念:

1. 人人是创造之人

不要把创新看得过难。一般学生总以为创新离自己很远,一提创新就觉得自己力不能及,心理压力很大,以致窒息自己开展学术研究的勇气,迟迟不敢动笔。其实创新并不神秘,也并不是一件困难的事情,它是人的一种天赋、本能,而并不是一种需要外部强加的东西。世界上并不存在没有创造力的人。陶行知先生在《创造宣言》中讲得好:"处处是创造之地,天天是创造之时,人人是创造之人。"

不仅每个人都有创造力,而且每个人生来都喜欢创造。[3]看一看小孩子吧,他们唱歌、跳舞、画画,可以说时刻都在展示自己的创造力,尽管这种创造往往被大人们称为"破坏"。"七岁八岁狗也嫌",其实这是他们在无视规则自由地创造。所谓孩子"调皮捣蛋",其实就是他们在"做实

---

[1] 王世德:《怎样写毕业论文和学年论文》,见王力、朱光潜等:《怎样写学术论文》,北京大学出版社1981年版,第30页。

[2] 遗憾的是,在论文答辩中经常有本科及硕士研究生同学,在老师提问"论文有什么创新"时,自信心不足,弱弱地回答说"我的论文没有什么创新"。这实在是对自己、对导师、对学院,甚至对答辩委员会的不尊重。

[3] 当然,也可以说每个人都习惯"保守",保守及创造都是人的本能,都是人喜欢做的,尽管不同时空下每个人的表现有所侧重。

验",好奇地探索外部世界以及试图按照自己的意愿创造一个新世界。每个人都具有创造力,只是表现方式不同以及能力不同而已。❶后天的学习、培训及实践活动可以更好地发挥创造力,也可能压抑创造力的发挥,但不可能产生或消灭创造力。

创新就来源于我们内在的个性,有个性的论文都是新颖的。"一千人眼里有一千个哈姆雷特",不可能大家的看法都完全一致,只要"我手写我口",把自己特有的思路历程客观真实、细致入微地展示出来,写出的论文自然就会有一定程度的新意。❷尽管这种新意可能还不能称为真正意义上的创新,但它确实是创新的源泉和基础,可以说是创新的萌芽状态。

创新有程度的差异。惊人的发现、伟大的发明、填补空白,这样的创新绝非轻而易举。对一篇学士论文的创造性要求是极其有限的,并不难达到。实际上只要在别人现有研究成果的基础上增添一点新的东西,就可将其看作一种创新。不少人把学术论文从形式上分为编辑性论文和研究性论文两种,并且认为学生应该写作研究性论文,因为前者的创造性小。这是没有道理的,实际上很难比较二者创造性的大小,关键不在于形式,而在于其内容,二者也没有截然的界限,而学位论文可以选择其中一种。沈宗灵教授对此说得非常清楚:"有的论文虽然谈不上有什么创新,但如果能对某个重要问题的观点进行相当系统的整理,这也可以说是对学术上的一个贡献。"❸

2. 继承是创新的前提

创新的基础是继承,没有学术继承也就没有创新。"大胆假设"还要以"小心求证"作为保障。标新立异不是创新。刻意去创新,见异思迁,

---

❶ 我初中刚开始学几何时,就曾在数学老师的要求下独自证明了勾股定理,当时该老师很吃惊。

❷ 如张五常教授所言,各种层级的论文不应有本质上的不同,"博士论文与硕士论文有什么区别?严格来讲,没有区别",关键是创新。而创新的来源是个性。"只要不是抄袭,是自己想出来的,要完全没有创新就不容易。"张五常:《学术上的老人与海》,社会科学文献出版社2001年版,第14页、第19页。

❸ 沈宗灵:《漫谈怎样写学位论文》,《中外法学》1991年第1期。

为了创新而创新是论文写作的大忌。这往往导致论文形式上看似新颖，实质上却偏离了学术的轨道。如一篇论文的题目是《生命权与生命和谐刍论》，其中"生命和谐"的概念比较新颖，其内容却大谈个人身心健康，与法律几乎没有关系。写作论文必须脚踏实地，不能鲁莽而轻率地提出自己的主张或妄下判断，某些主题的论文即使得不出一个确切的结论也是可以的，这并不影响论文的创造性，绝不能为了结论的确定性而忽视其准确性、严密性。

3. 创新都是片面的深刻

创新要精耕细作。论文不能贪大求全。创新的关键在于"专""深"，如鲁迅先生所讲"开掘要深"，而不是"广""博"。❶"科学上的分析，在琐碎的细节上要笔笔见血才是上品。"❷通常人们所讲的写论文要从"小处入手"就是这个意思。有的同学的论文写了很多方面，缺乏针对性，涉及范围很广，面面俱到，也有零星、分散的新观点，可谓不乏新意，但这些新意是散落的火花，每个都很小，没有展开，不深不透。❸论文有很多新意，其实就是没有新意。仅有火花是不足够的，关键是这些火花要连在一起，星火燎原，成为大的火球，成为系统化的新思想。写论文就是要"集中优势兵力打歼灭战"，而不是"四面出击"。

有法理学专业博士生想写论文，选题为"西方三大法学派的融合"，被老师以范围太广、难度太大为由否定了。还有博士生想写"法律主体论"，后来觉得历史跨度大、范围太广、工作量超出能力范围，自己主动放弃了。

不少学生在论文的最后都要写上制度建构等立法建议的内容，可能是

---

❶ 有朋友告诉笔者，日本有位学者一辈子都在研究提示助词"は"（音wā）与"が"（音gā）的区别，类似于汉语中"的、地、得"的区别。还有一则笑话：某家大宴宾客，请御厨来做菜，结果发现该御厨什么菜都不会做。问他会做什么，他熟练地拿起菜刀，切了一手很漂亮的葱花！

❷ 张五常：《学术上的老人与海》，社会科学文献出版社2001年版，第2页。

❸ 爱因斯坦曾感叹地说："我不能容忍这样的科学家，他拿出一块木板来，寻找最薄的地方，然后在容易钻透的地方拼命钻许多孔。"他所反对的就是面面俱到、不深不透的研究方式。这也就是我们经常说的"铺摊子不如深挖洞"。

觉得不如此则论文不完整，结果往往写得"全面而肤浅"，令人不忍卒读。实际上，根本没有必要在一篇法律论文中一定包括法律理念、法律制度和法律现实三个层面，只分析其中一个层面就足够了。理论上的探讨和技术上的操作是两个领域，在一篇学位论文中是很难阐述清楚的。如果论文集中精力在一个方面（如学生完全可以只研究"如何认识"的问题，而不管"如何改造"的问题），论文就容易写好。这样写出来的文章虽然都是"片面"的，但往往是"深刻"的。❶ 有必要指出，一篇过于全面的论文还往往是一种傲慢的表示，认为自己对该领域的内容无所不知，无所不晓。这也违背了前述论文的学术性要求。

4. 学术独立是创新的基础

没有独立性，也就不可能有真正意义上的创新。尽管学位论文写作还不是完全意义上独立的学术研究，但学生仍要保持自己的学术独立性。这既是由论文写作目标——培养学生的独立研究能力所要求的，同时更是学术研究本身所客观决定的。❷ 学生应独立思考，独立判断，敢于挑战传统观念，不迷信书本，不迷信权威，坚持独立写作，同时坚持论文写作上的"三要三不要"：要说人话，不要说神话、鬼话；要说真话，不要说假话、虚话；要说自己的话，不要说官话、名人的话！总之，论文中不要说"假大空"的话，也不要用"高大上"的外衣来掩饰自己贫乏的内容。

不少同学因为养成了照本宣科的习惯，自己讲了空话却不自知，这时我们可以采取一种非常简单的方法来使他们自己意识到这一点，那就是：把他们说的话中的主语换成另一个名词试一试，如果仍然可以，那么这就证明他们说的是套话、大话！如：探讨司法的功能，讲"司法的功能包

---

❶ 作为最高水平的学位论文，博士论文的内容具有"精""深"的特点，体现的是"精耕细作"，却绝不"全面"，所以有这样的说法"博士不博"，"博"士似乎应该称为"深"士，更妥当些。为此，有人对博士作了这样一个形象的比喻：研究左眼的博士，对右眼一无所知！关于"博"与"深"的关系，读者可以参阅：陈兴良：《刑法的启蒙》，法律出版社1998年版，第259-260页。

❷ 真正的原始学术创新只能来自个人的头脑，而不是集体智慧的结晶。这也就是为什么一般文章及著作可以合作撰写，但是学位论文要求必须一个人独立完成，导师都不能列为合作作者的基本原因。

括法理功能、社会功能、政治功能",现在我们用"立法"或"执法"来替换"司法",则该句话仍然成立。这就说明这句话比较泛化,没有体现司法相对于立法或执法的特点。表达自己的真情实感,做老实人,说老实话,办老实事,这是做人的要求,同时也是学术的要求,论文写作的要求。

做学术就是要"择善固执",喜欢"抬杠",不轻易放弃自己原有的观点(包括自己的假设),不轻信流行的东西。❶陈寅恪先生有这样一句名言:独立之精神,自由之思想。做人应如此,做一个知识分子尤其应该如此。❷有自己独立的见解,"人云亦云我不云""老生常谈我不谈",也就是有主见。梁漱溟先生有云:"何谓学问?有主见就是学问!遇一个问题到眼前来而茫然的便是没有学问!"❸当然,你的主见也许是很浅薄,甚至很可笑的,但要知道无论如何它也是你自己的,你必须从它出发来形成自己的思想体系,并且不断发展、完善。一鸟在手,胜过十鸟在林。别人的东西再好,如果你没有吸收转化为自己的东西,那对你也是毫无用处的。

5. 自信是创新的关键

与学术独立性密切相关,学生在论文写作中必须相信自己有能力写好论文。创新,就是与众不同,尤其是与权威不同,这一定会面临强大的外部压力,不会受到大家普遍的认可,作者往往会感到自己形单影只,孤独寂寞。这时关键要有坚持真理的勇气以及足够自信心的支撑,不能总怀疑自己的知识及能力,觉得不如别人水平高。如果不自信,如何能使别人相信你呢!当然,盲目地自大也不可取,自信不是有傲气,而是有傲骨,不卑不亢才是真正的自信。

---

❶ 人们很容易发现,有学术水平的人大多很有个性,意志坚强,往往"舌战群儒",固执地坚持自己的观点而不放弃,而非"随大流"。这实际上是由学术本身的客观性所决定的。

❷ 其实各个领域都有自己的精神,知识分子也应该坚持自己的"知识分子精神"(或称"士精神"),这主要就包括"自由、独立、勇于探索的创新精神"。

❸ 这是梁漱溟 1928 年在中山大学进行的题为《思维的层次和境界》讲演的内容。参见:思维的层次和境界,http://www.360doc.com/content/15/0417/13/10941841_463875399.shtml,2022 年 3 月 12 日访问。

引　言

　　我在博士论文写作期间，导师一再告诫我：要有自信，不要畏畏缩缩，总说"自己才疏学浅，没有能力创新"，等等。这些话我牢记在心，它在后来的学习及工作中一直伴随着我，支撑我克服了一个又一个困难，使我受用无穷。❶

　　学位论文写作就是一个走向内心、认识自己、发现自己、发挥自己的潜力、展示自己创造力的舞台！

---

❶　在此，衷心感谢恩师吉林大学法学院马新福教授，他二十年前的谆谆教诲至今仍回荡在我的耳旁。老人家今年已经80多岁了，祝他健康长寿！

第一讲　确定选题

学术论文的写作按照学术研究本身的客观要求，须遵循一定的写作步骤。法学学位论文的写作过程可以分为前期、中期、后期和答辩四个阶段。❶前期主要是为论文写作做准备，包括选题、搜集资料以及撰写文献综述三个阶段；中期主要是制订写作计划，包括构思论文框架结构、确定研究方法和撰写开题报告三个部分；后期主要是动笔成文，完成初稿，修改，以及定稿；答辩属于论文的评审环节，也属于论文写作的补充及完善环节。简单来讲，写论文包括两个大的方面，一个是"写什么"，另一个是"如何写"。而"写什么"也就是选题问题，下面我们就此展开探讨。

一、选题意义

动笔写文章，与开口说话一样，首先就是想好要"表达什么内容"，即"研究对象是什么"。这就是选题。

（一）论文写作的第一步

选题是论文写作活动的逻辑起点。也正因为论文选题的重要性，不少学校（如西南政法大学）的论文写作课程的名称就是"学术论文选题与写作指导"。写论文首先要确定研究什么领域的内容，大致定下研究对象、目标和范围或研究方向，即确定论文写作的题材或命题范围，这就是

---

❶ 没有学过论文写作这门课的学生，在论文写作之前还要有一个写作准备阶段。这一阶段的主要任务是通过阅读有关"如何写作学术论文"等资料，以及向老师或高年级同学请教等，了解学术论文写作的基本知识和基本技能。学生期望仅仅依靠中学所掌握的"如何写作文"的知识和经验，以及通过学校下发的"论文写作要求"等规定，来弄清"论文应如何写作"是远远不够的。

选题。通常学校会推荐一些题目供本科学生选择参考，同时学生也可以自拟课题，经过老师审核后确认。研究生一般都是自己选题，或导师推荐选题。

（二）选择研究对象能力的锻炼

本科论文选题常常不是由学生自己下功夫决定，而是由老师拟出多个选题，最后由学生挑选，颇有些"拉郎配"的意思，但也有一定的灵活余地，比如自己在几个选题中选择，相应地选导师，之后经导师批准，还可以对选题微调。"拉郎配"，未必不是一种选题的办法，但是少了自己亲自动手的环节。缺少如何选题这方面的锻炼，实在是一个遗憾，同时这一问题在以后自己撰写论文时还会遇到，回避不了。自己选题，才是真正地独立完成论文，切实达到论文写作实践教学的目的。

有学者指出："课题选择的本身，恐怕也很能检验出自己的学识、思维、判断能力。"[1] 实际上选题的能力是论文写作能力的重要内容，同时也是学校考查学生能力的一个重要方面。此外，论文选题合适与否，还体现导师的指导能力和业务水平。而导师代为选题，也就使写论文变成了"命题作文"，这样也就使学生失去了选题的学术训练机会。[2]

同时，选题也培养学生决定不选什么的勇气。选题非常重要，对学生来说也是很困难的事情，以至于有学生会这样讲："对于我来说，花费在思考要研究什么上的时间很少，真正花去大量时间思考的是不去研究什么。"[3] 这与大作家列夫·托尔斯泰的看法类似："写作的艺术，不在于知道写什么，而在于知道不该写什么。"确实，选题确定了研究的范围：一是要研究的内容，二是不要研究的内容。

---

[1] 程千帆：《学术论文写作贵在创新》，《中国文学研究》1996年第2期。
[2] 有人讲："命题作文和选题作文的差距其实就是中学和大学的差别的缩影。"参见郑也夫：《论文与治学》，中信出版社2018年版，第63页。
[3] 这是芝加哥大学的一位老师在获得博士学位后，在被问到"怎样做研究"问题时的回答。劳伦斯·马奇、布兰达·麦克伊沃：《怎样做文献综述：六步走向成功》，陈静等译，上海教育出版社2011年版，第30页。

(三) 题好一半文

确定选题，也就是确定研究的课题、题材、题目、研究对象、研究内容、研究范围，选题的英文为"subject"。它在一定程度上决定了论文写什么、怎么写以及是否写得好，对于论文的参考资料的范围、论文写作的内容和形式都具有直接的影响。好的选题可以使论文写作"事半功倍"，而不好的选题则相反，会"事倍功半"。❶ 鲁迅先生讲"选材要严"，这里的"材"指的是"题材"，也就是强调"选题要严"。确定选题，是论文写作的头等大事，更是一件困难的事情。经常有学生问："老师，我发现我想研究的问题别人几乎都已经研究过了，且研究得很有深度，我实在找不到可以研究的问题了，你能不能给我一个选题？"作为一个研究者、经常思考自己专业问题的老师，自然会有很多选题，可以把这些选题推荐给学生。可是事实上把这些选题给他们也是没有用的，因为这些选题是专属于导师自己的选题，是基于他的知识背景、研究能力和对这个学科传统的掌握和了解而提出的，在有时间、准备充分的时候，是可以把它写成论文的，然而，这个选题给到学生，他们可能会觉得这个选题写不了。

在给学生做论文的评审、开题和答辩时，老师们都特别重视和注意他们的选题好坏，甚至说，当碰到一个好的选题时，会自动给他加分，会认为他应该得到一个比较好的成绩。如果说一看就是非常差的题目，那自然会觉得怎么写也很难写好。好的题目有可能写坏，但坏的题目不可能写好，因为坏的题目本身是没有意义的，或者说超出能驾驭的范围。

二、选题原则

选题是一件需要谨慎对待的事情，需要一定的功力。有学者讲"选题

---

❶ 正因为选题如此重要，不少学院的学位论文写作步骤安排中设有"选题报告"环节，由学生向论文选题评议组报告选题情况，经过评议组审查认为选题适当，才可以进入下一步程序。

的智慧"❶，这除了说明选题的重要性及困难，还说明选题需要创造性。鲁迅在《答北斗杂志社问——创作要怎样才会好》中谈自己的写作经验，第一条就讲"留心各样的事情，多看看，不看到一点就写"。不少同学通过阅读、与人交谈，甚至看了一部电影，偶有所得，就把自己的想法作为论文的选题。这实际上就是把自己的写作冲动或激情当成了自己写作的能力，很不妥当。

为了减少写作的随意性和盲目性，防止由于选题不慎在写作中不得不"推翻重来"，选题要确定一些原则。关于论文选题问题，学者普遍都比较重视，他们提出了各种不同的观点。有人认为选题有以下五条显而易见的规则：①符合学生的兴趣；②需要的资源可以找到；③需要的资源可以驾驭；④研究方法符合学生的经验；⑤指导老师应对自己合适。总之，"谁想写论文，就必须写他能够写的论文"。❷ 有人认为选题的原则是：①选择有研究价值的课题；②选择自己有能力完成的课题；③选题大小要适当。❸ 有人认为法学论文选题的原则是：创造性、现实性和学理性。❹ 有人认为确定论文选题时，应当摸清三个底：一是自我基础的底；二是该专业已有成就的底；三是所要确定的选题的资料的底。❺ 有学者认为，选题的原则是"小、确、兴"或"小、清、新"。❻ 上述观点都有一定的道理，这里主要从主客观两个方面来探讨：

（一）我想写，故我选

这是从内在主观方面考虑来选题。合适的选题就是选一双合适的鞋

---

❶ 这是一篇专著第四讲的题目。参见郑也夫：《论文与治学》，中信出版社2018年版。
❷ 翁贝托·埃科：《大学生如何写毕业论文》，高俊方等译，华龄出版社2003年版，第15页。
❸ 王嘉陵：《毕业论文写作与答辩》，四川大学出版社2003年版，第43-48页。
❹ 朱希祥、王一力：《大学生论文写作——规范·方法·示例》，汉语大词典出版社2003年版，第212-214页。
❺ 魏振瀛：《怎样写民法学论文》，《中外法学》1990年第6期。相关资料读者还可以参见吴勇敏、金彭年：《法律类学生毕业论文写作指导》，浙江大学出版社2004年版，第109-113页。
❻ 小，指范围要小；确，指明确；兴，指兴趣；清，指清晰；新，指新颖。参见凌斌：《法科学生必修课：论文写作与资源检索》，北京大学出版社2013年版，第43-46页。

子,合脚不合脚只有自己知道!从主观的角度来讲,可以说所有的文章,包括小说、散文、诗歌、笔记等,都是"我手写我心""我手写我口",都是阐述自己的思想历程,都是"自传""自画像"。西方学者中有这样的说法"我写故我在"。在当代,没有著述的学者是不存在的,著述就是学者存在的基本方式。郭沫若先生创作戏剧《蔡文姬》,评论家们对这部戏进行了多种解读,但是郭沫若先生看了后都觉得没有说到要害,最后他说了一句话:"我写蔡文姬,因为蔡文姬就是我。"❶

论文是为了谁,写给谁的?从根本上来讲,都是为了自己,写给自己的。所有的文章都是内心独白,都是作者之所见。因为有话要说,骨鲠在喉,不吐不快,不写就难受,写作又可谓"自我疗伤""慰藉""发泄"❷,同时也是好奇、好玩、过瘾。❸聂鲁达有云:"对我来说,写作就像呼吸一样,不呼吸我就活不成,同样,不写作我也活不下去。"套用"民有、民治、民享"的说法,说所有的文章都是"自有、自治、自享"的,应该也是可以的。"无我""忘我"的写作并不存在,也不应该存在。写论文是一个自我寻找、自我发现、自我理解、自我娱乐的过程!《论语·宪问》有云"古之学者为己,今之学者为人",可谓深刻。确实,写作是为己的,一个为了解决自己的困惑、用自己的方法、写出自己的见解、让自己明白、自我享受的过程。

写作的这种要求,从最基础的层面上来讲,就是我们通常讲的写作要有自己的真情实感,要"求真""较真儿",进一步来讲,就是《周易·乾卦·文言》中所讲的"修辞立其诚"、《大学》中反复讲的"诚意、正心"、日常语言中所讲的"真诚、坦诚",也就是鲁迅先生评价司马迁时所讲的

---

❶ 童庆炳、宋嫒:《治学要讲究精神与方法——童庆炳先生与青年学者谈心》,《北京师范大学学报(社会科学版)》2015年第4期。

❷ 写作具有治疗心灵创伤的功能,可以用来治病。每个人都有这样的体会:有时自己心里很难受,说出来、哭出来、写出来后,心里就舒服多了。弗洛伊德就采用自由联想法来治疗精神病人,通过引导病人"说出来",收到良好的效果。美国路易斯安那州监狱也尝试,给因犯开设创意写作课,让囚犯了解自己和治疗自己,矫正自己的言谈举止,更好地回归社会,结果成效显著。

❸ 俗话讲"科学始于惊奇""艺术始于惊奇",其实学术论文写作也同样"始于惊奇"。"惊奇"包含人们本能的对疑问的求知欲望,好奇和兴趣,还有与之相伴的强大求索动力。

"发于情，肆于心而为文"。❶

这里自然存在"你想表达什么"（自我理解）与"别人想读什么"（使别人理解）的冲突，但写作在根本上还是前者，因为"别人想读什么"也必须最终由"你"自己来做出判断和决定，自己内心清楚是别人读清楚的前提和基础。

具体来讲，论文选题要考虑：自己是否有浓厚的兴趣、爱好以及探索研究的积极性？❷ 哪个问题与你产生共鸣？在学术研究中，兴趣及好奇心无疑起着非常重要的作用，因为任何人也不可能写好一篇自己根本没有兴趣的文章。写作不能仅仅靠努力、刻苦，还要靠兴趣以及由此而来的热诚。"写不出的时候硬写""为赋新词强说愁"是不可能写出好文章来的。设想一下，如果一个人像"饥饿的人扑到面包上""水下长久憋气的人浮出水面"那样，有一种强烈的、抑制不住的欲望驱动着他，那么他的论文肯定会写好。❸ 孔夫子有云："知之者不如好之者，好之者不如乐之者。"（《论语·雍也》）这里的兴趣、爱好既包括研究动力等方面的考虑，也指应摒弃外在的功利性等考量，以保证论文写作的学术性。

当然，在论文写作中，尤其是作为学术训练的学位论文写作中，对于兴趣因素不应强调过分，而应"兼顾写作能力"等。第一，兴趣的含义比较模糊，兴趣不等于喜欢、爱好，更不是特长。它比较情绪化，重主观意愿和欲望，包括热情，甚至激情，而不是理性。第二，学生兴趣比较广

---

❶ 鲁迅：《汉文学史纲要》，见《鲁迅全集》第九卷，人民文学出版社 2005 年，第 435 页。

❷ 没有兴趣，自己不愿意写而被迫写的论文，肯定是写不好的。一个人创造力的发挥没有积极主动的心态必定是不行的。"被誉为'历史之父'的公元前历史学家希罗多德在《历史》一书中记载说：埃及金字塔是由 30 万奴隶所建造。1560 年瑞士钟表匠布克在游览时石破天惊地推断：'金字塔这么浩大的工程，被建造得那么精细，各个环节被衔接得天衣无缝，建造者必定是一批怀有虔诚之心的自由人。难以想象，一群有懈怠行为和对抗思想的奴隶，能让金字塔的巨石之间连一片小小的刀片都插不进去。'很长的时间，这一推论都被当作一个笑料。然而，400 年之后的 2003 年，埃及最高文物委员会宣布：通过对吉萨附近 600 处墓葬的发掘考证，金字塔是由当地具有自由身份的农民和手工业者建造的。由此证明了布克的推断。"参见："工匠精神"从哪儿来，http://theory.people.com.cn/n1/2016/0328/c40531-28231413.html，2022 年 3 月 12 日访问。

❸ 也正因为如此，不少本科学生反对由老师出多个论文题目由多位学生选择的方式，因为这样的题目不一定符合每一个学生的实际情况，尤其可能不是学生所感兴趣的，从而不利于写出高质量的论文。

泛，而选题范围要比较集中。第三，学生可能对写论文本身就兴趣不大，而教学训练主要并不是靠兴趣。第四，兴趣具有不稳定性，是可以改变及培养的，开始没兴趣，硬着头皮学，后来随着对论题理解的不断加深，越来越有兴趣，甚至兴趣盎然，这是常有的事情。第五，兴趣是相对于厌恶而言的。选择兴趣，有时实际上就是在选厌恶的反面。学生要从自己不厌恶的内容中选取研究课题。

（二）我能写，故我选

这是从外在客观方面考虑来选题。钓鱼要到有鱼可钓的地方去，选题要选有可能写出论文的题目。❶ 某个选题，如果仅仅学生有兴趣，但没有学术价值，或客观上没有可能写出来，那也是无法作为论文选题的。这也正如"没有购买力的主观需求只能是经济学上的无效需求"一样。具体来讲，要考虑以下因素：

1.是否有足够的社会价值即理论或实践意义？❷ 是否值得花时间去研究？

教育部及大学都明文要求，学位论文要具有理论价值或／与应用价值。论文评审专家的意见中第一句话往往也是"该选题具有／不具有理论及应用价值"。选题的价值往往就限制了论文的价值大小，进而影响论文答辩是否能够通过。但价值往往具有主观性，有没有价值以及价值大小，不大好评价。

这里的价值从主观上来讲就是同学以及导师认为有价值；从客观方面来讲，一般指选题有一定的新意，别人没有研究或研究较少，能够提出新理论或完善原有理论，以及解决别人没有解决或解决不好的现实问题，等

---

❶ "学术真理的追寻，与大海钓鱼如出一辙。先要找自己认为有鱼可钓的地点，这个岛看一遍，那块石头考察一下。"张五常：《学术上的老人与海》，社会科学文献出版社 2001 年版，第 4 页。

❷ 学术论文重在学术性、理论性，而不是实践性。"纯粹技术性、实用性的课题，不适合作为学位论文的选题。"梁慧星：《法学学位论文写作方法》，法律出版社 2012 年版，第 13 页。

另，这里的价值和意义自然应该是法学上的，不必专门提出。遗憾的是，有些同学选题是交叉学科方面的（如"证券高频交易中的法律问题探讨"），而在写的时候有意无意中就以其他学科（如经济学）为主了，论文对法学内容谈得很少，更不用说法学理论的引用及创新了，结果导致论文答辩没有通过。

等。当然，这里也存在一个价值大小的问题。一般认为，这样的选题价值较大：涉及未解决的基本理论问题，涉及未解决的影响广泛的现实问题。

2. 自己的知识结构如何，是否有业务专长和足够的学术能力来完成论文？

不少人的论文选题，本科、硕士甚至博士都是内容相近的，或者说是一脉相承的，这样坚守自己已有的学术根据地，可以扬长避短，充分利用以前的资料和写作经验。如：卓泽渊教授的本科、硕士、博士论文的选题都是围绕法律的价值展开，后来他的博士论文整理后出版，题目为《法律价值论》，获得法学界一致好评；瞿同祖先生的本科及硕士论文也是密切联系的，本科论文题目为《春秋封建社会的剖析》，硕士论文题目为《中国封建社会》，后来他在此基础上写就的《中国法律与中国社会》，成为法学经典。

3. 是否有足够的相关资料可供参考？❶ 是否有其他的外部有利条件可以利用，如需要实地调查的课题，是否有车辆等，以及针对选题是否有充裕的时间来完成论文？

此外，不容忽视的是，选题也要适当考虑尽量与导师的专业研究方向一致。这有利于与导师充分讨论，征求导师意见，以求得到导师的有力指导。这样充分调动学生和老师两个方面的学术资源和积极性，可以为选好题创造良好的条件。❷

有人把选题的原则归纳为三种：价值原则、兴趣原则和能力原则，这与本文的观点是基本一致的。以往我们常强调客观方面多一些，即对"社会需要什么，从而决定学生应该写什么"非常重视，相对忽视学生的主观方面，即对"学生想写什么，从而决定他/她能够写出什么"重视不够。

---

❶ 这里的相关资料，包括解决该问题的相关理论的资料。在社会发展尚未达到某一程度，相关学科领域尚未发展成熟的情况下，就想解决涉及多个学科的普适性理论问题，往往不会成功。天才如爱因斯坦晚年在统一场论研究领域折戟沉沙就是一个典型的例子。

❷ 我的博士论文选题当时考虑了如下因素：导师推荐；导师研究侧重法社会学，并出版有专著；我当时的职业是律师，对律师职业比较熟悉；这方面的研究比较少且偏重实务层面。最后，选题定为"律师职业研究"。

经验告诉我们：只有主客观结合，"知彼知己"，量力而行，注意扬长避短，才能真正做好选题的工作。❶

总之，选题不仅要具有必要性，更要有可行性。传统上我们多强调必要性，似乎选题是客观上可以评价好坏的，实际上选题是因人而异，没有绝对的好坏。选题既具有客观性，又具有主观性，应该是二者的完美结合。一个对一个著名教授来讲好的选题，对一个学生来讲可能相反。任何人写论文都只能是选自己可以写好的选题，而不是只要选择本身有重要价值的选题就可以了。❷选题本身重要与写出的论文重要完全是两回事。

三、选题的几对矛盾

（一）"大"与"小"

一般选题领域宜小不宜大，绝不要冒险写一些连专家学者都害怕的大题目。❸选题范围太大，会使得作者"老虎吃天，无从下口"。范围小的选题资料比较集中，容易收集，写起来也容易驾驭。❹同时学术研究注重循序渐进，选题难度较小也利于达到学术训练的目的。有谁会以攀登珠穆朗玛峰作为登山的基础训练呢！另外，由于规定的写作时间有限，个人精力有限，根本无法长篇大论。现实中发现有些学生雄心勃勃，动辄从宏观角度出发，不喜欢（或不习惯）从小处着手。❺如论文题目"司法审查制

---

❶ 考虑到学生还在不断地学习进步，这里的长、短是相对的、暂时的、可变的，不能机械地理解，因为学习本身也是一个取长补短的过程。

❷ 霍存福教授曾到海南大学做讲座，谈论文写作。他着重强调了选题内容本身的重要性，笔者当时对他的观点持保留态度，表示"90% 赞同他的观点，10% 保留意见"，因为选题对作者是否适合也要考虑在内。霍老师当即指出，笔者实际上只是"50% 赞同他的观点"。

❸ 通过宏大叙事（grand narrative）构建一个逻辑严密的理论体系，以充分展示自己的学术抱负，这种诱惑即使是对职业法学家来说有时也难以抗拒，但无数的历史经验告诉我们：只有克服这种诱惑，才能真正搞好学术。常见论文答辩会上，老师对学生讲"你的论文题目是我一直想写而不敢写的，而现在你写了"，这往往就是在委婉地批评同学选题范围太广，写作难度太大！

❹ 在这个意义上可以讲，学位论文写作就是"针尖上跳舞""螺蛳壳里做道场"！

❺ 学生往往觉得选题小就没有什么可说的，这大多数情况下是由于对其了解太少、知识贫乏的缘故。实际上可以说"没有小题目，只有小作者"。

度探讨""国家赔偿制度研究""孟子法律思想研究""中西法律文化比较研究""法律与道德的关系探讨""法律在现代经济体系中的功能""民主与社会主义的关系""监狱警察职务犯罪研究""孔孟思想的成与败""环境犯罪学的定量分析""论唐代的公文法制""宋代户役制度研究""村规民约的法律问题研究"那样比较宏观的选题。

还有一些选题看似涉及范围不大，实际上却涉及很多方面内容，写起来难度很大。如：

·本科生选题"社会变迁与法律——以我国民法总则的制定为中心"，"社会变迁"过于宏大，尽管副标题限制了研究范围，但范围仍然太广；

·本科生选题"转型社会的法与权——我国宪法中的公民权利保障问题的探讨"，"法与权"，这是一个法理学的基本问题，太宽泛了；

·硕士生选题"论体育行政纠纷的救济机制"，涉及运动员、俱乐部、各种体育协会、各级体育管理部门，甚至国际领域，范围太广；

·硕士生选题"论我国消费者权益保护立法的创新、完善与发展展望"，这样的选题涉及"创新""完善""发展"三个事项及它们之间的关系（创新、完善、发展，这三个概念含义有重叠，连用不妥），也不容易深入；

·硕士生选题"我国信访制度若干问题研究"，"若干"到底包括哪些问题？似乎所有相关问题都可以；

·硕士生选题"我国促进海洋经济发展的法律研究"，海洋经济是开发利用海洋的各类海洋产业及相关经济活动的总和，包括捕鱼、养鱼、石油天然气及矿产开发、运输、盐业、旅游等，涉及的法律也很多，甚至国际法，范围实在太广了！

有些问题看上去可以研究，但是由于一般中国人对西方的相关历史背景了解不够（学贯中西的人毕竟是少数），写作难度太大，也不可行。张伟仁教授大学时代曾经研究"中国讼师与英国律师的比较"，结果研究大纲被导师退回，因为这样的比较研究涉及甚广，尤其是对英国律师制度以及律师产生、发展的背景需要有充分的了解，而当时的他根本不具备这样的背景知识。❶ 宏观的题目写起来只能是力不从心，内容空洞，资料堆砌。学生完全可以选择如个案分析、某句法言分析等作为论文的选题。

不少人主张论文要"以小见大"，切入点要小，视野要大，即"小题目，深挖掘"，从具体问题入手到最后得出一个普遍性学术（理论）观点，把一个小课题写成大气派的论文。❷ 这固然很好，但还是有些理想化，因为这需要有较深的学术功力，对本科生来说不是那么容易达到的。学士论文作为最基本的学术训练主要还是首先应强调"以小见小"，就事论事，具体问题具体分析，适当展开，这是研究的基础和第一步。以小见大，或以小博大，往往属于不完全归纳，从特殊的判断推导出一般的判断，存在以偏概全的问题，属于比较高的要求。曾有本科生的论文，选题为"从关键词的变化看我国法学研究的转向""警察询问中直接记录与转移记录问题探讨"，就很好。对本科生来说，能达到清晰地阐述和分析一个小问题就已经很不错了。

自然，论文选题的大小要根据具体情况而定，从而难易适宜，"小"要有话可说，"大"要说得完，说得清楚。论文也不能一味追求小课题，❸ 对于硕士、博士研究生来讲，选题要适当大一些，不能太小，否则无法展开及深入。

另外，有时选题的大小也与相关资料的多少有关。资料很多，已经研究比较透彻的领域，可以说就是"大"的选题，因为涉及大量资料的搜集、阅读和整理、分析，需要花费大量的时间和精力，且很难创新，而那些较少人研究、相关资料较少的领域，可以说就是"小"的选题，因为不需要大量阅读他人的资料，且较容易提出新的观点。为此，学生也会困

---

❶ 张伟仁、梁治平：《读书与研究》，《北京大学研究生学志》2009年第1期。
❷ 黄仁宇先生的《万历十五年》（中华书局2006年版），可谓以小见大的学术杰作。
❸ 有学者认为，文章选题可大可小，没有定规，要考虑自己的实际情况。小题可以大作，大题也可以小作（参见肖蔚云：《谈谈法学硕士论文的写作问题》，《中外法学》1991年第2期）。这种观点比较辩证，但并非针对初学者。此外也有学者认为，论文要有大的气魄，搏大不取小，有等于无的学术文章，不写算了。这里的"大"显然是指大的学术价值而言。（张五常：《学术上的老人与海》，社会科学文献出版社2001年版，第4页）笔者认为，对于作为训练手段的学位论文写作来说，还是应提倡选题要从"小"处着手，打好基础。

惑：资料少，写不出来，尤其字数不够；资料多，好写，字数容易凑够，但是没有创新。这实在是一个悖论。关键在于适当，但何为适当？应该是"大到说得完，小到有话可说"。为什么学生选题总是题目很大？就因为他们认为，写出来达到字数的形式要求最关键，而创新其次。

总之，选题的大小是相对的，主要是相对于自己的能力而言。自己有能力把握的就是适当的题目。有些同学能力很强，选一些相对"高大上"的题目也是可以的。这就是所谓"从大处着眼"，与本书前述"从小处着手"并不矛盾。前者是指论文要志向远大，尽量"讲出大道理"，解决重大问题，后者是指论文要脚踏实地，具体写法上要"通过小故事"来讲。吴玉章教授对此有深刻的见解："回避重大问题的学术研究是应该克服的。我以为，学术研究如果缺少'刺刀见红'，或让人'坐立不安'的真知灼见，那是很可悲的。""反对'大词法学'固然正确，但是，某些'大词法学'所具备的宏大视野和高远立意是不是也被反对掉了？更何况，当代中国社会是有很多大问题，而有些大问题只能通过宏大结构和词汇来表达。"❶研究生，尤其是博士生应该有大气魄，写大题目，有大理想，取得大成果。❷学术无禁区，在论文选题方面为自己设限是不适当的，这实际上禁锢了创新。论文关键在于创新，只要能写出创新的观点，选题就是合适的。说到底，这里选题的大小，关键在于"切实而不空泛"！

（二）"新"与"旧"

一般说来，选题要有新颖性。❸学生可以考虑从现有研究缺陷的分析中选题，可以通过在不同甚至是矛盾观点的比较中寻找选题，以及从尚未引起研究者注意的科学研究的空白处或者边缘领域中选题等，尽量避

---

❶ 吴玉章：《法学博士学位论文：学术与策略之间》，《清华法治论衡》2005年第1期。
❷ 文学作品也有一个选题"大与小"的问题。莫言先生提倡作家要有大气魄，大格局，写长篇小说。参见莫言：《檀香刑》，上海文艺出版社2012年版，序言。
❸ 一些学者认为，选题要具有创造性。（王嘉陵：《毕业论文写作与答辩》，四川大学出版社2003年版，第42页），其实他们是把"主题"当成了"选题"，而在本书中二者是严格区别的。

开大众化的选题。❶ 这也就是很多导师所讲的：选题应"不耕熟地，要找处女地"。❷

此外，还可以尝试从结合（或主要采用）其他学科的理论或方法研究来选题。单一的视角或研究方法就像戏院里的聚光灯，当用强烈光线照射舞台的某个特定部位时，会同时把其他部分降到背景和边缘的地位。而多学科的视角和方法就像所有灯光都照射在舞台上，从而使人们能同时看清整个舞台。

一些学校规定，同一专业相继两届同学毕业论文的命题第二年更新率一般不低于50%，同届学生的论文不能选择同一题目。不少学生选题总是选择与往届学生类似的内容，有些甚至题目都完全一样。如写刑法类文章就选"正当防卫"，写民法类文章就选"违约责任"，写宪法类文章就选"言论自由"，等等，这样写出的文章往往是在"炒冷饭"。这一方面反映了学生思路不开阔，对法学文献了解很少，不清楚法律研究前沿在什么地方，另一方面也说明他们没有真正找到自己的兴趣点。

当然，选题新颖往往也意味着资料的相对缺乏，写作往往难以深入。这也是必须要考虑的。

（三）"热"与"冷"

选题不一定选择热门领域。❸ 热点问题，如安乐死立法问题、刑讯逼供的预防问题、司法不独立问题以及律师辩护难问题，等等，往往现实意

---

❶ 19世纪70年代美国《纽约太阳报》编辑主任约翰·博加特说过这样一句话："狗咬人不是新闻，而人咬狗才是新闻。"这形象地说明了"新颖"的含义。

❷ 我注意到我国法学界对人权比较关注，相关的文章也很多，但是对于非人权权利却很少有人提出，即使有人提出，往往也是一笔带过，似乎非人权权利根本不重要，没有必要探讨，于是我就想写一篇关于非人权权利的文章，着重探讨"何谓非人权权利，人权与非人权权利的关系如何""非人权权利包括哪些内容""非人权权利的价值何在"。论文写出后得以发表，并获得好评。参见韩立收：《非人权权利的价值》，见《法治论坛》第13辑，中国法制出版社2009年版。

❸ 有学者把选择热门领域称为"红海战略"，把选择冷门领域称为"蓝海战略"。参见熊易寒：《社会科学论文选题策略与写作技巧》，见葛剑雄：《通识写作：如何进行学术表达》，上海人民出版社2020年版。

义较明显，自己比较熟悉，也利于广泛搜集各种不同观点的资料，但一味强调选择所谓"热点""学术前沿"课题并不可取。选题未必坚持前沿性原则，也不一定关注现实，关注热点。论文选题不是必须结合中国现实及热点，也不是必须结合外国现实、国际现实以及热点，只从普适性的角度出发来进行研究（主要是理论研究）也是可以的。

严格来讲，学术无所谓热点、前沿。选题不能盲目地"跟风""配合当前形势的需要"。功利心重，为了新而新，赶时髦，写"应时""应景"的意识形态化文章，这是选题的大忌。现实中学士论文及硕士论文是很难对现实产生影响、体现其社会价值的，主要价值还是体现在学术训练方面。实际上"只要完成得好，不存在什么愚蠢的论题；只要做得好，即使一个表面看起来过时或者边缘性的论题，也能从中得出有益的结论"。❶ 学术研究不是赶时髦，需要扎实的工作。同时，冷门和热门也是相对的，在一定条件下可以转化，也许今天的冷门就是明天的热门。

学术无止境，很难说某一领域因为前人已经研究很多了就没有进一步研究的余地。常听到这样的说法："没有什么好写的了，我的研究领域已经全部被人研究过了。"学术领域也许是有限的，但学术观点永远是值得进一步探讨的。❷ 熟知并非真知，正如"把复杂问题简单化"是学术研究的一种基本理念一样，"把简单问题复杂化"也同样是学术研究的基本理念之一。在学术上没有绝对普适的无可争议的基础观念，善于从别人习以为常的观念中发现问题，正是作出重大学术发现的基本素质。

（四）"难"与"易"

对一般的论文选题，我们鼓励迎难而上，因为写作难度越大，意味着可能做出的创新性贡献也越大。然而，现在我们是在写"学位"论文，有时限的要求，且目的主要在于学术训练，所以还是量力而行，不选难度很

---

❶ 翁贝托·埃科：《大学生如何写毕业论文》，高俊方等译，华龄出版社2003年版，第12页。
❷ 刘南平：《法学博士论文的"骨髓"和"皮囊"——兼论我国法学研究之流弊》，《中外法学》2000年第12卷第1期。

大的论题为好。❶ 当然，难度大小是很难说清楚的，这里有程度问题，也有相对性。

一般来讲，下述选题就是难度大的选题。如学者们争议性很大的理论性选题、中西法律制度及思想比较的选题、对外国学者法律理论评价的选题等。这样的选题要求有广博而又深刻的知识及卓越的运用知识的能力，挑战性比较大，风险很高。❷ 不推荐这样的选题，不仅是因为学生的理论水平不高、外语水平有限，还包括对外国法律文化背景的了解不多、资料有限，等等，更关键的原因是学位论文写作本身的限制，学生时间、精力，甚至科研经费往往无法支撑这样的学术研究。

四、选题步骤

选题不是一个动作，而是一个由调研、发散与收敛结合、多维度交叉确定以及反复试错确定多个步骤依序组成的严密过程。

（一）没有调查研究就没有选题权

选题的确定，不能靠自己苦思冥想，而是要做一些调研工作，从而激发自己的选题灵感。选题要调研先行，文献先行。套用毛泽东同志的一句名言"没有调查研究就没有发言权"，可以说"没有调查研究就没有选题权"。具体来讲，一般要采取以下做法：

首先，到图书馆或进入学术网站。通过浏览本专业自己感兴趣的一些资料，大致了解本专业领域学术研究的历史、现状以及动态发展趋势，如本学科是如何发展而来的，已经研究了哪些问题，取得了哪些成果，现在

---

❶ 理工科论文选题也是如此。如果有数学系的同学想以哥德巴赫猜想为题写学位论文，大家肯定认为他/她疯了！即使他/她是"陈景润二世"，恐怕也不行，因为写作时间不允许。

❷ 我曾经有一个法律专业学位的硕士学生，初步定写关于法律与文学的选题，最后遭到参加开题答辩的教授的反对。当时，我不以为然。现在觉得该选题被否定是一件好事，因为这样的选题写起来难度很大，需要在精通法律及文学的基础上探讨二者的关系，不适合作为学位论文选题。

研究到了什么程度，有哪些空白领域，面临什么问题，有哪些难题需要克服，等等。

其次，浏览别人论文或专著的题目。这包括查阅及了解法学期刊上的文章题目、法学年会论文集、年会综述类文章上涉及的学者研究领域、文章题目、各种社科基金的项目指南上的题目，等等。

再次，与导师交流，向导师请教，征求其意见。

最后，与其他老师、同学以及朋友等交流，请他们来帮助自己选题。

当然，实际中这几种方法往往是结合在一起的。

（二）先发散，后收敛

论文选题也就是论文的定位，类似雷达的扫描。首先，选择一个较大的、自己比较喜欢的领域，采用"发散思维"，自由地联想，设想出多个可能的选题。把一个复杂的问答题——"选什么题"，转变为相对比较容易回答的选择题——"这些选题中哪一个比较好"。然后，再从中耐心挑选，利用排除法，最后剩下一个选题。

选定这个课题后，进一步采取"收敛思维"，层层剥笋，逐步缩小范围，聚焦所要研究的问题。❶ 具体缩小范围的方法很多，包括时间上限缩、空间上限缩、环节上限缩、人员类型上限缩、事项上限缩，等等。❷ 如：

· 公法→诉讼法→刑事诉讼法→刑事检察→刑事检察人员法律素质的培养；

· 法律文化→中国法律文化→儒家法律文化→孔子法律思想→孔子"无讼"思想；

· 法律职业→律师→中国律师制度→中国律师制度的起源→讼师邓析

---

❶ 有学者在关于论文写作的著作中专门有一个小标题"如何缩小论文题目的范围"。参见：宋楚瑜：《如何写学术论文》，北京大学出版社、九州出版社2014年版。

❷ 关于论文选题要小，有这样一个经典的例子：一位学生初拟论文题目"论动物权利的保护"，导师认为题目太大，他修改后提交，题目被改成了"论小动物权利的保护"。参见熊浩：《论文写作指南》，复旦大学出版社2019年版，第197页。

法律思想；

·公司法→公司股东权益→公司股东盈余分配→公司股东盈余分配请求权；

·古罗马的社会制度→古罗马的军事制度→古罗马的军衔制度→古罗马军队的徽章。❶

（三）多维度交叉

选题不是单向度思维的过程，而是多维度交叉的结果。这与上面的选题方法有类似的地方。如：

在理念、制度与现实三个层面中，选择"理念"层面；

在立法、执法、司法等各法律运行环节中，选择"立法"环节；

在宪法、行政法、民法、商法等各部门法中，选择"宪法"部门；

在古今中外时空中，选择"中国当代"。

最后，确定论文选题为"中国当代宪法修订的理念"。

（四）不断试错，反复考量

选题需要反复考量，并不是一个简单的单向线性运行过程。在开始选题的过程，甚至后续的过程中，经常会发现由于当时材料不充分以及自己理解的偏差，选题并不适当，需要修正选题。在选题过程，甚至整个论文写作过程中多次修正初选选题的情况也并不稀奇。❷

有必要说明的是，即使导师给学生选定了题目，并不意味着选题阶段的跨越或结束，学生写作论文仍需要大致经历上述过程。学生接受导师的

---

❶ 这是一个广为引用的历史专业博士论文选题的例子。参见陈兴良：《论文写作：一个写作者的讲述》，《中外法学》2015年第27卷第1期。

❷ 张五常教授当年博士论文选题就颇费周折。"当年这题材选择很困难，选了三年，转了四次题目，而每次花了几个月工夫才放弃。那是我求学过程中最痛苦的日子，有两年多为选论文题材挣扎。……作研究生选论文题材真的是困难得奇怪，难、难、难。……参阅了几本前贤大师的博士论文名著，然后自己好像是被放逐到荒岛上去想，叫天不应，叫地不闻，十分可怜，有时差不多想哭出来。"参见：自找题材是重要训练，http：//blog.sina.com.cn/s/blog_47841af70 10003zf.html，2002年12月24日访问。

选题，必须同时了解导师推荐这一选题而不是其他选题的原因，弄清这一选题的必要性及可行性，真正理解这一选题的意义，同时结合自己的实际情况独立做出判断：这一选题是否对自己真正可行，且是最优的选择。这一过程中反思及质疑是必不可少的。最后只有真正理解了这一选题，认为可行，这才能成为自己的选题。同时，由于导师推荐的选题往往比较笼统，范围比较大，一般只能作为初步的选题或选题素材，学生认可后还必须自己修正范围，一般是限缩，也可能稍作扩大，或重心偏移。

选题是一个动态、不断选择的过程，不是一蹴而就的。从学位论文写作的步骤上来讲，只有学生文献综述写好，论文提纲确定，提交开题报告提交并通过答辩，选题基本确定，这一步骤才算结束。如果开题答辩通不过，还必须重新选题。

五、选题与问题意识

艺术始于惊奇，科研始于问题。❶选题与问题直接相连。任何论文都是要通过提出问题、分析问题，最后解决一个问题。❷这一问题可能是理论问题，也可能是实践问题。这也就是指论文的写作要具有理论与/或实践意义。学位论文写作首先就是要提出问题。没有问题，论文的写作也就无的放矢了，失去了写作的意义。这里的问题就是疑问，就是带问号的问题！

（一）问题意识

现在学生论文不少被导师及评委专家认为"没有问题意识"，这是一

---

❶ 有人认为科学始于观察和搜集材料，这是不妥当的，因为没有中性的观察，没有目的的观察还不是学术。进一步来讲，观察总是被理论浸润的，观察渗透着理论，渗透着价值观念和目的动机。

❷ 不限于写论文，实际上包括学习活动在内的几乎所有学术活动都是为了解决问题。

个值得注意的大问题！❶ 所谓"没有问题意识"，就是指论文平铺直叙，写作目的不明确，不紧紧围绕一个问题，整篇文章不能一以贯之，系统性差，从而写得"全面而肤浅"，神散形也散，成了真正松散混乱的"散"文，没有学术价值。❷ 这些"没有问题意识"的论文，表面上也似乎有一个中心，那就是以概念为中心，或以领域为中心，它们以说明为基本研究方法，似乎解决的是"是什么"的问题，而这些内容多是根本不需要解决的老生常谈、众所周知的内容。这样论文最后就成了面面俱到、食之无味的教科书，不，仅仅是浅白的产品说明书！"问题意识"的有无直接决定着论文是否具有"论证意识"，是否属于"论文"，具有学术性，❸ 进而也就决定着论文是否有"创新意识"。毕竟创新是论文生命的体现。问题意识与创新精神密不可分。说一篇论文没有问题意识，也就是在说其没有体现创新，反之亦然。问题意识贯穿论文写作的所有环节，在选题阶段尤其如此。❹

---

❶ 有学者认为：学术写作的基本要求体现在三个方面：问题意识、创新精神、学术规范。参见葛剑雄：《问题意识、创新精神、学术规范——学术写作的基础》（代序），见葛剑雄：《通识写作：如何进行学术表达》，上海人民出版社 2020 年版。

另请参见尤陈俊：《作为问题的问题意识——从法学论文写作中的命题缺失现象切入》，《探索与争鸣》2017 年第 5 期。

❷ 不少学生的论文"有知识（介绍）而无（个人）见识"。如论文题目是"××制度研究"，但其内容实际上写成了"××制度说明""××制度介绍""××制度演变简史"。这样最大的弊病在于"有论域而无论题"，即只是选定了一个研究领域，却没有从中提炼出一个贯穿全文始终的论题并围绕其加以论述。因为没有意识到在实践中或理论上究竟存在什么问题，以至于写出来的文章无思想、无新意、无营养，"既没有重点也没有结论，既不要坚持什么也不反对什么，既不和人家商榷也没准备被人家质疑"。参见何海波：《法学论文写作》，北京大学出版社 2014 年版，第 21 页。

❸ 学术论文与小说等文学作品明显不同，小说并不需要解决一个明确的问题，甚至也不需要明确提出或得出一个核心观点。这也就使得小说的"中心思想"往往使人捉摸不透（这也正是文学的魅力所在），出现"一千个人有一千个哈姆雷特"的现象。而对于学术论著，如《理想国》则不存在"一百个人有一百个理想国"的问题！进一步来讲，对于自然科学论著则更加不同，如数学上的勾股定理等，往往只有一种理解方法，更不能说"一百个人眼中就有一百种勾股定理"。

❹ 问题意识不强，还往往导致论文的学术观点不明确，而这对学术研究来讲也是致命的。学者们普遍认为：论文中错误的观点不是最可怕的，最可怕的是模糊不清的观点。模糊不清的观点，实质上意味着没有观点。

提出问题是在选题范围内资料搜集和整理过程的自然延伸,❶ 同时也是论文思路不断升华的必然结果。所谓提出问题,也就是明确贯穿整篇论文的中心论题(fundamental question)是什么。❷ 中心论题(简称论题,或命题)即论文要针对什么学术困境,解决什么具体的学术问题。论文写作要紧紧围绕论题来进行,从而论题也就决定了论文的写作方向,进而决定了材料的选择以及写作的方法。如果从形式上,而不是从实质观点上来看,论题是贯穿论文的核心问题,是所有材料围绕的对象。没有问题,也就不可能有真正的学术思考,更谈不上创新。在论文写作中,是否明确地提出问题,以及提出问题的质量如何,往往反映了学生创新能力的高低。

必须说明的是:有了问题意识,也提出了问题,但还不是提出了"论文的学术问题",因为初步的提出问题,往往带有主观性。若该学术问题已经被前人研究过,并且得到很好的解答,而自己还无法做出更好的解答,那么这个问题也就变成了伪问题,无法成为法学论文真正的问题。为此,还必须进一步调研、"查新",只有在没有前人提出这样的问题,或虽有解答,但明显不妥当,以及研究不充分、学界有分歧的情况下,这样的问题才可能成为论文的学术问题。毛泽东同志在《反对党八股》中指出:"什么叫问题?问题就是事物的矛盾。哪里有没有解决的矛盾,哪里就有

---

❶ 当然,不少问题实际上是根据以往的经验而先在自己的头脑中模糊提出的,然后进一步通过查资料等逐渐明确的。提出问题与查阅资料很难简单地说在时间上孰先孰后。同时,从资料中发现问题也并不是简单"自然延伸"的结果,阅读了大量资料却发现不了问题也是常有的事。发现问题还需要一点类似灵感的创造性因素的参与。

❷ 实际上,问题意识渗透在整篇论文中,不限于主论点,对于分论点也存在问题意识问题,甚至往往是由于分论点的问题意识不强导致论文散乱,逻辑性差。一篇法理学专业的博士论文,题目为《法治乡村建设背景下的村民自治研究》,外审专家的评议意见中"论文的不足之处和建议"部分内容如下。它以鲜明的问题意识(问句)来阐明论文缺乏问题意识:

1. 村民自治与以往的村治究竟是什么关系,两者的异同还需要进一步说明。
2. 村民自治与法治乡村的关系是什么,作者讲联系较多,讨论区别不足。
3. 作者的问题意识不足。研究的问题究竟是什么?村民自治与法治乡村建设是否会有冲突?若有,是什么?在乡村发展的背景下,这些冲突表现出哪些新特点?如何解决?
4. 乡村与农村的关系如何?作者区分这两者的标准和理据是什么?文章在前面表达相近观点时,有时用农村一词,有时用乡村一词。
5. 文章中的协商式法治与法治、与形式法治和实质法治之间是什么关系?这种协商式法治的内涵、实质和特点是什么?

问题。"❶ 这可谓一语中的。

（二）没有问题就没有真正的选题

大家通常讲，论文写作的第一步是选题，实际上选题和提出问题是一个纠缠在一起、不可分割的过程。进一步来讲，甚至可以说，问题是在选题之前的。我们之所以想写论文，不是我们发现了一个选题，觉得不错，而是我们发现了一个学术问题需要解决。对于一般的期刊论文来讲，"问题先行"是无可置疑的，因为只有你发现了问题，有了解决问题的冲动，甚至是不可抑制的渴望，"我要写论文"，才会去写论文。

对于学位论文来讲，有所不同。学位论文写作中选题和提出问题是同时进行，或选题有些靠前。写学位论文可能首先考虑的是选题的范围，或导师已经给你指定写作的范围，起初不完全是"我要写论文"，而是"要我写论文"。

人们通常讲"论文写作要紧紧围绕选题"，这是不确切的，因为选题往往范围很大，是一个领域，或称研究对象，研究的意义和价值也不明确（不同的研究目的使其具有不同的价值），学术研究无从入手。"论文写作要紧紧围绕问题"，这句话才比较妥当。❷ 严格来讲，没有明确研究问题的选题，还不是最后的选题，因为选题在论文写作过程中通常都会根据学术问题的要求而有所修正，最后进行较大的修正也完全可能，个别甚至被完全否定，而学术问题则是相对固定的。同一选题可以写出完全不同的文章，而解决同一学术问题的选题写出的文章就比较接近了。没有问题的"选题"还算不上论文写作的第一步，至多是论文写作的准备而已。这样写出来的论文没有新意，也就不称其为论文。只有问题确定了，论文写作有了明确的方向性指引，选题工作才算是基本完成。

---

❶ 《毛泽东选集》第三卷，人民出版社1991年版，第839页。
❷ 正因为如此，很多学者认为论文中最好不用"概述"作为小标题，像教材一样，降低论文的档次。论文应该突出问题意识，直接进入问题，必要的概述类内容可以放到导论中。有的"概述"理论性比较强，有自己的观点在内，可以改为"诠释"。

下面是一段指导老师与学生的对话，我们可以清楚地看出选题与问题的关系。

老师：你刚才讲了很多，但我还是不清楚你到底要研究什么？

学生：老师我早就已经告诉你了，我研究正当防卫问题。

老师：这不是选题！这是一个较大的领域，或可称之为研究对象，或题材。你的问题何在？

学生：问题？正当防卫不就是问题吗？

老师：带问号的问题！你要解决什么别人尚未解决的学术问题？

学生：别人对正当防卫的理解及法律适用有很多不妥，我要深化人们的认识，更好地使法官适用法律。

老师：你想"用一切方法研究正当防卫的一切"吗？你对一切研究方法都有异议？对正当防卫的一切方面（观念、制度、现实）都不认同别人的观点？进而你的写作对正当防卫的一切方面的内容都具有创新性吗？

学生：当然不是。

老师：正当防卫领域中有些你不感兴趣，有些你没有疑问，有些与别人观点相同，有些你没有能力研究，有些是常识，要把这些你并不想研究的剔除去，找出你真正想研究的那一点。你为什么研究，有什么缘由使你想研究这一问题，以及你的具体、直接的动机是什么？

学生：我就是觉得，目前我国法院在适用正当防卫条款时，过分严苛。很多案件本属于正当防卫，应该减轻或免除处罚，实践中却被认定为"互殴"，使实施防卫行为的当事人受到了严厉的处罚。

老师：这样我就明白了，你是要研究：我国当前法院审判中的正当防卫条款适用的严苛与否，以及如何合理适用的问题。选题要明确自己提出的是什么问题。只有真正属于自己、符合自己兴趣、范围比较小、贴合论文内容、带问号的问题，才是你提出的问题。你论文的问题可以用一句话直截了当地说清楚。

学生：谢谢老师，我明白了！我提出的学术问题就是：法院应该如何正确适用正当防卫条款以维护实施防卫行为当事人的合法权益？

针对学生容易把论文写成说明文的问题，有学者进行了分析，认为原因有三：其一，说明文与论文本来就界限模糊；其二，受平铺直叙的我国当代法学教科书的强烈影响；其三，受我国当前突出重视移植外国法律的法学研究现状的影响。❶ 这种说法有一定的道理，但我认为并没有说到点子上，其实关键在于：其一，说明文的写作方式及写作能力是论文写作方式及写作能力的基础；其二，教科书是学习一门学科的基础；其三，尝试移植外国法律也是一国变法修律首先采取的措施之一。学生开始论文写作，首先要了解和复述已有的相关知识及理论，培养相关的能力（这很大程度上是文献综述要完成的任务）。论文不像论文，倒像是文献的介绍，是因为他们尚没有问题意识，没有真正选题，没有动力和能力进入写作的下一阶段——论证阶段，而是停留在论文写作中"叙述说明"这一"前问题"（或"前选题"）阶段，裹足不前。

六、选题与主题

选题不仅与问题意识相关，还通过问题意识，与主题建立了联系。

（一）何谓主题？

"主题"一词源于德语，原指乐曲中的主旋律。翻译之初专用在文学

---

❶ 刘晗：《议论与说明——如何不把论文写成说明文》，见阎天：《法意文心：法学写作思维六讲》，中国民主法制出版社2021年版，第98-101页。

艺术创作中，后来也广泛用于其他各种作品，指其所表现的中心思想或基本论点。主题一般有以下几种含义：一是文艺作品中所表现的中心思想。二是文艺创作的主要题材。三是音乐中重复的并由它扩展的短曲。主题一词有两个与本文有关的基本含义：一是指研究对象或主要内容，用一个名词或概念来表达，具有客观性和中立性；二是指中心思想，或核心论点（thesis）❶，用一句话或命题来表达，是研究的宗旨及目的，价值倾向明显。这里取第二种含义。主题，又称命题，是作者的写作目的和意图、作者对客观事物的判断和态度在文章中的体现。❷ 主题，有时又被称为"立意""总纲"，甚至被称为文章的"旗帜"。❸

前述论文写作是围绕某一领域的"选题"的，更准确地说是围绕着欲解决的"问题"的，现在进一步指出，就论文的内核而言，论文写作是紧紧围绕"主题"，也就是围绕一个待证明的命题来展开的。如前述刘南平教授的论文，其"选题"是"法学博士论文的主题和注释"，"问题"是"主题及注释在法学博士论文中处于什么地位"，"主题"是"主题是骨髓，注释是皮囊"。他的整篇文章都是紧紧围绕论证"主题是骨髓，注释是皮囊"这一命题展开的。姚鼐《复秦小岘书》载："天下学问之事，有义理、文章、考据之分。"❹ 这里的"义理"实际上就主要指文章的主题。严格来讲，没有主题的选题不是合格的选题。❺

---

❶ 英文中"thesis"一词，除有"论题、命题、论点"的含义外，还有"论文、毕业（或学位）论文、（学生的）作文"等含义。论文和命题是同一个词！这也许就是英语国家论文特别强调要有明确命题的根源。

❷ 进一步来讲，主题就是你在文章中要赞同什么观点，反对什么观点。文学中的主题要明确哪些是真善美的，需要弘扬，哪些是假恶丑的，需要鞭挞。

❸ 实际上，不仅是论文，即使是记叙文，甚至说明文，仅有一个领域或范围也是无法展开写作的。记叙文也必须有一个中心思想，散文必须"形散而神不散"。中学语文课，要求认真阅读，真正领会文章的"中心思想"。

❹ 姚鼐：《惜抱轩诗文集》，刘季高标校，上海古籍出版社1992年版，第104页。

❺ 这也就是为什么，在论文的开题报告中第二部分通常包括这样的内容，要明确"选题在国内外的研究现状及本人的新见解"（还未正式开始研究，如何会有新见解？），第三部分通常要写明"论文的框架结构、主要观点和依据"（主要观点尚未得出吧？）。这也可以解释，为什么一般不需要提交"选题报告"，而必须提交"开题报告"，在开题答辩中老师会对（似乎早已定好的）选题进行细致的审查，以确定选题是否适当。

提出问题的目的在于解决问题，找到问题的答案，这个答案的获取过程就是确定主题。❶ 具体地讲，就是论文应明确：到底作者对自己提出的问题持什么态度，有什么建议和意见，尤其是有什么新的创见。

主题在文章中处于统帅的地位，是论文的主线，一以贯之的东西，材料的取舍、章节的结构、遣词造句等，都要围绕主题展开，服从主题的需要。如果事先没有想好一个主题就动笔，往往导致论证分散、逻辑混乱，甚至离题，根本无法起到论文本身所应有的传播新知识、新见解的作用。从实质内容上来讲，主题是论文的"骨髓"❷，即文章的核心和灵魂。说"好的主题是论文成功的一半"可能有些夸张，但没有一个明确而适当的主题就不会有一篇成功的论文却是无可怀疑的。

（二）没有主题的选题就是盲目的选题

确定主题，这类似于通常所讲的作文"破题"，即开篇立论。论文的主题既是论文的中心论点，也是研究的结论。从论文写作的步骤上看，确立论点，只是论文动笔前的一个环节。但从研究的目的来看，确立论点已经是整个研究过程的结果。自然，按照一般的研究规律，论文动笔之前，尤其是对于长篇学术专著而言，是不可能有一个明确不变的命题的。在选题阶段，更难以确定论文的主题。然而，按照心理学的规律，人们内在地具有一种追求"确定性"的天性，事先对论题总要有一个大致的观点和看

---

❶ 文学作品也有自己的问题以及主题，但是一般它们都不是先有问题和主题，然后展开写作，而往往是从故事开始，发展出主题。主题先行，几乎注定是写不出好作品的。同时，主题往往不是评价文学作品优劣的主要因素。

❷ 刘南平教授当年在美国写博士论文时，写作一年半后一次与导师交流论文内容，导师认为其论文"没有命题（thesis）"（主题），达不到博士论文的基本要求，这使其刻骨铭心。参见刘南平：《法学博士论文的"骨髓"和"皮囊"——兼论我国法学研究之流弊》，《中外法学》2000年第12卷第1期。

必须指出，笔者对命题的理解与刘南平还有微妙的区别。刘教授在同一篇文章中认为，命题和研究结论不是一回事，但"有时或许会重叠"，而笔者认为，命题或称主题即论文的结论。刘教授举的例子，如命题为"资本家是靠剥削工人养活的"，其结论可以为"资本主义制度必须推翻"。笔者认为，论证这一结论（命题）是另一篇论文的任务，而不是命题为"资本家是靠剥削工人养活的"这篇论文的任务，至多是这篇文章命题的一个推论。

法，哪怕是一个暂时的、朦胧的猜测、直觉的判断，而不可能是完全盲目地进行所谓"不受自己主观因素影响的客观性研究"。通常讲"意犹帅也""意在笔先"，也隐含这样的含义，即作为一种客观描述，"意"实际上是"帅""在笔先"的。❶ 这时的观点属于假设的范畴，往往有了一定的依据，但还很不充分，需要后面的详细论证。作家刘心武在电视节目访谈中曾经说过这样一句话："长篇小说的写作就如一把徐徐打开的折扇。"这句话用在学位论文的写作上也是适当的。在后来的研究过程中论文的主题可能发生变化，需要修正，甚至被推翻。随着研究的深入，主题逐渐稳定。通常只有到了论文写作的最后阶段，论文的主题，即论文的结论，才能最终确定。

　　与一般学术论文不同，学位论文的主题需要在动笔之前就予以初步确定（实际上往往是，开始选题时有所考虑，开题时基本确定）。这是因为：其一，提高论文质量的需要。确立论点的过程，是对资料进行理性思维和科学抽象的过程。前期的思考越成熟，对问题的本质认识越透彻，动笔后对主题的论证表述也就越充分，越严密。只有经过确立论点这一过程，才能深化对论题的认识，从而提高论文的学术价值。这也许就是"主题先行"一语针对学位论文写作的基本含义——"主题应该先行"吧！实际上，即使是对于学术专著，在其每一章动笔前，该章的主题（整个专著的分论点）也是完全确定的。其二，学术能力训练的需要。要求学生确定主题后再动笔，有利于培养学生的思维能力、学术耐心和严谨的学风，如此还往往节省修改的时间，提高写作的效率。在根本没有主题思想的情况下，就急急忙忙地开始写作，罗列材料，边想边写，希望从材料研究中"自然而然地得出主题"是不可能的。其三，从论文写作的可行性的角度考虑。本科毕业论文的论题比较简单、具体，写作难度小，写作时间也非常短，篇幅也不长，在正式动笔之前经过充分的考虑明确了主题，并且在整个写作

---

❶ 不少学者认为"动笔前先立意，这是任何文体写作都应该坚持的写作原则"（陈妙云：《学术论文写作》，广东人民出版社 1998 年版，第 145 页）。这与笔者的观点并不完全相同。

中一直保持基本不变，是完全可以做到的。研究生学位论文确定主题的过程比较复杂，通常会有一个拟定、修正或否定、进一步拟定，最后确定的过程。

然而有人对"主题先行"的理解走向了极端，在写作中是"先有论点，然后根据论点需要去找资料"，把论文写作的步骤顺序由"搜集资料—提出问题—初步确定主题—进一步搜集资料—修正问题及主题"变成了"确定主题—搜集资料"。这样"预设结论/立场"看似可以节省搜集资料的时间，但对学术研究是非常有害的，因为已经有了一定的成见。王力先生认为："凡是先立论，然后去找例证，往往靠不住。因为你往往是主观的，找一些为你所用的例证，不为你所用的就不要，那自然就错误了。"❶ 当然，从辩证的观点来看，论点与资料是相互影响的，二者不可偏废。首先是通过搜集资料来提出问题，确定论点，然后是围绕论点、论题进一步搜集和组织资料，再就是根据资料修正问题、论点。这是一个循环的过程。资料决定论点，论点驾驭资料，是写作的基本道理。

通常讲"论文写作要紧紧围绕选题"，前述也讲"论文写作要紧紧围绕学术问题"，这都有一定的道理，但归根结底"论文写作是紧紧围绕主题的"。"选题"及"学术问题"涉及的范围仍然很大，只有"主题"才是真正的范围最小的论文的核心。

确定主题是论文写作中最关键的一步，同时也是最艰难的一步。它与选题密切相关，是选题—问题—主题链条上的一个环节。离开主题的选题是没有目的的选题，不完整的选题。

七、狭义选题与广义选题

随着对选题的探讨，我们对选题有了越来越多的认识。选题不等于论

---

❶ 王力：《谈谈写论文》，见王力、朱光潜等：《怎样写学术论文》，北京大学出版社1981年版，第6页。

文的题材，不等于研究对象、研究范围，更不是论文的题目或标题。选题的外延即范围要小于题目，但其内涵要丰富得多。选题一般是描述性的，很难用一句话阐述清楚。题目是一个关于选题核心内容最简略的书面概括，可谓选题的外在文字形式的集中体现，但也仅仅是部分体现。选题确定比较早，且一旦确定就不会轻易改动，而题目往往最后确定，其间可以多次进行结构、顺序、文字等的改动。

选题，不仅是选择一个题目或研究范围，而是需要对密切相关的一连串的多个论文基本问题作出选择或决定。前面讲的选题可谓"狭义选题"，仅仅是真正的选题（或称广义选题）内容的一部分。论文选题，可以说牵一发而动全身。选题一变，其他部分都要跟着修改。有时选题稍作修改，其他部分就要大改。最终真正选好题了，同时也就是资料充分，问题提出了，也就做到对文章的观点、论据、论证方法心中有数了。从完整意义上来讲，选题内容包括论文的四个基本要素：研究对象、研究问题、研究主题、研究方法。❶ 如一个选题，其大致题目为"人工智能与法律的关系"，则其研究对象是"二者的关系"，研究问题可能是"人工智能的发展是否会对法律建设产生较大影响"，研究主题可能是"人工智能会促进法律的发展"，研究方法可能是"法社会学方法"。

选题，是一个包括很多内容的复杂系统。它看似仅是论文写作的第一个步骤，实际上却是一个与搜集及分析资料、提出问题、初步确定主题等多个步骤交织在一起相互影响、相互补充，从而不断修正的过程，一个不断深化的思维过程。狭义选题仅仅是广义选题的第一步。广义选题包括前后相继且循环运行的四个基本环节：初步选题（选择领域）、选题调研（主要指综述文献）、选题论证（主要指撰写开题报告）、确定选题（主要

---

❶ 选题一般并不能直接与具体的研究方法相联系，但是通常在选题的时候会大致确定采取哪些基本的法学研究方法，或研究方法的范围。这主要是由于选题与主题相联，而主题往往对应着某种方法。在某些基本法学派别中，这很常见，如认为法律是一种社会现象的，采取社会学方法来研究法律；认为法律是一种理想观念的，采取价值分析方法；认为法律是一种规范体系的，采取解释学的方法。说到底，法律观与法律方法论往往是不可分的。

指通过开题答辩)。

通过以上的分析,可以看出,"狭义选题"与"广义选题"往往被混在一起的,而"狭义选题"的意义用得更多,同时我们也可以理解"选题难"的症结所在。

八、小结:选题是决定论文"失败"的关键

综上,我们可以理解为什么说"题好一半文",不仅是因为选题是论文写作最早的一个环节,"良好的开端是成功的一半""万事开头难",它才重要,而且是因为选题与问题意识、论证意识,与论文的创新紧密相连。

当然,好的选题至多也就是成功的一半而已,况且"好的选题是论文成功的一半"这句话只不过是一个说法,千万不能当真,因为选题并非决定论文写作"成功"的关键,而是决定论文"失败"的关键。选题不好必定会导致论文失败,选题不错却不能保证论文一定写好。选题好是决定论文成功的必要条件,但远不是充分条件!

"选好题"与"写好文"是两回事。选题本身有价值与以此为选题的论文有价值,二者截然不同。对于写好论文而言,选题不过是"万里长征走完了第一步","以后的路程会更长,工作更伟大,更艰苦"。

第二讲 文献综述

广泛搜集资料是写作论文的基础,厚积薄发是写好一切文章的基础。拥有充分的、高质量的信息资料可使论文写作成功大半。"见多"才能"识广","少见"必"多怪"!胸无点墨又如何能写出文章来!

写过论文的人都有这样的体会:真正动笔写论文的时间是比较短的,大部分时间都是花在资料的搜集、整理和分析上了。从这个意义上来讲,论文不是写出来的,而是自己"流"出来的,关键在于写作前头脑中已经有了很多的内容,写时让它们自己涌现出来就可以了。真正写作的时候,不是你在用笔写作,而是笔自己在写作。人们经常讲,这首歌不是创作出来的,而是充沛的真情实感自然流露,从心底里流淌出来的,就说明了这一点。

一、资料的重要性

大家常以"巧妇难为无米之炊"来形容资料对于论文的重要性,似乎资料就是"做饭的米",严格来讲,这并不全面、准确。资料的作用更大,它并不限于"米",还包括"烹饪方法以及炊具",等等。资料中包括学术观点、研究方法、基础知识、基础理论、论文格式、写作规范等论文写作需要的多方面的内容。

论文的研究、写作都不能凭我们的想象捏造,我们都是在前人研究的基础上继续从更深层次去发掘与拓展,"从杂志缝里找文章",对前人留下来的资料进行分析、概括总结,从而推陈出新,写出观点新颖、别具特色

的论文。❶

(一) 读然后知不足

占有资料就是接过别人手中的接力棒，以便在已有的基础上开始新工作。牛顿有一句名言："如果说我看得比别人更远些，那是因为我站在了巨人的肩膀上。"荀子云："不读先王之书，不知学问之大也。"学然后知不足，很大程度上就体现在"读然后知不足"。❷搜集并阅读、分析资料就是和同行专家进行学术交流，尤其是和古今中外聪明而富有智慧的大脑在对话，从他们那里吸取宝贵的经验和教训，可以使自己少走弯路，还可以启发思路，产生直觉和灵感——智慧的火花，从而提出具有创造性的观点。

我们都非"生而知之者"。如果不了解别人的成果，不善于吸取别人的经验和教训，仅仅凭自己以往的知识和经验，闭门造车，靠"眉头一皱，计上心来"，靠"拍脑门"，一切都"从我做起，从现在做起""从零起步""自力更生"，无视学术界的既有研究成果，这样造成的后果就是选题缺乏证据，文章主观色彩浓厚，而且最终很有可能是做了重复性研究，而费尽心血得到的研究结果可能还不如别人的内容深刻，导致论文根本不具有创新价值，沦为学术垃圾。这样研究的学术问题实际上也就成了伪问题，因为别人已经对该问题做了解答，而且你也没有能力比他人做得更好，更没有能力对其给予批判。

(二) 尊重前人的研究成果

资料相当大一部分就体现为文献。文献是选题的基础和依据，也是写

---

❶ 季羡林先生回国后在北大教书，住在北大朗润园。当时他有个叫吴克峰的济南小老乡，在北大读研究生，此人时常来向季羡林先生请教。有一次吴克峰愁眉苦脸地问道："做学问有没有什么捷径？"季羡林先生以杖杵地："想不到我聪明的小老乡居然问这么傻的问题，傻问题。"吴克峰只说："先生救我，我的论文实在憋不出来了。"季羡林先生则呵呵坏笑起来："论文岂是憋出来的？呵呵呵呵呵，水喝多了，尿自然就有了。哈哈哈哈哈！"参见吴克峰：《季先生》，《青年博览》2014年第14期。

❷ 当然，通过大量的阅读也可以发现文献资料本身的不足，从而为自己选题等找到突破口，从而展开研究。

好论文的原材料。它反映的是研究者的专业基础和专业水平。没有文献，就相当于造房子没有砖块一样；同时，没有文献也像在空中造房子一样没有基础。文献是学术传承和学术伦理的载体。尊重文献就是尊重前人的研究，也能体现学术发展的脉络。同时，在论文写作过程中，我们经常会用到别人文献中的观点支撑自己的观点，目的是强调本论文论证过程和结论的合理性。

（三）没有充分地占有资料就没有写作权

我们可以说：所谓论文写作就是在资料的大海里进行"加减乘除"，❶就是"资料运动，运动资料而已"。没有充分地占有资料就没有写作权。写论文如同修行，靠的是日积月累。学生论文中存在的种种问题，追根溯源就是不注重资料收集，读书很少，没有学术积累造成的。老师在评价学生论文时常常有这样的语句"学术视野狭窄"，实际上就是指学生占有资料贫乏。

毛泽东同志有这样的论述："人的正确思想是从哪里来的？是从天上掉下来的吗？不是。是自己头脑里固有的吗？不是。人的正确思想，只能从社会实践中来，只能从社会的生产斗争、阶级斗争和科学实验这三项实践中来。"❷引申开来可以说，论文的思想观点从哪里来？它不会无中生有，也要从社会实践中来，只是不一定都从直接实践中来，而是也有不少（甚至大部分）从间接实践中来，也就是从别人直接实践的成果——文献资料中来。❸

当然，在搜寻资料时，千万不要忘记资料并不仅仅来自外部，"你自

---

❶ 资料的"加减"可谓是量变，"乘除"是质变，对资料加工处理后产生质变，才能写出好的论文。

❷《人的正确思想是从哪里来的？》，这是毛泽东1963年5月在修改《中共中央关于目前农村工作中若干问题的决定》（草案）时增写的一段话。毛泽东：《人的正确思想是从哪里来的》，人民出版社1964年6月第1版，第1页。

❸ 其实，人的"错误思想"也是从社会实践中来的，这包括直接实践和间接实践两个途径，同时直接实践未必比间接实践更容易得出正确观点。

己的大脑和经历是你最丰富的资源"。❶外部资料固然重要，但自己头脑中已有的资料更是不可忽视，这个时候"忘我精神"是要不得的。谁能说当事人口供在法庭上不是当事人提供的证据呢?!

（四）资料新是论文创新的重要体现之一

有些资料是非常宝贵的，甚至是可遇不可求的。一旦得到，即使是一般智力的学者也可能写出漂亮的论文。相反，即使是优秀的人才，相关资料不足，也难以写好文章。❷在这种情况下，可以说资料在论文写作中起到了决定性的作用。也正因如此，学术研究的旨趣取向有"材料主义"与"视角主义"的分野。❸

不少学者主要因为比别人占有更充分，甚至是独有的资料而成为该领域的专家。如对最新甲骨文中法律相关资料的占有，对古代竹简中法律资料的占有，以及对藏语、蒙语等少数民族语言体现的法律资料的占有，对古代已经消失的语言中体现的法律资料的占有，对英、法、德等外国语言文字中法律资料的占有，等等。还有，对自己（或他人）通过田野调查得出的独一无二的第一手法律资料的占有。

其他学科领域，这方面的例子也有很多。如沈志华先生从俄罗斯复印了大量的苏联解密档案资料，最早利用这些国内最全的苏联冷战史资料进行研究，而成为东北亚冷战史专家。正是由于资料的珍贵和重要，一些学者通过努力得到独一无二的资料后，在发表论文及专著前，一直保密，不轻易示人。还有，有些学者会在一定时间内"垄断"某些珍贵资料的研究。如当殷墟最初开始发掘时，两位后来成为殷墟研究杰出专家的学者就事先达成一项谅解：董作宾研究契刻文字，而李济负责所有其他遗物。❹

---

❶ 布莱恩·格里瑟姆：《如何写出好论文》，李林波译，四川人民出版社2021年版，第171页。
❷ 夫子也曾经为资料不足而发愁。《论语·八佾》中，子曰："夏礼，吾能言之，杞不足征也；殷礼，吾能言之，宋不足征也。文献不足故也，足则吾能征之矣。"《四书五经·论语 大学 中庸》，郭丹等译注，中华书局2019年版，第30页。
❸ 凌斌：《法科学生必修课：论文写作与资源检索》，北京大学出版社2013年版，第3页。
❹ 李济：《安阳》，上海人民出版社2019年版，第50页。

二、资料搜集

有人把论文写作形象地比喻为一个买菜做菜吃饭的过程。收集资料是买菜，整理和阅读资料是做菜，而对资料的运用是吃饭吃菜。饭菜好不好，在于菜品，也在于厨艺。下面首先讲"买菜"的过程。

搜集资料的过程伴随写作的整个过程，包括选题、文献综述、开题报告、写作、修改、答辩等。当然，这里的资料包括但不限于书本上的资料（文献，阅读经验的成果），也包括个人在实践中获得的经验资料（如个人实地田野调查以及其他经过实证分析后获得的资料）。霍姆斯所谓"法律的生命在于经验，而不在于逻辑"，他这里的"经验"包括"阅读经验"，但主要指的是"实践经验"。写论文要像"包打听"及猎犬一样，去积极地搜集资料和信息，"淘宝"，探宝，寻找金矿。

（一）二八定律

论文的写作是在查阅许多资料的基础上才开始下笔成文的，从资料中来确定论文的主题、写作思路、创作方法，用资料来表现主题，明确观点。有人初步统计过，一位科研人员在科研项目中时间分配是：搜集材料时间占50.9%，实验研究时间占32.1%，思考计划占9.3%，撰写论文时间只占7.7%。❶ 梁启超曾说："资料，从量的方面看，要求丰富；从质的方面看，要求确实。所以资料搜罗和别择，实占全工作十分之七八。"❷ 可见文献搜集在研究中的重要性。这颇类似"二八定律"（帕累托法则），基础性的写作准备工作占了时间和精力的80%，而真正动手写作所下的功夫只占20%！

不仅如此，实际上还有一个"二八定律"，那就是费了很大的功夫搜集的资料，80%是论文中不会用到的，似乎搜集和整理分析这些资料是在

---

❶ 陈妙云：《学术论文写作》，广东人民出版社1998年版，第131页。
❷ 梁启超：《中国近三百年学术史》，中国文史出版社2016年版，第61页。

做无用功，只有20%才会用到。

（二）资料的功能

前面谈到资料的宏观作用，这里谈一谈资料的微观作用，即功能。

一是弄清选题的历史发展脉络。任何问题都有一个发展脉络，不了解该问题的学术发展脉络就不可能对该问题进行深入研究。也就是说，先要了解这个问题是从哪里来的，然后才能预判这个问题未来的发展方向。在学术论文中，开头就直奔主题的论文，一般都不是严谨的论文。人贵在直，文贵在曲。论文的"贵"也在曲，而这种曲是通过对前人既有研究的追溯和分析而表现出来的。

二是充分了解前人所作的学术贡献。任何人的研究都是在前人研究的基础上进行新的探索。学术的传承就是要尊重历史，不尊重前人的学术贡献，就难以开拓新的研究领域；不尊重历史，很可能会陷入盲目自大的学风之中。

三是发现前人研究中存在的问题，从而为自己的研究找到突破口。重大学术问题多不是一代学人就能彻底解决的，且任何人的研究都会因各种主客观因素而存在一定的疏忽和漏洞。别人研究的终点，就是你研究的起点。因此，后辈学人就是要反复不断地阅读、比较和分析前人的既有研究成果，从中发现研究中存在的问题和漏洞。这样，就有可能或是延续前人的研究而深化，或是发现前人研究的漏洞和不足而进行弥补，或是在原有的问题领域发现新的研究地。这样才真正体现了选题的研究价值。

（三）五个原则

一是紧紧围绕选题。资料文献搜集，是"定向越野"，而不是"爱丽丝漫游仙境"。资料，哪些需要搜集，哪些不需要搜集，要以选题为标准。不能像一个闯入田野的孩子，什么花都觉得好奇，都想摘到手里，最后迷失在花海之中。

二是全面、充分地搜集资料。韩信将兵，多多益善。这里的"多"包括数量多，也包括种类多。这包括古今中外的各种类型的相关资料。有人主张应掌握与论文有关的所有资料，这种方法可谓"竭泽而渔"，巨细毕究。❶ 遗憾的是在"文献爆炸"的当代根本无法做到。尽管如此，对选题范围内的重要资料，尤其是经典资料和最新资料必须掌握。只有充分地占有资料才可能多视角地看问题，也才可能产生新的观点。❷

教育界有一句话：要想交给学生一杯水，自己要准备一桶水。用在写作上可以这么说：要想写出一万字的文章，至少要查阅几十万字的资料。有人把论文比喻为冰山的一角，资料就是水下的冰山。厚积而薄发可谓写作的基本规律。

这里强调指出，要重视搜集那些对论文比较重要，但不被大家重视的、相对生僻的资料。如民国时期的法学资料。❸ 傅斯年先生有名言"上穷碧落下黄泉，动手动脚找东西"❹，就强调了学术活动中广泛搜寻资料的重要性。外文资料以及翻译过来的资料越来越受到人们的重视，但在搜集资料中也要注意"崇洋不媚外"，坚持在搜集时中外资料一律平等。

此外，还要注意搜集相关的非法学文献。这主要是指人文社科文献，也包括理工科的相关文献。法学与哲学、历史学、政治学、经济学、社会学等都是密切联系的，其他学科对研究法律问题，无论是理论观点，还是研究方法，往往具有重要的价值，不容忽视。很容易发现，法学专家的文章中往往引用了众多其他学科的文献，视野开阔，内容丰富。甚至有学者认为，一篇文章中引用的非法学文献的数量是衡量该文章质量的

---

❶ 有人提出搜集资料的"一网打尽法"，这包括三种类型：第一种是全部一网打尽，第二种是近期一网打尽，第三种是重点期刊一网打尽。马来平：《文章千古事得失寸心知——与研究生谈找"问题"和论文修改》，《学位与研究生教育》2015年11期。

❷ 可以设想，如果学生搜集了大量的导师甚至答辩委员会成员都没有掌握的资料，视野非常开阔，那么这篇论文得优秀的机会就自然大大增加了。

❸ 一般学生不注意参考民国时期的文献，这是非常遗憾的事情。民国时期我国法学领域取得了很大的发展，出现了以吴经熊为代表的一大批法学家，某些研究成果具有国际一流水平。据北京图书馆统计，当时出版的法学书籍有5500多种。参见北京图书馆：《民国时期总书目·法律》，书目文献出版社1990年版。

❹ 傅斯年：《中国古代思想与学术十论》，广西师范大学出版社2006年版，第182页。

一个基本指标。❶

三是搜集具有代表性的权威资料。这通常包括本领域的经典资料以及其他权威性的资料，如 CSSCI、CLSCI 或北大核心等。资料固然需要"多"，但更贵在"精"。前述牛顿讲"站在巨人的肩膀上"，而不是"站在一般人或矮子的肩膀上"！❷ 何谓经典的资料？基本的判断标准就是——这些资料是从事该领域研究所绕不开、回避不了的。当今时代，研究法治谁能离开亚里士多德的《政治学》呢？！无论大家觉得其对错，在研究中都必须对其予以关注。一般引用率高的文献、名家的文献、获奖的文献、获得优秀书评的文献以及核心期刊上的文献等大致都属于权威资料。❸ 这些权威性资料可谓模范、榜样，是学生效仿的对象。❹ 榜样的力量是无穷的，通过对它们的阅读、分析，学生不仅可以得到新的观点和方法，还可以得到新的学术感觉。有学者讲："你除非曾经被好作品震到，否则绝不可能希望自己的作品也有如此力量，将读者震到。"诚哉斯言！同时，需要说明：读名著一定要尽量读原著，而不是译著及其他介绍性的文献。金克木先生有云："原书比喻为本人，其他那些都是肖像，甚至漫画，多看少看，其实无关大局。"❺

这里尤其要提请注意的是，应积极搜集争论性的资料，正反两个方面都要搜集，特别是对处于下风、不属主流的少数人意见资料。这可以培养

---

❶ 甚至有人认为，一名法学学者的水平高低就看他的书房中有多少非法学类的著作。

❷ 也许严格来讲，采用"'踩'在巨人的'头'上"更合适，因为这包含着完全继承并超越权威，挑战及战胜权威的含义，尽管"踩……头"这样的说法使人觉得"狂妄"，有不尊重巨人的嫌疑。

❸ 有学者提出这样的看法："这里我有一个可能是反常识的建议，在写作之前不要读太多的文献，阅读十几篇这一领域里最重要的文献就可以了。"（熊易寒：《社会科学论文选题策略与写作技巧》，见葛剑雄：《通识写作：如何进行学术表达》，上海人民出版社 2020 年版，第 168 页）这是从实际可操作性角度出发，对上述"全面、充分搜集资料"原则的一个修正。

❹ 不少学生的论文引用学术声望很低的杂志上的文章，这大大降低了论文的水平。一些学生引用百度百科词条上的内容，这些内容可以个人通过后台进行篡改或编造，没有权威性与真实性，引用会降低文章的档次。

❺ 金克木：《书读完了》，上海辞书出版社 2007 年版，第 19 页。又，这本书比较吸人眼球的书名也提醒我们，通过读代表性的经典文献，从实质方面来讲，关于论文某一选题方面的所有的书是可以整体上把握其精神"读完"的。

逆向思维能力，开阔视野，抛弃偏见，有利于从各个不同的侧面来全面地看问题，启发思路。有比较才有鉴别，不同观点之间的碰撞最容易产生创新的观点。俗话说"真理越辩越明"，实际上在不同观点的交锋中"错误也是越辩越明的"。

据我的个人经验，一般搜集的参考文献的字数应在论文字数的30倍以上，即本科生需要阅读大约20万字，而研究生需要阅读上百万字。有些学生刚搜集了一点资料，就迫不及待地开始写作，结果行文不畅，写到一半就写不下去了，无奈发出"书到用时方恨少"的感慨。

四是搜集最新的资料。陈旧的资料往往束缚人们的思维，容易使人得出陈旧的观点，而新资料往往意味着新观点。在重视搜集传统资料的同时，积极搜集新颖的资料，可以掌握最新的研究成果，使自己站在本领域的前沿。同时新颖的资料往往同时包括旧的观点在内，比较全面、系统。有些学生不注意收集最新的资料，所用资料比较陈旧，这样的文章其价值可想而知。如一位学生写关于安乐死的论文，2005年1月辽宁教育出版社出版了西方法学大家德沃金与人合著的专著《安乐死和医生协助自杀》，学生直到2005年5月30日论文答辩时还不知道有这本书！一位同学2023年5月写就的关于刑事速裁程序的论文，建议"制定精细化的量刑建议指南"，殊不知最高人民法院、最高人民检察院《关于常见犯罪的量刑指导意见（试行）》已经于2021年7月1日开始实施。当然，新与旧是相对的，也是辩证的。我们应该在搜集资料上坚持"喜新不厌旧"的态度。

五是保证资料的真实。资料翔实是论文写作的基础。如果资料不真实，论文写作就如建立在沙滩之上，而流动的沙滩上是根本无法建立大厦的！资料真实可信是决定论文质量的关键要素，可以说决定了论文的生命，同时它也是学校评价论文的一个基本指标。现实中不少资料记载是相互冲突的，记载的时间先后也不同，这时就要认真甄别。

论文写作中应该秉持这样的观点：一手资料是黄金，二手资料是废铜烂铁,三手资料是垃圾。❶不应该"听说他",而应该"听他说"(凤凰卫视语)。"没有根据的说法就是造谣"❷,就是"妄议""胡说八道",根本无法说服人。对资料的搜集,应该以第一手资料为原则,"采铜于山"而非"买旧钱充铸"(顾炎武语)。

(四)没有绝对客观的资料

任何资料都是人们怀着一定的目的调查、搜集、整理而得到的。可以说,所有的资料都是具有"人为"("伪")属性的资料。意大利哲学家克罗齐有云"一切历史都是现代史"。对资料的原始性或第一性,我们不应该绝对化。这包括对原始性的理解不能机械,以及对原始性的追求不能过分。有些第一手资料可能反而是错的,如古代官方历史的记载,有些现在看来根本不符合科学,是错的。还有些资料如外语原文,我们很难搜集到,搜集到自己也无法阅读和理解。片面追求第一手资料,而贬低第二手资料的价值,是不妥当的,也是不可行的。

(五)一定要重视专著

法学资料包括文献资料,也包括通过调查研究等获得的资料。❸文献资料又包括法学著作、法学论文、法学案例、法律法规等,其中法学论文包括期刊论文以及学位论文等。目前我国普遍重视期刊论文,而相对不重

---

❶ 第一手资料是指自己直接经过搜集整理和直接经验所得,所谓原始资料。第二手资料是指借用他人的经验或者成果。第一手资料指文献资料和文物资料;第二手资料指口述资料和神话故事。第一手资料比第二手资料可信;第一手资料叫原创;第二手资料叫转载。

第一手资料不是绝对的,针对其他选题,可能变为第二手资料。如马克思的《黑格尔法哲学批判》这部著作,对研究马克思主义来说是第一手资料,而对于研究黑格尔的思想来说,这是第二手资料。

❷ 这是笔者初中数学老师张文周先生四十年前在课堂上讲过的一句话,可谓一针见血,令人印象深刻。

❸ 调查是获取资料的基本方式之一,不少论文写作的著作题目就包含"调查"二字,如陈晋胜:《法学论文与社会调查报告——写作指导与范例》,中国法制出版社2019年版。考虑到调查方法的探讨比较特殊,涉及范围广,本书不探讨如何调查搜集资料的问题。

视专著，❶这实在是一件令人遗憾的事情。期刊文献往往针对一点，发掘得比较深，同时还比较新，这确实是它的优点，但专著往往更加系统化、全面、具有宏观视野，经过了一定时间的检验，更具有权威性、理论性，历史上流传下来的经典著作尤其如此。这也是法学名家多数都是以著作名世，而少有以论文名世的原因。人文学术必得"著书"才能"立说"。这也就是为什么一提到德沃金，人们马上就会想到《认真对待权利》《法律帝国》；一提到哈特，人们马上就会想到《法律的概念》；一提到罗尔斯，人们就会想到《正义论》。这些大师没有写过论文吗？当然不是，他们实际上还写了很多论文，但其著述中被广泛阅读、引用、产生影响的，毫无疑问是著作而不是文章。重视论文而不重视著作，就是丢了西瓜捡了芝麻，丢了大象拣了蚂蚁。对论文撰写而言，著作相比期刊论文具有更重要的基础性参考价值。

论文写作一定要明白这样的道理：不能简单地用论文生产论文，患上"知网"依赖症；尽信期刊不如无期刊，尽信网络不如无网络。

三、文献检索

文献"搜集"，不是文献"收集"。从浩如烟海的文献中寻找自己需要的文献，是一项需要下大功夫的工作，可谓"沙里淘金"。文献检索，广义上的信息检索，是搜索文献资料的基本方法。论文写作中文献检索的价值是不言而喻的，实际上不少论文写作课程的名称就是《论文写作与文献检索》。

法学方面的资料一般包括：法律条文、案例、论文、著作等，这实际上包括书本上的法（law in book）、现实中的法（law in action）以及头脑中的法（law in mind）三个大的方面。

---

❶ 我国大学评职称也注重考察老师的论文数量，尤其是核心期刊论文的数量，而对著作的要求不高，甚至对著作没有要求。

（一）两种基本方法

查找文献一般有两种基本方法。一是确定范围、全面排查，即确定检索范围、检索方式和检索词，进行地毯式的检索。二是顺藤摸瓜、延伸阅读（或称滚雪球的方法），即根据已有文献提供的线索进一步检索。如一本博登海默的《法理学：法律哲学与法律方法》，就可以给我们提供大量西方法理学方面的著作及文献线索。具体来讲，可以通过某文献找到其所引用的文献（可谓查找"前世"），以及其被引用的相关文献（查找"后世"）。也可以"顺人摸人"，通过某学者的文献，找到他个人的相关文献，与他合写的作者或好友的文献，他与之论战的人的文献，以及他推荐或赏识的人、他批评或反驳的人的文献，等等。

这两种方法应当交替并用。具体的检索包括很多技术性、操作性的细节问题，如选择什么数据库，中文还是外文，选择什么软件，等等。这些问题本书只做简单的介绍，读者可以自己参考有关书籍资料。

（二）中文文献的检索

1. 刊物方面

法学论文最主要的阵地是各个法律院校、研究机构举办的专业法学刊物。这包括综合类的法学期刊，如《法学研究》《中国法学》《中外法学》《法商研究》等，也包括部门法学期刊，如《中国刑事法杂志》《知识产权》《行政法学研究》等。近年来还出现了《北大法律评论》《清华法治论衡》《民商法论丛》《行政法论丛》等一批论文集刊。此外，还有文科四大文摘：《新华文摘》《中国社会科学文摘》《中国人民大学复印报刊资料》《高等学校文科学术文摘》。

除了专门的法学刊物，一些人文社科领域的综合性刊物也刊载法学文章。主要是各省社科院、社科联主办的社会科学综合性刊物，以及各个综合性大学主办的学报。

2.数据库方面

清华同方等单位研发的中国知网（CNKI），❶ 包括中国期刊全文数据库、中国优秀博硕士学位论文全文数据库、中国引文数据库、中国重要会议论文全文数据库、中国重要报纸全文数据库、中国图书全文数据库等多个数据库。此外，还有维普资讯公司开发的"中文科技期刊数据库"、万方数据公司开发的"万方数据资源系统"。2006年起，维普与谷歌合作，成为谷歌学术搜索频道最大的中文合作资源。❷

还有，读秀、超星数据库是图书数据库。还可以去中国国家图书馆网站，其属于整合性学术资源平台。

3.法律法规方面

法规的正式出版物是政府公报，包括《全国人民代表大会常务委员会公报》《国务院公报》《最高人民法院公报》等。在政府公报上刊登的法规文本是标准文本。除了政府公报，官方机构还进行法规的正式汇编，如国务院法制办公室的《中华人民共和国新法规汇编》。此外，还有民间机构各种形式的法规汇编。

目前，有不少政府或者商业机构开发了法律检索系统。其中，做得比较专业、成熟的，是北京大学法制信息中心与北大英华科技有限公司推出的"北大法宝"。该系统共收集了中央层面的法律、法规、规章、司法解释以及其他规范性文件几十万件，并提供法律文件标题、正文的关键词检索以及制定机关、时间和类别检索。

4.司法案例方面

法院不断发布或者公布司法案例，从最高人民法院正式公布的案例、最高人民法院各审判庭编纂的案例集、《中国审判案例总览》、《人民法院

---

❶ 知网，是指国家知识基础设施（National Knowledge Infrastructure，NKI），由世界银行于1998年提出。CNKI工程是中国以实现全社会知识资源传播共享与增值利用为目标的信息化建设项目，由清华大学、清华同方发起，始建于1999年6月。

❷ 数据库搜索往往提供多种搜索方法，典型的是关键词、题目、作者等搜索。不少同学不会使用关键词搜索方法，主要是搜索范围狭窄，只用一个关键词来搜索，结果就是找到很少，甚至找不到自己需要的文献。

案例选》等带有探讨性的案例分析，到各地法院自行编印的裁判文书选编。2013年7月，最高人民法院开设了"中国裁判文书网"，对搜寻案例提供了极大的帮助。此外，还有法立信、威科先行、聚法案例等商业数据库，功能更加多样。

目前最成熟、收录案件最多的案例数据库，还是"北大法宝"。该数据库收录了38万多个案件的判决书或者案例评析，其中包括最高人民法院公布的案例，以及《中华人民共和国最高人民法院判案大系》《中国审判案例要览》《人民法院案例选》等多套案例选编上的案例。该数据库还可以根据案例类型（民事、刑事和行政）、案由、法院、当事人、审级、审结日期、文书类型，以及全文关键词等进行检索。此外，还有全国人大常委会办公厅的"法律法规数据库"，具有官方性，更新速度比北大法宝快。

5. 媒体报道方面

报刊、电视等传统媒体是新闻的权威发布者。中国主流媒体多为官办，新华通讯社、中央电视台、中国国际广播电台、《人民日报》《中国青年报》《瞭望》周刊等都报道一些与法律有关的新闻。其中《法治日报》《人民法院报》等法制类报刊，则大量登载法律新闻。

在互联网时代，绝大多数传统媒体建立了自己的网站，如新华网、人民网、央视国际、中国人大网、中青在线、法制网、中国法院网、财新网。这些网站成为信息的重要来源。

6. 统计数据

从2009年开始，最高人民法院的司法统计数据已经公开上网。国家统计局网站则提供了各种官方统计数据或者数据链接。如果要追溯更早时候、更广范围的统计数据，可以查找各种年鉴。例如，《中国法律年鉴》提供了1987年创刊以来立法、司法、法学教育与研究等法律领域的相关数据。更多的统计数据可以从中国知网（CNKI）的中国年鉴网络出版总库、中国经济社会发展统计数据库中获取。

此外，还有三个统计数据网站：国家统计局网站（www.stats.gov.cn），可以提供各种官方统计数据或者数据链接。搜数网（www.soshoo.com.cn），由北京精讯云顿数据软件有限公司开发，是可以查找各种统计数据的快捷平台。中国司法大数据服务网（http：//data.court.gov.cn/pages/），是最重要的司法大数据服务互动交流平台。

联合国统计数据库（UNDATA）由联合国统计处负责编制，免费提供多个国家的统计信息（http：//data.un.org）。此外，经合组织（OECD）、世界银行等机构网站也提供多个国家的相关统计数据。美国统计局的官方网站（www.census.gov）则提供了关于美国社会的广泛而权威的统计数据。

7. 概念术语

研究过程中，经常会遇到一些不甚明白的概念术语。对付这些问题，互联网是非常好的帮手。

但是，这些网上资料只能作为释疑解惑的辅助工具，而不能作为权威文献援引。如果要作为权威文献引用，最好求助有良好信誉的辞书。例如：《辞海》《元照英美法词典》《中国大百科全书》（法学卷）《大不列颠百科全书》等。

8. 学位论文

"中国博士论文全文数据库"和"中国优秀硕士论文全文数据库"，这是中国知识资源总库（http：//www.edu.cnki.net/）CNKI系列数据库中的资源，是目前国内相关资源比较完备、高质量、连续动态更新的中国博硕士学位论文网络出版总库。检索途径包括题目、作者、导师、学科专业名称、学位授予单位、关键词、摘要、全文、主题等。

万方数据学位论文库，收录了自1980年以来我国理、工、农、医、人文社科等各个领域的博士、博士后及硕士研究生论文。数据库可按学科分类浏览。

CALIS学位论文中心服务系统，收录百所高校的博硕士学位论文的文摘信息，提供的服务内容有简单检索和高级检索，可以检索、浏览论文中心的论文库。

国家图书馆学位论文检索。国家图书馆学位论文收藏中心是国务院学位委员会指定的全国唯一负责全面收藏和整理我国学位论文的专门机构，也是人事部专家司确定的唯一负责全面入藏博士后研究报告的专门机构。其检索具有权威性、全面性和专业性，可以更好地满足人们对学位论文检索的需求。

（三）外文文献的检索

了解相关外文文献的检索方式，有利于我们了解全球最新学术前沿以及收集不同学术材料，更有利于我们拓宽自身的学术视野。对于外文文献，可以从图书馆借阅，但获取当代文献主要通过查阅各种数据库。

1.Lexis Advance 全球法律信息数据库

它全面收集了美国、英国等 200 多个国家和地区的法律资源，收录内容包括判例法、成文法、各类法律法规、立法材料、行政材料、诉状及动议与法律名录等丰富的原始的法律资料；还收录了 900 多种全球的法律期刊及评论，以及法律百科等多种类型的能帮助用户深入学习与了解法律问题的二次法律资料。

2. Westlaw Next 法律数据库

英美法律权威资料覆盖范围很广，包括：

（1）判例：美国、英国、欧盟、澳大利亚、加拿大、韩国、中国香港；

（2）成文法：美国、英国、欧盟、加拿大、韩国、中国香港、开曼；

（3）期刊：近 20 个国家和地区的期刊资料；

（4）专著教材百科全书：近 30 个国家和地区法律实务以及学术著述。

3. HeinOnline 法律全文期刊数据库

该数据库是以法律为核心，涉及政治、国际关系、外交等领域的全文期刊数据库，是全球最大的、收录最全的全文法学文献数据库。该数据库涵盖全球最具权威性的 2700 多种法学期刊，同时包含 3100 卷国际法领域权威巨著，100000 多个案例，14000 多部法学经典学术专著和美国联邦政府报告全文等。

此外，还有 1994 年创建的 SSRN（社会科学研究网，Social Science

Research Network）数据库，以及 1995 年创建的 Jostor（过刊期刊，Journal Storage）数据库。

四、资料整理

文献资料越来越多，看着凌乱的资料，心情往往也会变得凌乱起来。这时就需要整理资料。与传统社会中信息匮乏、资料有限不同，现代社会可谓"信息时代"或"信息爆炸时代"，往往是资料很多，难以取舍。不仅如此，这些文献还鱼龙混杂、良莠不齐（信息时代，更常被称为"错误信息的时代"），如何"去粗取精，去伪存真"令人头疼。这时整理资料就显得尤其重要。

（一）理乱麻

整理资料可以使资料系统化，把信息资料围绕"论文写作选题"相互"串连"起来，形成一个有机的结构。整理资料就是"归类的艺术"！完整地搜集资料过程不仅包括堆积资料，还自然包括（这也是更重要的）对这些凌乱、杂乱无章的资料进行归纳和整理，并进行初步分析。零散的知识，没有系统化，其作用是非常有限的。一万条小舢板也拼不成一艘航空母舰！按照通常的说法，这个过程是"去粗取精、去伪存真，由此及彼、由表及里"的过程。只有经过整理和分析，材料才能真正成为富有生命力的论文素材。这时初步分析资料的目的在于，使自己对该领域的认识基本达到他人研究的最高水平，从而进入该领域的前沿。同时，通过资料整理还可以发现：哪些资料还需要收集，哪些资料重复了，哪些资料价值不大，等等。整理是一个评价和取舍的过程，其目的在于剔除那些"炒冷饭"、没有价值的文献，挑出那些有新意、说理透彻的好文献，同时把这些好文献有机地结合在一起。

整理资料首先是对文献进行初步的筛选。研究表明，按质量的优劣可将文献分为三种类别，一种是占 30% 左右的必要文献，一种是占 5% 左右的错误文献,其余的则是冗余文献。冗余文献中又可分为必要的冗余和不必要的冗余。在检索的同时,可以通过鉴别文献的真实性、先进性和适用性进行筛选。文献的真实性可从其内容、密集程度、类型、来源渠道、出版单位、作者的身份以及引用率高低等方面来进行综合判断。文献的先进性是指在观点、方法、材料等方面有某种创造或突破,可从文献发表的时间、文献的来源、文献的影响和有关评论加以判断。文献的适用性是指文献对研究适合的程度,主要考虑文献中的观点是否合乎实情,与自己选题的相关程度等,可以通过读摘要、结论或序言、跋等进行判断。

(二) 资料分类

整理资料首先要对资料进行分类。哪些是一手资料,哪些是二手资料;哪些是主题的资料,哪些是关于主题的资料;哪些客观描述性资料,哪些是主观见解资料;哪些是关于方法的资料,哪些是关于观点的资料;哪些是权威资料,哪些是一般性资料;哪些是别人的资料,哪些是自己经历及调研的资料,等等。

此外,分类可以参考的标准还有:按学科领域分类;按学术观点、学术流派分类;按问题研究的历史发展阶段分类;按研究程序或研究方法的运用分类等。如把学者的观点分为肯定说、否定说、折中说,分为单要素说、两要素说、三要素说,分为法官中心说、被告中心说,分为立法中心说、司法中心说、执法中心说,分为西方说、印度说、中国说,等等。当然,更重要的是要分清,对写论文来说哪些是主要的资料,哪些是辅助性资料,不能胡子眉毛一起抓。

对文献的观点按照一定的原则,进行整理、陈述,使之系列化、条理化。提炼观点时,要力求做到准确无误,不片面理解。如何从这些文献中选出具有代表性、科学性和可靠性大的研究文献十分重要。这一阶段的目的是把大量的资料通过"格式化"的处理,变为能直接为论文所用的有条理、有主次的论文素材。

（三）初步分析资料

伴随着资料分类的是初步分析资料。通过初步阅读进行剖析，弄清别人是如何分析和阐述这一问题的，深刻领会其含义。对不同的观点进行合理的分析、比较和评论，这时要保持思维的自主性和独立性，做到客观公正，既要肯定优点，又要指出不足，不可吹毛求疵。对不同或矛盾观点的分析和评论，要注意选择合适的视角，注意其不同的原因，不可根据自己的喜好而滥加褒贬。

（四）常用管理文件的软件

管理文件现在有专用的软件，正确使用可以大大提高效率。常用的软件有以下三种：

1. Zotero

特点：（1）可以作为浏览器插件进行使用。（2）可以无限级地做目录分类，一个目录下可以分为多个子目录，根据自己的需求来设置即可。（3）它的标签功能可以为每个文献自动打上标签，可以利用笔记功能随意做阅读笔记，这样就使文献管理更加方便。

2. Mendeley

特点：（1）支持多平台，如网页版、Windows 版、Mac 版、Linux 版、iPhone、iPad，等等。（2）支持 PDF 识别和标记，可以直接在 PDF 文档中做相应的标记和注释，来突出文章的重点内容。（3）支持从其他参考文献管理软件（例如 EndNote，Papers 和 Zotero）导入文献。（4）支持网络备份，而且支持多个平台之间同步。

3. EndNote

特点：（1）能够进行文献检索，因为它是 SCI 的官方软件，内嵌很多数据库。（2）可以在文献中做笔记，比如标记高亮字体、添加注释等，方便以后复习文献。（3）支持边写论文边插入参考文献，并调整文献的顺序，自动编号和更新。（4）支持的文献格式非常全面。

五、资料阅读

正如资料搜集贯穿论文写作全过程一样，紧密伴随资料搜集的资料阅读也贯穿从选题到答辩的论文写作全过程。

（一）写作的前提

没有阅读也就没有写作。人们常常为"写作不过关"而烦恼，殊不知症结往往在于"阅读不过关"。理解别人的观点是表达自己新观点的前提。资料是要使用的，而不是来展示的。使用文献的前提就是阅读、理解、分析，把外在资料转化为内在知识。"读"和"写"密不可分，但二者的思路正相反。"读"在于"破解密码"，消化吸收作者希望自己理解的内容，而"写"在于把自己精心建构的观点"编成密码"，通过行文表达出来，让读者消化吸收。不会读文献——破解密码，也就不会写论文——编制密码。[1] 完成了文献阅读，写作过程也就差不多完成了一半。不奇怪，一本关于论文写作的专著题目就是《会读才会写》。[2] 这也正如一位厨师，如果他"不会吃"，不会欣赏及评价美食，不是美食家，那么他也就不可能精通做饭的技巧，成为一名优秀的厨师！

（二）一项创造性的活动

"写"固然是一项创造性活动，但不容忽视的是，"读"也是一项创造性活动。读，就是破译别人文章的密码，还原别人思维及写作的过程，就是领会、理解别人的观点，使自己拥有及掌握别人已有而自己以前没有的新观点，开阔自己的眼界。我们通常会说："把自己的思想装进别人的脑

---

[1] 由此，我们还可以得出这样的观点——会听才会写。不会听课，老师在课堂上讲的内容自己不理解，听不懂，没有掌握听课的方法和技巧，那么自然也就不会写作。说到底，读书与听课都是信息输入过程，而写作是一个信息输出的过程。没有输入，就没有输出！

[2] 菲利普·钟和顺：《会读才会写：导向论文写作的文献阅读技巧》，韩鹏译，重庆大学出版社2015年版。

袋,把别人的钱装进自己的口袋,是世界上两件最难的事。"但"把别人的思想装进自己的脑袋"也很不容易。阅读是一个"长肉"的过程,非付出创造性的劳动不可。阅读,不是休闲娱乐型的"看书",关键不是"用眼睛看",也不是"用嘴巴读",而是"用心理解和体会"。我们常讲,某书"难懂、难读、读不懂、理解不了、读很费劲",就说明了在"读"的过程中"创造"的艰难。多读,以及读经典固然重要,但最重要的还在于"读懂",即"读书得间",自己从中能获得多少新的东西。

(三) 三种阅读方法

资料的阅读方法一般包括浏览（scanning 或 look at, browse）、泛读（read, 或 read extensively）、精读（study 或 research,）三种,或称三个层次。写论文时的阅读,与一般休闲式的阅读不同,目的明确,紧紧围绕核心主题,功利性比较重。无论采用哪种阅读方法,都要注意:首先,带着目的阅读,时刻不要忘记自己论文写作的目的;其次,带着问题阅读,不偏听偏信。

1. 浏览

最初级的浏览就是仅仅看题目,是不是自己需要的文献。一般浏览就是大致看一下文献的三个要素:题目、摘要及关键词（摘要及关键词设立的基本目的就是让读者快速把握文章内容）。浏览的目的是对文献进行最初级的筛查,看是否属于与自己论文的选题有关,以及关系大小,从而决定是否需要进一步阅读。因为文献鱼龙混杂,你要认真选择,陈词滥调的论文绝对要排除在外（同样,你的论文如果没有创新,将来读者也不会挑选）。浏览,主要不是为了确定哪些一定是有价值的文献,而是确定哪些是肯定没有价值、需要剔除的文献。这也就是把文献分为两类:可能有参考价值的和没有参考价值的（包括与选题没有关系的,也包括只有间接关联的）。

2. 泛读

浏览后觉得不错的文献,快速读完全文,重在三个要素:前言、文章结构和结语，对其主题和论证过程有基本的认识，从而评价其对自己写作的学术价值的高低。通过泛读，文献大致分为三类：没有价值的、有一定价值的、有较大价值的。

3. 精读

精读又称研读，即对少量泛读过的、认为比较有价值的文献，选取几篇有代表性的论文，翻来覆去地慢慢阅读和分析、琢磨。阅读中，抱着怀疑、反思、批判的态度："是吗？为什么？可能不是这样的吧？"通过精读，不仅了解其结论和论证方法，而且进一步弄清其与其他文献相比的创新之处，最后发现并吸收其有价值的内容，摒弃其错误的内容。

至于阅读顺序：一般是先原始文献，后二手文献，防止先入为主；先新文献，后旧文献，因为后者往往包括前者的部分内容，且纠正前者的错误；先国内文献，后国外文献，因为国内文献相对比较容易阅读，由此可由浅入深。

（四）跳岛战术❶

经常遇到文献读不懂的情况，这时不要随意责怪自己，因为这时可能不是你的阅读能力有问题，而是文献作者（或翻译人员）的文字表达能力有问题。对此，最好的办法就是跳过读不懂的部分，类似军事上的"跳岛战术"，然后接着读下面的内容，不要让这些局部的难题影响自己的整体阅读计划。等自己有了较多的基础性知识、较高的理解能力后，再来阅读这些难理解的内容。

（五）学而不思则罔

阅读文献包含了解、理解、分析、评价和掌握。仅仅阅读是不够的，还要认真思考。我们要了解文献，接近它，深入它，倾听它，因为文献有

---

❶ 跳岛战术（Island hopping），也作蛙跳战术、跳蛙战术。直升机运载地面部队采取分段起降、逐点突击的方式。因其类似青蛙跳跃方式，故称蛙跳战术。

自己的逻辑，有自己的灵魂。❶ 华罗庚教授把读书的过程归纳为"由薄到厚"与"由厚到薄"两个阶段。他说："一本书，当未读之前，你感到就是那么厚；在读的过程中，如果你对各章各节又作深入的探讨，在每页上加添注解，补充参考材料，那就会觉得更厚了。但是，当我们对书的内容真正有了透彻的了解，抓住了全书的要点，掌握了全书的精神实质后，就会感到书本变薄了。愈是懂得透彻，就愈有薄的感觉。这是每个科学家都要经历的过程。这样，并不是学的知识变少了，而是把知识消化了。"❷ 这段话可谓经验之谈，令人很受启发。

读书方法的掌握也有不少窍门，如果死读书、读死书，可能会变成书呆子。尽信书，则不如无书。读书关键在于理解、思考、把握和运用。"壳里空"固然不行，"两脚书柜"也不可取。文献资料本身固然非常重要，但关键是如何为我所用，尽信书不如无书，不能过分依赖资料，从而成为资料的奴隶，否则那就不是"利用资料"而是"被资料利用"了！

（六）"求同存异"与"求异存同"

阅读是全面掌握文献观点、内容、研究设计、研究方法的过程，也是写好综述的基础。对于选定有代表性的文献要"批评性地精读"，即"积极阅读"，或称"带着问题阅读"。"好读书不求甚解"不行，要"无问题不阅读"。应提倡边思考边阅读的方式，也就是在作者谈到某一方面的问题时，先不着急看作者解答的思路及观点，而是放下书本想一想，如果自

---

❶ 通常我们只重视对新资料以及权威资料的搜集、阅读和整理，对于一般性资料也要引起重视，因为通过阅读和分析，一样有能够得出创新的结论。1935 年 3 月 20 日，一位名叫伯尔托尔德·雅各布的瑞士作家出于对纳粹的义愤，出版了一本名为《战斗情报》的小书，向外界公开披露了德军的内幕。这本长达 172 页的书籍详尽地描述了德国军队的组织结构，详细地列出了德军各级司令部、各师和各军管区的番号、编制、装备、人数、驻扎地点，还有 168 名陆军各级指挥官的姓名、年龄、经历和任职时间，甚至还谈到了最新成立的装甲师。更令人惊讶的是，情报人员根据雅各布的交代，一一核对其来源，《战斗情报》的全部材料确实都是从德国公开发行的报纸、丧葬讣文甚至结婚启事上得来的，没有任何人泄露军事秘密。拉·法拉戈:《斗智》，何新译，群众出版社 1962 年版。

❷ 华罗庚:《和青年谈学习》，《羊城晚报》1962 年 12 月 8 日。

己面对这一问题可能采取什么方法及得出什么观点,然后再看作者的观点,从而把作者的思想与自己的思想进行比较,从而发现异同,并进一步分析理由。

很多观点的分歧,特别是在人文社会科学研究中,是对概念理解的不同造成的。因此,要按照作者的研究思路及对相关概念的界定,全面分析文献的观点,理解作者是在什么层面和意义上使用概念的,首先,以"仰视"的目光,"走进文献中去","抱定作者都是我的老师,假定作者的观点都是对的,求同存异",避免不必要的争论,找出作者观点的优点及学术价值。阅读时要做好笔记,详细、系统地记录各个文献中研究的问题、目标、方法、结果和结论。所谓"读别人的书,就好像让别人在自己的头脑中跑马",就是指读书的这一初级阶段。

在前述阅读的基础上,进入读书的高级阶段。这时候要反其道而行之,以"俯视"的目光,"走出文献","抱定作者都是一般人员,假定作者的观点可能是错的,求异存同",不能被作者牵着鼻子走,要批判地分析作者研究中存在的问题、观点的不足,以便发现尚未研究的问题。

这里的"走进文献"及"走出文献",也许用"钻进文献"及"跳出文献"才更妥当,因为"进、出文献"都并非易事,必须下一番功夫才行。

说到底,阅读不仅要弄清楚作者的观点"是什么",还要弄清作者"为什么"持这样的观点,其依据及推理如何。在此基础上,还要搞清楚作者观点的优点和缺点,作用及价值"怎么样",最终知道什么文章是好文章以及好在哪儿。只有这样才算真正达到了阅读的目的,弄清了"个中三昧"。

(七)阅读"观点"与阅读"方法"

值得注意的是,传统阅读重视关注别人的观点或结论,但往往不重视别人的研究思路及论证方式,以及别人的写作技巧。而这些对于论文写作是非常重要的。这一方面观点与思路、技巧往往有内在的联系,不懂研究思路、技巧也很难真正理解其观点；另一方面，后面的动笔写作阶段，要注意模仿及借鉴别人的写作思路、论证方式，以及写作技巧，不懂写作的具体方式也写不好论文。

（八）不动笔墨不看书

在阅读文献中，要注意做好阅读笔记。这些笔记的内容可谓建筑的预制模块，是论文的基本素材，在后面动笔写论文时可以直接引用。以前老师经常讲的"文献摘录卡片"和"索引卡片"所记载的内容就包括在现今电子文档的阅读笔记中。好记性不如烂笔头，阅读笔记可谓备忘录。阅读笔记又可谓自己感想的记录，可以概括、凝练和提升自己的思路和想法。同时，阅读笔记又是对浩如烟海文献的去粗取精、去伪存真的筛选过程。它可谓文献和论文的桥梁，是对文献知识消化吸收过程的体现。

阅读笔记的写法，有些类似律师出庭证据材料的准备。阅读笔记主要包括以下几个方面的内容：一是文献中与论文相关内容记述，包括文献基本情况说明，也包括文献内容的精髓摘录。二是自己对该文献的初步分析、评价等，还包括阅读该文献中自己关于论文的"突发奇想"。三是文献的出处，以及计划将该文献内容用在论文的什么地方、在论证中起什么作用，等等。四是给笔记编号，便于以后查阅使用。

六、文献综述报告

文献综述简称综述，又称文献阅读报告、文献回顾、文献分析。英文称之为"survey"（概况、纵览、环视）、"overview"（概览、概观）、"review"（评论、审查、复查）❶、"summary"（摘要、总结）。它是对某一领域，某一专业或某一方面的课题、问题或研究专题搜集大量相关资料，然后通过阅读、分析、归纳、整理当前课题、问题或研究专题的最新进展、

---

❶ 如 *Harvard law Review*（哈佛法律评论）。

学术见解或建议,对该领域研究成果的综合和思考,并进行一定评价的一种准学术论文。❶ 文献综述就是对围绕研究主题的文献的归纳总结,脉络梳理,以弄清现有该领域研究的广度和深度。它是对本讲前面几个部分工作的总结、概括,也是其成果的体现。

文献综述报告是毕业论文及学位论文必须提交的报告,撰写该报告是学位论文写作的必经阶段,且往往有明确的写作格式要求。

(一)写作步骤

文献综述报告的写作步骤和一般论文写作的步骤差不多,但明显带有自己的特点。劳伦斯·马奇和布伦达·麦克伊沃提出了文献综述的六步模型,将文献综述的过程分为六步:选择主题、文献搜索、展开论证、文献研究、文献批评和综述撰写。❷ 他们说得非常好,本书在他们观点的基础上提出自己的看法。

文献综述报告可以分为五步:

第一步明确选题。写作目的清楚,紧紧围绕一个核心来撰写,不能写成散文。

第二步搜集文献。利用检索等技术,在庞杂的文献中找出相关文献,并分类整理。

第三步研究文献。把握每篇论文的论点、论据和结论,在此基础上,弄清不同文献之间的联系及区别。

第四步发现文献的价值及局限。在弄清每篇文献的价值及局限的基础上,总结归纳弄清整体上全部文献的价值及局限。

第五步撰写报告。既包括纵向学术史的梳理,也包括横向学术亚领域及学术派别的阐述,点面结合,详略得当,使读者能够很好地理解报告内容。

---

❶ 一篇文献综述就可以是一篇学术论文,期刊上这样的论文还不少。
❷ 劳伦斯·马奇、布伦达·麦克伊沃:《怎样做文献综述:六步走向成功》,陈静、肖思汉译,上海教育出版社 2011 年版,第 3-5 页。

(二) 基本结构

文献综述报告一般包含以下四个部分：引言、正文、小结和参考文献。

1. 引言

在引言部分要写清以下内容：（1）首先要说明写作的目的，定义综述主题、问题和研究领域。（2）指出有关综述主题已发表文献的总体趋势，阐述有关概念的定义。（3）规定综述的范围，包括专题涉及的学科范围和时间范围，必须声明引用文献起止的年份，解释、分析和比较文献以及组织综述次序的准则。（4）扼要说明有关问题的现况或争论焦点，引出所写综述的核心主题。

2. 正文

正文是综述的重点，主要包括：目前的研究包括几个方面？各方面的进展如何？学者的争鸣点在什么地方？各自的理论依据是什么？有哪些主要学者及流派❶，哪些主要论文及著作？还有哪些方面是一片处女地或禁区？各学者的研究方法是什么，有什么区别？各学者的观点以及方法有哪些优缺点？等等。当然，作者也可从问题发生的历史背景、现状、发展方向等方面展开阐述。任何观点都不是无源之水、无本之木，作者应该尽可能找到思想的源头，弄清学术观点产生发展的脉络。❷

3. 小结

这是对综述正文部分作扼要的总结，作者应对各种观点进行综合评价，提出自己的看法，指出存在的问题及今后发展的方向。

---

❶ 有些方面的学术研究没有明显地分为几种派别，更没有各自的派别名称，这时学生可以根据他们各自的特点给予分类，如"肯定说、否定说、折中说""二要素说、三要素说"以及"个人本位说、社会本位说、国家本位说"等。

❷ 因为文献综述中最重要的就是对以往的理论观点进行阐述和评价，有学者把"进行文献综述"称为"撰写理论观点"。参见吉纳·威斯科：《研究生论文写作技巧》，王欣双、赵霞、李季译，东北财经大学出版社 2012 年版。

4. 参考文献

这是综述必不可少的重要组成部分。参考文献的多少可体现作者阅读文献的广度和深度。❶ 对综述类论文参考文献的数量，不同学校有不同的要求，如不少学校要求本科论文一般以 30 条以内为宜，以 3—5 年内的最新文献为主。

对学生而言，综述研究的直接目的在于分析掌握研究现状的基础上，确定学位论文选题的必要性。具体写作中，文献综述的写法可以参考各法学领域的学术年会的综述、各法学杂志的年度综述、回顾与展望、各种书评、论文评介以及法学家评介等文章。

（三）常见问题

1. "综"而不"全"

文献搜集不全，遗漏代表性文献。有些学生由于资料搜集范围或方法不当，未能将有代表性的资料完全纳入研究的范围，或仅仅根据自己的喜好选择材料。❷ 其结果便是不能系统全面地把握研究现状，或片面理解他人研究结果，从而盲目地认为某问题或领域尚未被研究，使得自己的研究变成一项重复性的劳动。因此，撰写综述一定要全面搜集资料，准确、客观地描述。学位论文更要"必能精通专门之学，读尽专门之书，真有所见出乎其外方可下笔"。

2. "综"而不"述"

文献阅读不深入，简单罗列、堆砌，就像"详细一点的接衣单"，或"甲乙丙丁开中药铺"，仅仅注重文献的外在联系，而不重视文献内容的内在联系。文献综述，不必太多，要概括。同时，文献综述不是资料库，不要写成流水账，应该围绕论文的主要问题，突出重点！文献综述不是"课题相关"的"所有文献"的综述，而是"学术问题相关"的"主要文献"

---

❶ 不限于包含参考文献部分，综述报告也要有注释，这与正式论文没有区别。

❷ 常有这样尴尬的事情出现：论文答辩的老师是学生论文涉及领域的专家，可他发现自己引以为傲的专著没有出现在学生论文的参考文献之中！

的综述。综述的内容也不是别人所有观点的说明，而是别人关于你的论文的学术问题的各种回答及理由的阐述。这一点使它与一般期刊上的年度研究综述以及教科书明显区别开来。

撰写综述必须充分理解已有的观点，并用合理的逻辑（或是时间顺序、或是观点的内在逻辑、相似程度等）将它们分类及准确地表述出来。如果仅将前人的观点罗列出来而未进行系统分类、归纳和提炼，那么内容就会十分杂乱，缺乏系统性。这样不利于厘清已有研究之间的关系，难以认清某问题研究的发展脉络、存在的问题等，更不必说走到问题研究的前沿了。如果是"综"而不"述"，那么，即便是内容有一定的系统性，充其量也只是陈述了他人的观点，达不到通过分析、评说而发现和确立论文选题的目的。

3. 不"综"而"述"

有些学生在综述中对研究现状的梳理和介绍只是一笔带过，用大量的篇幅进行笼统而不是针对前述文献的评述，进而提出自己的研究设想，结果将文献综述写成了文献评论或论文研究计划。这样提出论文需要研究的学术问题就不完全是从文献综述中导出的，而是游离于文献综述之外，文献综述对论文写作的基础性支撑作用就大打折扣。

文献综述主要是梳理相关学科领域的研究现状及动态，厘清研究现状进展与困境，为后续的研究提供参考。因此，综述的重点在于"综"，即其主要部分应是对前人观点的客观阐释和分析；个人观点，即适当"述"，可以起到点睛式的评论或启示的作用，但不应是主体。另外，综述提炼的观点必须以原始文献为依据，不能把观点强加给原作者；如果有不同的观点，可对原作者的观点进行评议，但论据必须充分，并能使读者分清哪些是原作者的观点，哪些是综述者的观点，不能混杂在一起。

4. "述"而不"评"

综述的"述"不仅仅包括"叙述、描述"，更重要的是包括"评述、论述"。综述就是对文献回顾，尤其是要进行批判性回顾（critical review）。写综述的目的是寻找他人文献的不足，作为自己学位论文研究的切入点和突破点。❶这里的不足包括纵向的，如他人观点自相矛盾、不符合逻辑、片面、不深刻，等等；也包括横向的，如他人观点的广度不够、视野不开阔、研究方法单一，等等。❷

读书破万卷，下笔如有神。关键不仅在于"万卷"，而且在于"破"。破的含义主要不在于数量上超越万卷，而在于通过阅读、理解和分析真正掌握了这些文献。如果根本没有理解文献，对文献无法进行评价，则自然无法"述"，更无法有"新"的发现，引出新的问题。这样对后面论文的写作，尤其是创新，也就失去了意义。这里的"述"就是要实现从"知识消费"到"知识生产"的转化。

有些学生在做完综述之后，还是难以发现问题，便认为该领域已经无问题可以研究，为了完成论文故意在综述中漏掉或弱化某些研究成果，或者放大已有研究的不足，以便突出自己研究的价值和意义。这样做的结果只能是重复研究，其创新性是可想而知的。其实，未能发现问题的原因是多方面的，可能是自身的学术积累不够或思考不深入；可能是选题不当，过大或过小。但未能发现问题不等于没有问题。如果是自身原因，学生应该在导师的指导下努力提高自身的水平，静下来认真深入思考，完成选题目标；如果是学科发展的问题，则可以尝试通过开辟新领域、使用新方法、提供新材料等方式完成选题目标。

5. 先"撰写"后"综述"

这是很少出现的一个问题，却是最糟糕的问题。不少学生（主要是本科生）在搜集资料后，并不写文献综述，而是先动笔写论文。初稿完成后答辩前，学院要求必须提交文献综述时才匆匆提笔，草率写完提交。这样不仅违反了教学规定，而且失去了文献综述写作的意义，成了"马后炮"。自然，可想而知写成的初稿也不成样子。

---

❶ 如果把写论文比喻成打靶，那么收集资料就是找靶子，文献综述就是瞄准靶子，找准靶子的软肋，为给其致命一击做准备！

❷ 只有弄清了别人观点的局限，才算真正全面深刻地理解了别人的观点。

七、小结：行百步半九十

仅占有足够数量和质量的资料，并不能认为已经完成论文的大半。关键是阅读、分析和整理，掌握这些资料，为我所用，并写出合格的文献综述，这才可谓完成了论文的大半。当然，这也仅仅是"大半"而已。

有学者认为：我国以前信息资料较少，学生写的论文主要介绍外国的东西，对我国法学研究有所贡献，资料新也算有新意，论文也算合格。这实在是对论文含义的"重大误解"（套用合同法上的概念）。一篇文章单纯地翻译西方法学著作、论文，介绍西方法学理论观点，引用西方的案例，纯粹知识的引进，没有学术创新，根本就不是论文，更不用说是合格的学位论文。给这样的论文颁发学位不是"以前对，现在错"的问题，而是从根本上就完全错了！文献价值与学术价值完全不同，不容混淆。仅仅介绍西方的学术观点的人不过是学术"二道贩子"而已！

谁能说一个人拿到了充足的、现代化的武器弹药，他就一定是胜利者呢！下面的构思谋篇环节才是论文写作的核心。

第三讲　写作提纲

有了选题，有了资料，文献综述已经写好，但这时还无法下笔，因为还没有想好如何写。论文以资料为基础，但并不是直接由资料组成，正如大厦不是由砖瓦、混凝土直接组成一样。

大厦是由桁架结构直接组成。同样的材料建成的建筑，由于组成比例不同、结构不同，其功能大为不同。石头可以建农舍，也可以建金字塔、万里长城。碳是最普通的一种元素，其可以以石墨的形式存在，很软，用来制作铅笔芯，轻轻一划就写出字来，也可以以金刚石的形式存在，奇硬无比，坚不可摧。

论文是由具体各部分组成的框架构成，即使是相同的资料，结构不同，论文也就迥然不同。结构是一篇论文的重中之重，是奠定一篇好论文的基础。论文由哪些章节组成，这些必须下笔前考虑清楚。论文下笔不应该是盲目的，而是有计划、循序渐进地展开，关键是要"想清楚了再写"。不少老师反映，学生写的论文很杂乱，没有层次，逻辑不清，审阅和修改这样的论文草稿，甚至还不如自己写一篇新论文。这实际上就是对学生论文思路不清，没有很好构思的抱怨。不打无准备之仗，下笔前要胸有成竹。论文写作前要考虑建立论文的框架结构以把论文初步搭建起来，详细绘制蓝图，也就是论文大厦的具体施工方案。

学位论文写作中开题答辩以及最后的论文答辩过程中，答辩组老师提出最多的，同时也是最核心的问题莫过于论文中存在的结构问题，这个问题往往是导致论文不合格的罪魁祸首。论文结构是围绕选题阅读整理分析资料后总结提炼的框架，决定了后面写作的整体步骤和基调，是整篇论文的基础。基础不牢，地动山摇。

一、论文结构的作用

古文论常用人体生命来形容文章。《文心雕龙·附会》有这样两句话。第一句:"以情志为神明,事义为骨髓,辞采为肌肤,宫商为声气。"这句话意思是说,文章必须以思想感情为精神主宰,以内容的事实材料为骨骼,以文章的辞采为肌肉皮肤,以语言韵调为声气。第二句:"若统绪失宗,辞味必乱,义脉不流,则偏枯文体。夫能悬识凑理,然后节文自会,如胶之粘木,豆之合黄矣。"这句话意思是说,假如文章的各种头绪失去了主宰,言辞的韵味一定紊乱;文章义理的脉络不流畅贯通,那文体就会显得枯燥。能够深切地认识文章的肌肉纹理,然后文章的章节结构自然合理,如胶汁黏结木料,大豆混合黄色一样❶。这里把"偏枯"解释为枯燥,但偏枯在中医是半身不遂的疾病❷。这个比喻非常精妙,如果文章结构没有合理安排,就会导致文章像一个偏瘫的病人一般。

心理学家发现,文章的结构影响读者对阅读文章的理解。很多研究结果都表明:文章结构越明显,越能促进文章信息的保持,文章结构清晰有助于信息的回忆和保持以及对文章中心思想的概括。❸ 学位论文作为一类特殊的文章,结构对其文章质量本身的重要性亦是如此:从作者的角度来看,写作过程就是建筑和组配的过程,建筑和组配是有规律的,违背建筑和组配的基本规律,就会导致失败。从指导老师和答辩老师等读者的角度

---

❶ 《附会》是《文心雕龙》的第四十三篇,主要论述整个作品的统筹兼顾问题。这里的"附"是对表现形式方面的处理,"会"是对内容方面的处理。雍平:《文心雕龙解诂举隅》,广东人民出版社2018年版,第322页。

❷ 《灵枢·刺节真邪》《灵枢·热病》:偏枯,由营卫俱虚,真气不能充于全身,邪气侵袭于半身偏虚之处所致一侧上下肢偏废不用之证。又名偏风,亦称半身不遂。

❸ 结构还有一些奇妙功用,这里举两个例子:杨树达先生《汉文文言修辞学》有载:"闻诸先辈云:平江李次青元度本书生,不知兵。曾国藩令其将兵作战,屡战屡败。国藩大怒,拟奏文劾之,有'屡战屡败'语。曾幕中有为李缓颊者,倒为'屡败屡战',意便大异。"于佑任是近代著名书法家,一次他挥笔写了"不可随处小便"的字条贴在院外,以警示别人。不料此字条被人揭去,经过剪裁、调整、装裱成为一幅"小处不可随便"条幅,登入大雅之堂。此外,还有这样的例子:把"祈祷时上厕所"改为"上厕所时祈祷"、把"大学生当酒吧女"改为"酒吧女上大学",等等。

来看，结构是开启理解大门的钥匙，是深入理解的通路，是了解作者写作意图和目的的最佳手段，好的论文结构能够让读者很快了解到你想表达的主旨，顺畅的论文结构也能够让老师在阅读过程中更快地发现论文中存在的问题，进而提出更高质量的修改意见。

综合而言，论文的结构主要有以下两方面的价值：其一是具有表达的价值。表述观点、传递思想需要一定的形式，这个形式就是语言排列顺序和架构方式，即论文的结构。其二是具有展示逻辑的价值。论文的语词、句子、篇章之间具有内在的逻辑关系，这种多层次的、纵横交错的复杂关系就通过结构表现出来。优秀的论文都有精巧的结构和层次，正如一朵花的美丽通过颜色、形状、气味展现在我们面前，一位高雅的人通过学识、性格、能力、相貌等多方面的综合体现出来。

二、论文结构的构思

论文结构的构思是为了解决后续论文写作走向的问题，是把论文的骨架制造出来，以解决"如何写"的问题，即怎样把前期收集起来的资料和对这些资料的理解通过合理的形式正确地表达出来，形成一个结构严谨、论之有序、逻辑通透的论文结构。

论文写作的构思指论文的"谋篇"及"布局"。谋篇，指论文的基本视角、理念、思路、研究方法和手段。布局，指论文的章节结构和各部分的梗概内容，即通常所讲的写作提纲，是前者的书面表达和具体体现。

需要进一步说明的是，论文结构的拟定并不是一劳永逸的。先有结构，后写论文，这是论文的基本要求。但是论文结构包括宏观结构和微观结构，宏观结构一般在写作中变动不大，而微观结构往往需要进一步修正。计划没有变化快。在写作中很容易发现不少问题，包括有些方面资料太少，而另一些方面的资料太多，有的资料反映的事实是错的，有些观点明显错误，有些观点明显缺乏新意，有些问题的思考明显逻辑不周延，等等。这时就需要根据实际情况对结构进行必要的修改。设想事先花大气力认真拟定论文的详细结构，然后不再修改，严格地按照结构按部就班地撰写论文，如依据导航图导航那样，这只是理想，而不是现实。

（一）具体要求

首先，论文结构要紧紧围绕所表达的论点。论点是一篇论文的灵魂，是论文的生命所在。构思论文结构的目的是更好地表现论点，使论文的生命有所寄托。如若偏离论点去孤立追求论文的结构，必然产生本末倒置的结果。从某种意义上来讲，论文排布结构就是对自己费力搜集的庞杂文献资料的取舍，以及重点与非重点的划分，前后顺序的安排，因为资料相比写作的需要总是有差距的，有的方面资料多了，有的方面资料少了，同时资料对论文的价值也有大有小，资料之间在逻辑上也有先后。这时关键就是要围绕核心论点来做出选择。

其次，论文结构应该完整统一。（1）结构具有完整性，即论文的开头、中间和结尾要匀称完整，三者之间有机联成一体，不能顾此失彼。（2）结构严谨，布局合理，意思连贯，即要求各部分前后联系，不能前言不搭后语，逻辑混乱。（3）条理清晰，即论据和论据间的关系要确定，不能颠三倒四。（4）主次分明，即分论点要服从中心论点，不能轻重倒置，要详略得当。（5）周密，即逻辑自洽，不能自相矛盾和造成误解、产生疑问。❶

（二）基本内容

论文的结构从不同的角度可以有不同层面的含义，如论文的逻辑结构是每篇论文都必须具备的，比较容易理解和把握，那就是"提出问题—分析问题—解决问题"三段论，论文的叙事结构包括引言、正文、结语三个部分，论文的语言结构包括字、词、句、篇、章五个方面，等等。这里谈的结构是指论文的基本框架，是开题报告中所要求的论文基本内容，类似于论文完成后目录包括的内容，主要指由一级、二级及三级标题构成的论

---

❶ 林文荀：《学位论文写作》，宇航出版社1997年版，第66页。

文基本外在表现形式，以及它们各部分之间的逻辑关系。

常见的论文结构形式从其各部分之间的逻辑关系上看有以下三种：（1）并列式。各论据均可直接表现论点，层次之间呈并列关系，排列顺序没有一定的限制。（2）递进式。论文各层次部分呈现出步步展开、层层深入的形式，即前面所述论点论据是为后面所述论点论据铺垫，所以层次之间不能颠倒顺序。（3）并列递进式。这是并列式和递进式两种结构形式的结合运用，或一种结构形式为主，另一种结构形式为辅，或在并列中含递进，或于递进中有并列。

（三）常见论文结构的写法

目前我国法科学生学位论文很多都采取以下这样一种结构模式，加上引言和结论共八个部分，可谓"新八股文"：

题目"某某制度研究"
引言
第一部分　该制度的概念、特征、结构、分类和功能、作用、意义
第二部分　该制度在中国的历史发展过程概况
第三部分　中国该制度的现状及存在问题
第四部分　中国该制度存在问题的原因分析
第五部分　西方国家该相关制度的概况及借鉴
第六部分　对中国该制度的评价及立法建议
结论

这样的文章结构之所以盛行一时，自然并非一无是处，而是有其明显的优点：

首先，结构完整，逻辑清晰，问题意识突出，遵循提出问题、分析问题、解决问题的基本思路；其次，采用比较学方法，洋为中用，重视西方

法律理论的运用以及法律实践活动的借鉴意义;再次,采用历史学方法,古为今用,对制度及理论发展的历史有所阐述,使人对该制度及理论有较深刻的理解;最后,注重理论联系实际,针对我国的现实问题提出对策建议,具有一定的实践意义。

但是这种写法存在的问题也是很明显的,它容易导致论文结构规范化、标准化,进而思维方式僵化、千篇一律,成为禁锢人们思维的新枷锁!

第一,前半部分容易写成科普性的文章。介绍该概念或制度本身的内容很多,包括概念、特征、意义、分类、历史回顾、外国相关制度的介绍等。结果花了很大的笔墨和篇幅,写了大量别人都知道的常识,同时相对轻视写作的问题意识,没有围绕一个主题展开,容易导致论文没有新意。

第二,与外国及其他地区比较方面,只是随意找几个国家或地区,往往是自己手头最容易找到资料的,但是没有讲为什么选择这些国家及地区进行比较。有的把这些国家或地区分为大陆法系和英美法系,但是研究问题与法系有无联系,却没有讲,似乎只是"为了分类而分类",或仿效别人,见别人的文章这样分类,自己也这样分类。

第三,以西方的制度及理论为大前提,中国的法律现实为小前提,最后得出中国应该采纳外国制度的立法建议。这里暗含着西方的理论是普适的,西方的制度是典范,西方先进,中国落后,西方的今天是中国的明天,所以中国应该移植西方的制度,"否定自己,肯定别人"。实际上,由于没有绝对普适性的理论,外国理论(往往是某几个西方国家的理论,甚至是美国一个国家的理论)是特定外国社会历史条件下的产物,是"地方性知识",未必适合中国国情。这种"言必称大陆法系、英美法系""言必称美国法律""以西方法制马首是瞻"的推理存在很大的逻辑问题[1],可谓有

---

[1] 一篇题为"药品专利链接制度研究"的法律硕士论文,其基本结构为:(1)药品专利链接制度概述;(2)我国药品专利链接制度及存在的问题;(3)域外药品专利链接制度分析;(4)完善我国药品专利链接制度的建议。在盲审时,三位评阅人分别评定为良+、优秀、不合格。评阅人评定不合格的主要理由就是盲信外国的制度。

意无意中崇洋媚外、自我矮化、学术殖民化的典型体现。

第四，往往大量引用西方的例子，对中国的例子重视不够（或仅仅引用西方的正面例子以及中国的反面例子），很少进行中国实地调研，第一手资料较少。论文看起来就像是一个西方人站在西方人立场上写的批判中国社会现实的论文。

第五，由于对外语掌握有限，多采用其他学者翻译或介绍外国制度及理论的汉语文献，对外国制度及理论的理解不够，论文中往往蜻蜓点水，简单介绍，至多是形式上的外在语词比较，根本谈不上比较法意义上的中外制度及理论的深入比较、分析，真正的"借鉴"当然也就无从谈起，往往变成了"拿来主义"，西方制度的简单"移植"。

第六，就事论事，提出的问题仅仅是现实问题或制度问题，没有深入探讨制度背后的依据、理念等问题。由于没有提出理论上的问题并进行探讨，理论上的创新当然就无从谈起。这样的论文往往回避了学者之间的论争，引用观点往往也是权威性引用，很少批判性引用，把引用本身当成了论证。

第七，往往把论文的重点放在"建议"部分，而不是"问题分析"部分（有的论文二级标题甚至没有"分析"的字眼，仅仅提出"问题"或指出"困境"），同时"建议"也只探讨"必要性"，对"可行性"略而不谈。

第八，往往探讨的理论或问题范围过大，结果导致论述泛化，不深不透，最后建议很多，但必要性不大，可行性不强，学术价值及应用价值都不高。

三、理论探讨类学位论文

下面针对不同类型的论文谈一谈构思和结构框架的建立问题。考虑到法学研究包括法律价值方面的理论探讨、法律规范方面的分析实证主义探讨以及法律现实方面的法社会学探讨三个大的方面，本书把论文分为三种类型：理论探讨类学位论文、制度分析类学位论文和调研报告类学位论文。首先是理论探讨类学位论文。

（一）研究方法

该类学位论文是理论色彩较为浓厚的论文，是在某一学术问题或理论上具有新的科研成果或创新性的见解而形成的专业性较强的论文，或是对某种已知的理论在实际应用或研究中取得新进展的总结而形成的研究论文。这类论文的题目往往是"法与人权""法与正义""法与道德""法与宗教""法律发展的动力"，等等。它侧重研究法律的价值因素，也就是应然的法律问题，研究对象可谓"头脑中的法"（law in mind），大致属于西方自然法学派研究的范畴。该类论文可谓典型的思辨性学术论文。像《理想国》《社会契约论》《正义论》等名著主要就采用这样的研究方法。研究法学方法的论文、著作也属于这一类型，如苏力教授的《语境论》等。

理论探讨类学位论文最重要的特点是理论独创性，也就是说在探讨的题目范围内，是没有人研究过的，或者虽然有人研究过，但是没有研究透彻，在其基础上进一步加以研究，提出了新的观点，"发前人所未发"，并且能够运用所收集的论据进行论证说明，自圆其说。考虑到理论问题比较抽象，不容易理解，往往这类论文的逻辑相比其他论文要更加清晰。如开头就直接点明学术问题所在，甚至用"问题的提出"作为第一个小标题；还有的论文为了避免读者对概念的理解产生分歧，开头就文中所用的概念明确进行界定，甚至以"几个基本概念的说明"为小标题。

（二）学生论文结构实例

例1：法理学专业的博士论文开题报告，题为《法律语言与法治思维互动研究》。其一级标题如下：

导论
第一章　法律语言与法治思维的相关理论

第二章　法律语言与法治思维的互动机理

第三章　法律语言与法治思维互动的战略维度

第四章　法律语言与法治思维互动的立法维度

第五章　法律语言与法治思维互动的法律适用维度

第六章　法律语言与法治思维的未来指向

结论

该论文选题很新，从题目上看应该是研究法律语言与法治思维二者互动的理论及实践问题，意图完善或创建新的二者互动理论，或者从二者的现实互动中归纳出一些新的观点或理论，但论文的结构中问题意识不突出，不明白要解决什么理论问题，什么是论文研究的重点，也不清楚有什么理论创新；还有，"法律语言""法治思维"是从微观上来谈，还是宏观上来谈也不明确；从普适角度来谈，还是从中国当代来谈，也不清楚；再有，二者"互动的战略维度"及二者的"未来指向"二词的含义不明，以及这两章与其他部分的内在逻辑关系不清楚。

例2：法理学专业的硕士论文，题为《明代南海海疆治理理念研究》。其目录中的一级标题如下：

1. 明代南海海疆治理历史文献梳理
2. 明代南海海疆治理的精神内涵
3. 明代南海海疆治理的方略内涵

论文从题目上看要研究"治理理念是什么，有什么特点，为什么及演化过程，相应的制度及效果等"，但从其目录上来看：问题意识不强，不清楚要运用什么方法解决什么法理学问题；各部分之间逻辑关系不清，从"文献"到"精神"，再到"方略"？题目中的"理念"与一级标题中的"精神""方略"又是什么关系？外审专家认为：论文这三部分无法构成对题目"明代南海海疆治理理念研究"的论证逻辑。因此，要么改题目，要么改结构。

（三）论文结构范例

例1：论文题为《变法，法治建设及其本土资源》❶，其基本框架结构如下：

一、问题及其意义

二、全面理解法律的功能

三、中国现代法治建设的难点

四、在市场经济建设过程中形成新的习惯和传统

五、另一种论证：地方性知识和有限理性

六、结语

该文通过题目来看可谓"通过利用本土资源变法来实现法治"。

第一部分讲应该如何变法及其意义（提出问题）。

第二部分提出自己的基本法律观点作为研究的基础，同时澄清对法律功能的认识；第三部分阐述法治建设（变法）的难点所在（这两个部分都可谓初步分析问题，或做基础分析工作）。

第四部分论证法的形成过程；第五部分用新的方法来补充论证上面的观点（这两个部分都是分析及解决问题）。

例2：论文题为《法律想象论纲》❷，其基本框架结构如下：

一、法律想象的内涵阐释

二、法律的实体想象

（一）法律的精神想象

---

❶ 苏力：《变法，法治建设及其本土资源》，《中外法学》1995年第5期。

❷ 姚建宗：《法律想象论纲》，《东北师大学报（哲学社会科学版）》2021年第3期。

（二）法律的本体想象

（三）法律关系的想象

三、法律的理论想象

四、法律想象的根据

五、法律想象与法治想象

该文从题目上来看，是对"法律想象"的全面阐述和论证。

第一部分阐明了"法律想象"的概念（初步构建及提出学术问题）。

第二、第三部分论述了法律想象的两种基本类型——实体想象和理论想象（分析论证法律想象的内在结构类型）。

第四部分论述了法律想象的根据（论证法律想象理论与传统法律观念之间的内在联系）。

第五部分对法律想象与法治想象两概念之间的关系进行了辨析，即对法律想象的特点予以进一步阐述和论证（补充论证法律想象的特点及价值）。

例3：论文题为《信仰：法治的精神意蕴》❶，其基本框架结构如下：

一、简单的历史回顾与现实考察：法治理论的共同性内涵

二、法治精神内核的整体性失落：一种理论审视与检讨

三、法治的真正意蕴：进一步的理解与阐释

四、法治之境的远与近：一个实例及其留下的思考

五、简短的结束语

该文题目上明确了自己的学术观点，信仰是法治的精神意蕴。

第一部分考察了传统法治理论的内容及特征（阐述研究背景及研究意义）；

---

❶ 姚建宗：《信仰：法治的精神意蕴》，《吉林大学社会科学学报》1997年第2期。

第二部分对传统法治理论进行反思，指出其局限（提出问题）；

第三部分论证自己的观点（分析及解决问题）；

第四部分进一步用一个实例来佐证自己的观点（补充论证）。

例4：论文题为《"以权利义务为内容"是法的基本特征吗？》[1]，其基本框架结构如下：

一、必要的说明

（一）法的基本特征

（二）法的主要内容

（三）权利及义务

二、法律的主要内容不限于权利和义务

（一）法律的基本内容还包括法律责任

（二）法律的基本内容还包括职权职责

三、重视权利义务的双向调整是近代法律的突出特征

（一）法律条文并不以权利为主要内容

（二）哈特的理论

（三）法律的利导性问题

四、从逻辑上来看，任何社会规范都是以权利义务为基本内容的

（一）古代的法律条文基本上都是义务规定的内容，但法律仍以权利义务为基本内容

（二）法律外其他社会规范也是以权利义务为基本内容的

（三）任何社会规范都具有应然性

五、错误原因分析

结语

---

[1] 韩立收：《"以权利义务为主要内容"是法的基本特征吗？》，《福建江夏学院学报》2020年第10卷第6期。后来被选入《人大复印报刊资料：法理学、法史学》2021年第4期。

该文首先说明了要研究的问题，然后对有关概念进行了界定，在此基础上从三个方面对传统观点进行了批判，同时分析了传统观点出错的原因，最后进一步明确了结论。

四、制度分析类学位论文

制度分析类学位论文是通过对某一制度或某一法条进行分析，在制度和其中的法理之间顾盼流连，既要立足于法律规定，分析法律的各方面细节问题，又要着眼于理论，探寻理论和法律之间的问题。这类论文比较常见，偏重于条文及制度的解释方面，研究"书本上的法"，大致属于西方分析实证主义法学派的范畴。

该类论文要求我们探讨该法律制度的概念是什么、特征是什么、有哪些构成要件，该制度的法律价值或者法律目的、法律效果是什么，以及该制度存在哪些不足、原因何在、如何改进。分析完制度后仍须回归理论，在理论层面进行论证，给出解决进路后又回归到法律本身。该类论文的目的在于更好地适用法律，不让实践和理论脱节。

（一）研究方法

写好该类论文的前提在于对法律制度的选择，以及作者对法律要有新颖、独到的见解，而作者能否形成自己独到的见解很大程度上取决于对法律的分析。因此，从制度探讨方法的特殊性出发选择适当的分析方法，对于写好该类论文很有帮助。

1. 规范分析法

所谓规范分析法，就是运用逻辑推理、语义学的手段和方法对所选择的法律的内在结构、法律意义进行分析阐述，并由此阐明法律的结构规律，或法律文本、法律规范的原意。这种方法在该类论文中是最主要的研究手段，它对于正确地解释法条的立法精神、阐明法律制度的立法意义、帮助人们正确领会法律文本很有意义。

2. 比较法

比较法是指通过对两个或两个以上的国家、地区的相同法律问题进行比较、对照，或是对两个或者两个以上的法条进行比照分析，从中发现共性，找出差异的一种方法。[1] 运用这种方法来分析法条，可以使作者在对照中获得更多的启迪或启示，开拓观察、分析问题的视野，并且容易找出法条中存在的问题。在进行比较时，不仅要注意共性方面的规律，还要从个性方面寻找差异，并且认真分析共性存在的原因和差异产生的原因。但在选择比较的对象上应注意选择有可比性的对象，否则就会白费力气甚至得出错误的结论。

（二）学生论文结构实例

例1：一篇法律专业硕士论文初稿的目录，题目为《冒名顶替上大学犯罪的刑法适用研究》（前言、结语、参考文献、致谢等略，下同）。

一、冒名顶替上大学犯罪设立的社会背景及立法评价
（一）设立冒名顶替上大学犯罪的社会背景
（二）冒名顶替上大学行为入刑的刑事立法根据
1. 冒名顶替上大学行为入刑的刑事立法根据
2. 冒名顶替上大学犯罪入刑不违反刑法的谦抑性
3. 道德谴责及行政处罚已不足以规制冒名顶替上大学行为
二、冒名顶替上大学犯罪构成要件解读及思考
（一）犯罪主体
1. 冒名顶替上大学犯罪的一般主体
2. 冒名顶替上大学犯罪的特殊主体
（二）犯罪主观要件
（三）犯罪客体

---

[1] 黄竹胜：《法学论文写作》，广西人民出版社2000年版，第152页。

（四）犯罪客观要件

三、冒名顶替上大学犯罪与他罪及犯罪形态的分析

（一）冒名顶替上大学犯罪与他罪之区分

1. 冒名顶替上大学犯罪与代替考试犯罪的关系

2. 冒名顶替上大学犯罪与贪污类、渎职类犯罪的关系

（二）冒名顶替上大学犯罪的特殊形态

1. 既遂与未遂之界定

2. 一罪与数罪之区分

（三）冒名顶替上大学犯罪的共犯形态

1. 冒名顶替上大学犯罪的正犯

（1）冒名顶替上大学犯罪的单独正犯

（2）冒名顶替上大学犯罪的共同正犯

（3）冒名顶替上大学犯罪的间接正犯

2. 冒名顶替上大学犯罪的教唆犯

3. 冒名顶替上大学犯罪的帮助犯

4. 冒名顶替上大学犯罪的主犯和从犯

四、冒名顶替上大学犯罪的优化路径

（一）立案标准的认定

（二）附条件不起诉制度的合理运用

（三）追诉时效的确定

从结构上来看，这篇论文的论题范围是"冒名顶替犯罪问题"，但主题不明，也就是主要论点不明确。这也就导致该文重点不突出，尤其是问题意识不强，没有紧紧围绕着一个带问号的问题，不清楚它要解决什么目前学界尚未解决好的问题。这样写出的文章往往是面面俱到，不深不透，没有新意。

例2：一篇法理学专业博士论文开题报告中的写作提纲主体部分，题为《海南自由贸易港医疗旅游立法的法理分析》。

绪　论
第一节　研究的目的和研究的价值
第二节　国内外研究
第三节　研究方法与创新之处
第四节　写作思路与分析框架
第一章　自贸港医疗旅游的基本法理
第一节　自贸港医疗旅游的概念及精神
第二节　自贸港医疗旅游的法律关系梳理
第三节　医疗旅游发展的法理逻辑
第四节　医疗旅游制度的立法价值
第二章　医疗旅游制度立法的支撑观念
第一节　生存和发展观念
第二节　平等保护与公平正义观念
第三节　权利与义务对等观念
第四节　自由与安全观念
第五节　个人信息保护的宪政理念
第三章　医疗旅游制度立法的理论基础
第一节　法律先进性与稳定性的关系
第二节　公共产品理论
第三节　政府与市场关系理论
第四节　公共卫生治理理论
第四章　医疗旅游制度的内容反思与域外经验
第一节　医疗旅游制度立法构建面临的现实困境
第二节　域外医疗旅游制度经验
第三节　域外医疗旅游的借鉴意义
第五章　自贸港医疗旅游立法的合理化建议
第一节　自贸港医疗旅游制度立法径路
第二节　增强同国家医疗旅游制度的适配性

第三节　自贸港医疗旅游法律制度构建的具体措施

结　　论

通过提纲可以看出，这篇论文可谓内容丰富、全面，❶ 也下了不小的功夫，涉及从精神、观念、理论到制度，再到经验、建议等各个方面，面面俱到，从结构上来看，我们却不清楚它提出了什么学术问题，它的观点是什么，可能的创新何在。读者也许会找到太多的新观点，却找不到一个中心观点，即找不到论文的主题。

开题答辩时，老师问："你论文的学术问题是什么，主题又是什么，你能不能分别用两句话说清楚？"这位同学一时语塞。可以想象，按照这样的思路写下去，这篇论文就会成为一篇包括"自贸港""医疗""旅游""法律"多个中心，"立法""执法"等多个环节，以叙述为主，几乎没有论证，内容庞杂的说明文。最后，开题答辩评委们对这篇开题报告的评价是：内容繁杂，逻辑关系松散，问题意识不强，主题不突出，创新不明确，建议调整论文结构。

例3：一篇法理学专业博士论文开题报告中的写作提纲主体部分，题为《社会主义核心价值观融入立法研究》。

绪　　论

第一章　社会主义核心价值观融入立法的历史逻辑

第二章　社会主义核心价值观融入立法的理论逻辑

第三章　社会主义核心价值观融入立法的实践逻辑

第四章　社会主义核心价值观融入立法的法治模型

第五章　社会主义核心价值观融入公法立法

第六章　社会主义核心价值观融入私法立法

---

❶ 我参加了该博士论文的开题答辩，该开题报告书共89页，字数至少有10万字，几乎是博士论文要求的最低字数，拿在手里沉甸甸的。答辩后，我的心情也很沉重！

第七章　社会主义核心价值观融入立法之立法程序

从结构上来看，这篇论文由三个部分组成，前三章是谈"融入立法"的必要性，第四章是谈论文的理论依据，第五、第六、第七章是谈"如何融入"的问题。但存在不少问题：（1）"融入立法"已经是国家的规定，且现实中已经融入，再探讨"必要性"意义何在？内容有何新意？（2）第四章"法治模型"的概念很含糊，不易理解，同时别人也不容易理解这部分是表明要应用的现有理论，还是在试图创建新理论？该理论是仅仅针对下面的"如何融入"，还是也包括上面的"为什么要融入"？（3）最后三章，各章之间逻辑不清。立法程序属于公法的范畴，第五章与第七章是包含关系。法律除了公法、私法，还包括社会法等，仅仅从公法、私法两个方面来谈，不全面，同时把这两个方面分开来谈，其各自特殊的学术意义何在？（4）对"社会主义核心价值观"这一核心概念缺乏必要的阐述和分析，如结构、内容、特征以及意义等，对这一概念与法治（或法律）的关系也缺乏必要的说明，似乎"社会主义核心价值观"就是法学专业术语。此外，对"融入"一词也未进行分析和探讨，似乎"融入"就是"写入法条之中"。这样开门见山的写作方式令人感到突兀，不好理解。

最后，开题答辩老师认为：该论文的结构不清晰，各部分之间关系不明确，同时，问题意识不强，不清楚论文要解决什么目前学界没有解决的法学理论问题。

（三）论文结构范例

例1：题为《刑法第306条辨正》[1]。

一、刑辩制度的缘起及对第306条的意义
二、现存问题之检视

---

[1] 罗翔：《刑法第306条辨正》，《政法论坛》2013年第31卷第3期。

三、相关之对策

（一）对"引诱"进行限制解释

（二）拟制正犯需遵循共犯从属说

（三）明确具体危险的认定标准

（四）立功的限制

该论文结构，首先明确研究对象是"刑法第306条"，也就是"提出问题"，然后进行"检视"，即"分析问题"，最后提出法律适用的"对策"，即"解决问题"。

例2：题为《司法解释、公共政策和最高法院——从最高法院有关"奸淫幼女"的司法解释切入》[1]。

一、引论：问题及问题的界定

二、法理分析

（一）国外的做法及其理由

（二）其他可能受影响的利益

（三）隐含的制度越位

（四）选择性执法以及社会公正

三、法学理论与最高（上诉）法院

（一）对主流犯罪构成理论的反思

（二）公共政策和社会科学

（三）重新理解上诉法院及其知识

（四）建议

该论文结构上，首先从这一司法解释入手，提出问题；其次结合国内外的做法探讨，进一步上升到理论层面来进行深入探讨，分析问题；最后

---

[1] 苏力：《司法解释、公共政策和最高法院——从最高法院有关"奸淫幼女"的司法解释切入》，《法学》2003年第8期。

提出具体的建议,解决问题。

五、调研报告类学位论文

调研报告类学位论文要求作者以研究为目的,根据需要,制订出切实可行的调研计划,从明确的追求出发,深入社会第一线,不断了解新情况、发现新问题,有意识地探索和研究,写出有价值的调研报告后,以调研报告的内容为论据支撑,得出中心论点。这类论文偏重于研究"行动中的法律",大致属于西方法社会学的范畴。以前这一类型学位论文比较少,现在逐渐增多,尤其是法律专业学位硕士论文很多属于这一类型。

(一)研究方法

这里主要采用的是实证研究的方法,是在自然科学领域广泛应用的一种基础方法。本书的实证研究法是指从司法实践、社会实际生活的角度以实证的手段对法律制度加以分析和论证的方法。这种方法实际上是法律社会学所倡导和发展起来的方法,也有人称为实验法学的方法。这种研究方法的作用领域非常广泛,在应用法学研究中具有极大的价值。

具体来讲,调研报告一般需要首先选好调研方向,确定调研题目,方向需要较为新颖、热门,或为难点。首先,题目不应该过于宽泛,应该选择一个较小的题目入手。其次,拟定一份调研方案。调研方案要周密,要做到全面统筹,主要包括调研主题、调研内容、调研人员组成、调研时间安排、调研方式、调研目的地、调研要求等方面内容。

调研方式多种多样,一般分为以下几种。(1)文献调研:即阅读文献,尤以经典的文献为重,有些文献可以增加后期调研报告的质量。(2)现状调研:做调研不能超越历史,超越现状,要立足于现实。(3)实地调研:又称实地考察,即深入其中亲身体会,全面了解情况。(4)专家访谈:专家对一些问题有专门的研究,对其进行访谈,可以更容易得到我们想了解的结果。

（二）注意事项

1. 必须明确阐述调研的过程，包括时间、地点、人物、调研对象及范围等

如讲明调研的样本是"1988年1月至2018年1月海口市中级人民法院民事一审案件"等。为此，该类论文往往需要副标题，以进一步明确调研的范围，包括地域范围、时间范围及对象范围等。如一篇硕士论文题目为"山西省人民法院家事纠纷调解机制研究"就没有明确研究的时间范围，不严谨。

2. 需要结合理论进行研究，从调研报告的数据中提取论据，对论点加以论证

这时要注意论证要严密，让数据本身说话，不能随意下判断，尤其不要为了使自己的预设成立而硬要数据符合自己的观点。如苏力教授批评《走向权利的时代》一书：

> 这一著作中比较强烈地体现出两个基本理论预设：首先，权利是进化的，这是一个普适的历史进程（页1）；其次，中国自1978年以来，由于中国的社会发展（改革开放和法制建设等等），在中国公民的权利意识、权利保护机制和公民权利保护有很大的线性发展（页35—37）。……主编以及许多作者把这两点作为已经确立的指导原则和理论框架，而不是作为必须通过研究加以检验和不断调整的理论假说（hypothesis），这就使他们的研究……在某种程度上变成了一种命题作文，大量材料的取舍和解释都受到了这两个理论预设的过强限制。❶

有学生论文题目为：社会组织提起环境公益诉讼问题研究，研究中发现社会组织起诉率相比检察机关要低很多，于是就假定这不正常，为此建

---

❶ 苏力：《读〈走向权利的时代〉》，《中国书评》（香港）1995年11月。

议应该提高社会组织的起诉率，如放松对社会组织起诉条件的要求，等等。殊不知"正常与否"需要经过耐心细致的论证，否则得出的对策等结论是不可信的。

有学生论文题目为：G省Z县法院诉源治理调查报告，首先就假定诉源治理工作本身是没有问题的，实施效果不好仅仅是在治理中出现了问题，为此，该论文最后提出了很多解决问题的建议。可问题在于"诉源治理"在法院系统一直存在争议，该项工作效果不好与其工作本身的目的及手段不妥存在很大的关系，如诉权治理就与当事人诉权的实现存在冲突之处。

3.对调研过程，尤其是调研方法具有的局限进行反思

反思的具体内容有：调研的样本数量是否足够，样本本身是否具有一般性、典型性；变量的选择是否妥当，统计数据是否全面、准确；调研方式是否多样，而不仅仅是问卷调查；调研的时间跨度是否能够满足调研目的的需要，等等。

4.对调研对象的多样性、内部的变化及调研数据的矛盾之处予以必要的阐述和说明

（三）论文结构范例

例1：题目为《从法学著述引证看中国法学——中国法学研究现状考察之二》❶

论文基本结构如下：

一、法学引证和法学引证研究

二、资料库情况简介

三、操作处理及理由

---

❶ 苏力：《从法学著述引证看中国法学———中国法学研究现状考察之二》，《中国法学》2003年第2期。

四、初步的分析

五、其他问题

六、小结

该论文第一部分引出研究的问题,第二部分说明资料来源,第三部分说明具体的操作方法和理由,以及得出的大量数据,第四、第五两部分对所得数据进行多角度分析,得出相应的结论,第六部分进一步对结论做出解释。

例2:题目为《法学论文的产出》❶。

论文基本结构如下:

一、必须考察法学研究的产出

二、什么是学术产出?

三、搜寻结果

四、分析之一:宏观态势

五、分析之二:产出质量

六、分析之三:产出模式

结　语

附录一:各主要法律院校的核心期刊论文产出情况(1998—2002)

附录二:各学术机构发表于《中国社会科学》、《法学研究》和《中国法学》三杂志上的论文(1998—2002)

该论文第一、第二两部分阐述研究对象和研究意义,第三部分叙述调研得到的结果;第四、第五、第六三部分分层次对数据进行分析,第七部

---

❶ 苏力:《法学论文的产出》,见苏力:《也许正在发生——转型中国的法学》,法律出版社2004年版。

分是结论，第八部分是附录，补充说明得到的相关数据情况。

六、写作提纲的拟定

弄清论文的结构以后，就要按照导师的要求，拟出论文写作提纲。写作提纲是继文献综述阶段之后的又一重要环节。它是对前期论文结构构思成果具体化的产物。写作提纲是作者思路的展现，是论文写作的计划书，是写作"蓝图"。

写作提纲的拟定可以帮助作者树立全局观念，检查是否还有重要的结构缺失，是否有多余的部分，是否有逻辑的衔接错误，是否有偏离主题的部分，以及详略的安排是否得当等，如此经过反复思考、审查和修改就有可能得到一个最佳的结构方案，为后期的论文写作夯实基础。

拟定写作提纲一般有两种方法。❶第一种，标题法。标题法是用标题的形式把各部分的中心内容概括出来。这种方法比较简单，一目了然。正式论文的目录就是在这种提纲的基础上加工而成的。第二种，句子法。句子法是用句子的形式把各部分的内容概括出来。它的优点是比较具体、明确，便于后期的补充写作。不过，这种提纲不够醒目，且字数比较多，不够简练。以上两种方法各有优点，但通常人们采用第一种方法。

论文写作提纲拟定好后，写作者可谓对论文写作胸有成竹，下面就要开始撰写开题报告，向老师们汇报自己的论文写作准备情况，以确定自己是否准备充分，是否可以开始动笔撰写论文了。

---

❶ 有人认为提纲分为两种：单句式提纲和摘要式提纲。前者类似论文完成后的目录，后者则比较细致，把每个分标题的大意都概括出来，可谓论文的构思全图（陈妙云：《学术论文写作》，广东人民出版社 1998 年版，第 171–173 页）。这与本书的观点类似。

第四讲　开题报告

紧接着写作提纲这一环节之后，学位论文写作就迎来一个非常重要的基本环节——开题报告。这包括按照规定的格式写出开题报告，以及进行开题报告的答辩。

一、开题报告的作用

开题报告具有承前启后的作用，既是学生对自己前一阶段各项工作的概括和总结，体现学生对论文主题的最新认识、对相关资料的收集和把握，又是对以后写作工作的指导和规划。开题报告要使论文在上述"言之有物"（问题意识突出，资料丰富）和"言之有理"（主题明确，论证充分）的基础上，做到"言之有序"（有条有理，逻辑严谨）。开题报告类似于科研基金项目申请书，是目标研究的合理性说明，是选题合理性的辩护词，也是可行性研究报告。❶ 说到底，开题报告就是对论文选题进行论证。开题报告是学位论文撰写的预演和雏形。

同时，开题报告也是按照学院的要求，学生向学院所作的关于论文写作准备情况的报告，请求老师和专家审阅并给出意见和建议。开题报告是学位论文写作的必经环节，具有里程碑的意义。前面是论文撰写准备阶段，后面进入动笔写作阶段。通过对开题报告的答辩，评审老师综合衡量前期论文写作的准备情况，进行总结，对教学质量予以把关，达到要求的可以正式动笔写论文；达不到要求的，则必须好好修改，甚至推倒重来，

---

❶ 这一"可行性研究报告"，与一般可行性研究报告不同，它是自定题目，并且结论在报告人看来都是可行的。

修改后进行第二次开题答辩。

二、开题报告的基本内容

对于开题报告，每个学校都有具体的格式及内容方面的规定和要求，❶但大同小异，紧紧围绕四个问题展开：研究什么（What），为什么要进行该项研究（Why），如何研究（How），研究条件是否具备（Feasibility）。具体内容由以下几个方面组成。

（一）选题目的、意义

这大致属于前面"确定选题"环节要解决的内容，可谓"选题报告"的简化版。它包括写作的现实背景，存在什么现实问题，为什么写这个题目，写作的目的何在，等等。这里的写作目的是指论文要具体解决什么学术问题，从什么角度来解决，以及论文能够给人们什么新的启发和教育。写作中这部分基本概念一定要清晰，必要时应给出明确的语义解释，以使人明白研究对象到底是什么。

目的和意义两个概念密切相关，甚至没有严格的分界，但含义有所不同。目的是论文直接要达到的内在功能，而意义是目的的进一步延伸的影响及价值的体现，是间接的外部效果的展开，也可以说是"目的的目的"。每篇论文都有自己特有的研究目的，以与其他论文区别开来，这是开题报告所着重关注的。不同的论文可能研究意义相同或相近，比较泛化，特性并不突出。❷这里的意义包括理论意义，也包括实践意义。理论意义指的是该论文的写作将有哪些理论及观点上的突破、深化、补充及完善，而实践意义则指在实践应用上有哪些用处及可以解决哪些现实问题。

---

❶ 各大学开题报告的要求有所不同，这里以《海南大学研究生学位论文选题和开题报告暂行规定（修订）》（海南大学校长办公室 2014 年 6 月 12 日印发）为例。

❷ 有的论文由于混淆了"目的""意义"两个概念，往往只讲研究意义，不讲研究目的，从而使得这部分内容非常空洞。

开题报告需要我们讲明的是选题的新意义和新价值，以存在问题意识为前提，实际上是在谈"论题"的研究价值，而非"论域"的研究价值。如：有论文的论题是"如何实现被告人人权保障"，开题报告却大谈特谈"研究人权的价值"，甚至"人权本身的价值"；有论文的论题是"仲裁范围应当包括哪些内容"，开题报告却大谈特谈"仲裁制度的优势"。这样容易把选题的意义写得很宽泛，目的与意义联系不紧密，不具有针对性，且比较容易夸大研究的意义。如"颠覆了现有的理论""创立了一种崭新的理论""填补了空白""有利于中国的法治建设"，等等。

（二）国内外研究现状

这部分大致相当于前文已述"文献综述"的概括说明，但相比文献综述要简略得多。通过这部分内容，老师可以了解学生视野是否开阔，是否已经对该论题的研究现状有一个比较全面和系统的把握及驾驭，对现有文献观点的认识是否达到了一定的程度，以及是否对他人的研究有反思意识，是否初步形成了自己的学术问题。

撰写时要注意以下几个方面的问题：

（1）这里的"现状"阐述并不限于"目前"的状况，而是往往既包括横向共时性阐述，也涉及纵向历时性阐述（研究史的梳理），甚至涉及对未来研究趋势的探讨，尽管后者远不是重点。同时，这里的"共时性"阐述也是"动态"的，而不是静态的，即它既包括一定的时间范围（如改革开放至今），也包括该段时间内学者观点之间的争鸣情况。

（2）这里的"现状"并不是（至少主要不是）指外在的"客观事物现状"，而是指人们主观的"研究现状"。如研究如何用法律解决腐败问题，不是要阐述我国当前腐败现象的现状，甚至也不是我国反腐败立法及实施的现状，而主要阐述国内外学者关于处理腐败问题的法律理论、观点及建议实施的法律措施的现状。

（3）关键的是，这里的"现状阐述"不仅是客观描述其他学者的观点，而且必须包括评述的内容，并通过分析研究的优点及不足，进而引出自己下面要探讨的核心问题——解决他人研究的不足之处，表明该选题研究的必要性。

（4）评述要紧密结合文献，以文献内容为依据，而不要离开搜集的文献，不要离开他人的具体观点而随意主观评价。

（5）评述局限方面要具体，不要简单地讲"深度不够""没有实证""采用唯心主义方法""采用形而上学的方法""对某某方面研究很少"，等等，要在深入理解他人观点的基础上，明确指出哪些方面有不足、需要深化。具体来讲，评述可以指出如研究领域的局限、研究方法的局限、研究依据不充分、推理存在矛盾，等等。

（6）对他人研究的评述要实事求是，切忌为了突出自己研究的重要性而夸大别人研究的欠缺及不足，甚至简单否定现有的理论观点及做法，给别人"扣帽子"，似乎他人的见解都是滑稽可笑的，一无是处。这里一定要采取谦虚、谨慎的态度。

（7）这部分内容一般包括国内以及国外两个部分，具体顺序根据实际情况而定，大多是先国外后国内，但是如果研究的是国内特有的现象，则往往先国内后国外。

（8）具体写作方法，一般采取总—分—总的结构，先总说研究状况，然后分别阐述国外及国内的研究状况，最后予以评析。

（三）本课题的理论依据、研究方法

该部分与下面的"研究内容"大致相当于"论文提纲"。

1. 理论依据

理论依据指的是，论文总的理论依据及思维的前提。当然，论文的理论依据往往是多方面的，这里需要写明的是最主要的理论。如亚里士多德的法治理论、张文显的权利本位论、罗尔斯的正义论、朱苏力的本土资源论，等等。

2. 研究方法

研究方法的概念很复杂，有多种含义。这里指的是论文所采用的主要的、有鲜明特色的、往往与法学直接相关的研究方法，如语义分析方法、历史学方法、比较方法、价值分析方法、实证分析方法、法社会学方法、案例分析方法、法人类学方法、阐释学方法、博弈论、经济分析方法，等等。一般写两三个就可以，不必要写得很多。

现实中，有的同学写上文献阅读方法（文献研究方法、文献调研方法）、唯物主义方法、辩证方法、经验分析方法等，这是不妥当的。因为这些方法太基础，可以说是几乎所有的文章，不限于法学论文，都会用到的基本方法，通过它看不出你自己论文的特点，也不清楚你到底如何研究你的选题。

具体研究方法部分的写作中，一般要细化，不能太简略，不能只解释该研究方法的概念，甚至只用一句话概括其语义。如问卷调查法，要比较详细地阐述该选题下问卷设计的目的、问卷的基本内容、问卷的类型、问卷的对象、大致份数以及相应问卷的信息处理方法，等等。

（四）研究内容

这部分内容反映的是论文的基本结构，可以说是论文正式完成后目录部分的简化原始版。一般要采取目录型的写法（也可以摘要型和目录型并用），并且细化到三级标题，不能特别粗略，否则老师无法看清学生的思路，从而也就很难审查其可行性，难以针对性地提出意见和建议。

具体写法包括：题目与提纲内容在内涵及外延上保持基本一致；突出提出问题、分析问题、解决问题的论文写作的基本逻辑思路；注重上下级标题以及同级标题之间的逻辑衔接；各概念的使用是否符合法言法语的要求，以及同一概念的用语是否一致。最忌讳的就是文章结构混乱、层次不清、不符合逻辑。

这部分体现学生对论文写作结构框架的思考成果，集中体现了学生对论文写作的整体把握程度，还反映了学生的工作量大小以及写作态度，是开题报告的重中之重。

（五）可能的创新之处

尽管论文写作还没有正式开始，更谈不上结束，论文到底能不能创新，以及在哪些方面创新还不可能知道，但论文的核心在于创新，这时必须对自己论文可能的创新有一个初步的考虑，即预先的计划及想象。这实际上是对论文问题意识与创新意识的强调。该部分一般要明确地分为几条，概括地写明自己的创新点，通常可以从选题、观点以及研究方法等方面来写。

（六）论文的重点、难点

1. 重点

这里的重点既包括理论观点上的重点，如对某某理论局限的把握，也包括写作步骤上的重点，如通过田野调查获得大量准确的第一手资料。老师通过这部分内容，可以了解学生对自己论题的把握是否深刻、全面，是否真正抓住了重点。

2. 难点

这里要考虑的是写作可能会遇到什么困难。老师通过该内容，可以了解学生是否理解了论文写作的难度，以及是否有能力解决这些难题。

（七）主要参考文献

这包括专著、期刊文献以及学位论文等。通过参考文献的类型、数量、权威性以及代表性等，评议老师可以了解同学视野的开阔程度，对现有文献的把握情况。

对此，不少学校要求开题报告中，本科学位论文参考文献至少要有10篇（这一般比论文本身要求的要少一些），至少有2篇外文文献，至少一半文献是近四年出版或发表的，主要应为期刊文献，等等。

这部分容易出现以下问题：

（1）文献只有寥寥数篇，数量明显不足；

（2）把一些与选题无关或关系不大的文献（尽管有些是名人名作）也列入，甚至把自己根本不会阅读的文献（往往是外文文献）也列入；

（3）没有经典著作文献，片面重视期刊文献；

（4）以本科教科书作为参考文献，权威性不够，且一般不是第一手资料；

（5）包含不少"垃圾期刊"文献、网络文献以及新闻报道，文献专业性不足；

（6）包括一位作者的多篇文献，视野狭窄；

（7）把这里的参考文献理解为"写开题报告所直接引用的文献"，而不是"后续写论文要引用的文献"，对撰写开题报告产生"重大误解"。

（八）步骤及进度安排

这指写作整个过程的时间安排，包括写作过程分为几个部分，各部分的基本内容及目的，各个步骤的时间始终，等等。

因为步骤及时间安排在大的方面已经有学院的统一规定，不少同学就照着要求抄一遍，对此不大重视。实际上，这部分应该进一步细化，针对自己写作的实际，做一些更加具体的安排，最好以表格形式展示。详细制订写作计划可以减轻写作压力，保证精力集中，同时写作时间的合理安排可以使写作更有效率。

三、开题答辩

开题报告初稿完成后，要请导师审阅，给出评价，提出修改意见和建议，然后进行相应的修改。在这个过程中往往要不断修正前面已经确定的选题，为已经搜集的文献补充相关资料。导师认可后，开题报告还要再经过学院论文指导专家组的严格审查，也就是召开开题评议会，进行开题答辩。专家组一般由三位或五位老师组成，一位老师为组长，一位老师为答辩秘书，通常导师需要回避。

（一）开题答辩的准备

开题答辩以文献综述以及论文提纲的写就为前提。开题报告要求学生把自己前期的准备工作向老师做一汇报。为此，应该做好充分的准备。

（1）学生要熟悉答辩内容，最好不看事先准备好的稿子，而是脱稿阐述。

（2）精心制作 PPT，以简洁明了、形象生动的方式展示自己的内容。

（3）必要时，预先进行模拟开题答辩，设想老师可能提出的问题并尝试回答，以发现自己准备的不足，采取相应的措施解决。

（二）开题答辩过程

（1）自我介绍。包括姓名、导师姓名以及论文的题目。

（2）概述自己开题报告的基本内容，并且重在论文的内容（论文提纲）部分。本科一般不超过 3 分钟。

（3）回答问题要紧扣主题，语言要简练、明确，声音要洪亮。

（4）对老师提出的问题，要实事求是地回答，不要不懂装懂。一般老师提问不超过三个问题。

（5）认真听取老师的意见和建议，必要时对自己的思路进行解释说明，以及请求老师给出进一步的具体建议。

（6）答辩后，专家组老师进行评议，结果分为通过、不通过两种。

开题答辩与毕业答辩不同。前者是基础，是准备，后者是展示，是最后的表达。同时，前者大致属于学生向老师"咨询"的过程，而后者则是应对老师"质询"及辩解的过程。形式上，开题答辩远比毕业答辩自由和开放，不受拘束，但是对开题报告的审查往往也更加严格，甚至挑剔，不顾情面，批评意见也更多，同时提出的建议也很多，很具体。这主要是为了学生以后论文的写作质量着想，事先把关，"丑话说在前头"，防止后面出现写不下去或写得不好，导致论文无法答辩或答辩不通过的情况发生。

（三）注意事项

（1）与论文答辩有所不同，开题答辩的关键不在于回答好老师提出的问题，而在于对老师提出问题的理解，记下来，便于以后完善和改进。

（2）开题报告的撰写要合乎格式要求，如字体类型以及大小，等等。

（3）不要把开题报告的所有内容全部放入PPT，更不要答辩时一直在念PPT的内容。

（4）答辩要遵守规定的步骤和程序，以及必要的礼仪，如不要直呼老师的姓名等。答辩时应该大方自信、心态平和。

（5）有些老师的意见及建议仅具有参考价值，可能并不妥当，甚至可能老师们的观点之间也有矛盾之处，在这种情况下，要在答辩后进一步分析这些问题，并向导师请教，征求意见，最后确定是否采纳及采纳多少评议老师的意见和建议。

（6）这期间由于开题报告写得不好，以及下的功夫不够，态度不认真等，遭到老师的严厉批评，是非常正常的，学生对此要有心理准备。

（7）PPT上不要出现用词错误。如不少同学答辩PPT的最后一页内容是"谢谢聆听"，贻笑大方。聆听❶，一般表示下级听取上级的意见、报告，或晚辈接受长辈的教诲、教导。它是敬辞而非谦辞，用在这里意思正相反，让人觉得学生大言不惭（"谢谢拜读"也是这类笑话）。"倾听"表示"侧着头听"，答辩时可以使用"细听"。为了表示谦虚，用"垂听"为妥，意为"俯听"。

四、开题报告的完善

答辩完毕，同学们要整理答辩情况，为答辩做一个小结，然后根据答辩情况，尤其是答辩老师提出的意见和建议，自己提出相应的解决办法，

---

❶ 聆：从耳从令，令亦声。"令"意为"吩咐"。"耳"与"令"联合起来表示"倾听吩咐"。聆听，指虔诚而认真地听取，带有尊敬的色彩，比如"聆听教诲，顿开茅塞"。

再与导师讨论，进一步完善开题报告。这里的完善，既包括实质内容的修改、补充，也包括格式、语法、错别字甚至排版等方面的修改。

开题报告答辩通过，修改完善且经导师同意，开题报告提交存档，论文写作进入下一个环节。

第五讲　学术论证

不会搞研究、写论文，一定程度上就是没有掌握研究及写作方法。❶ 研究方法在论文写作中的重要性显而易见，这也是不少法学院校的论文写作课程被命名为《法学方法论》或《法学研究方法与法学论文写作》的原因。

一、法学研究方法

"方法"一词，含义似乎很简单，但也正如"时间"一词一样，"没有人问我，我倒清楚；有人问我，我想说明，便茫然不解了"。❷ 法学研究的方法是一个非常笼统的概念，它的范围很广，同时也是一个颇有争议的概念，如"法学方法"与"法律方法"是否为一回事、"研究方法"与"写作方法"是否相同等。

（一）法学方法与法律方法

不少人写有关于法学的方法方面的专著，如李可的《法学方法论原理》（法律出版社 2011 年版）、陈瑞华的《论法学研究方法》（法律出版社 2017 年）、王晓的《法哲学视野下的法律论证研究》（山东人民出版社 2011 年版）、拉伦茨的《法学方法论》（陈爱娥译，商务印书馆 2003 年版）、杨

---

❶ 在 1988 年第七届全国人民代表大会第一次会议上，时任中国史学会会长、清史专家戴逸教授用"哲学贫困""经济学混乱""史学危机"以及"法学幼稚"等表述当时我国哲学社会科学事业的基本发展状况。法学为什么被人说成幼稚？这是一个值得思考的问题。笔者认为：法学研究中，几乎所有的问题都可以归结为研究方法问题。法学幼稚首先就是因为法学没有形成一套自己特有的研究方法体系。

❷ 奥古斯丁：《忏悔录》，周士良译，商务印书馆 1963 年版，第 242 页。

仁寿的《法学方法论》（中国政法大学出版社 2013 年版），等等。笔者认为，李可、陈瑞华两位教授探讨的主要是"法学方法"，而后面三位学者主要探讨的是"法律方法"。

法学方法是研究法律现象的基本方法，解决"法学教授如何搞研究""如何当法学教授"的问题；法律方法是指法律职业人员在执业过程时所使用的特有方法，尤其指法官在作出司法裁判时如何进行法律解释和法律推理的方法，解决"法官如何审理案件""如何当法官"的问题。二者的区别可谓法学教授与法官区别的缩影，尽管有某些联系，但差异明显。❶一般部门法学及法理学课程中探讨的都是法律方法，与其他非法学课程采用的方法（如经济学课程中的经济分析方法）相比特色鲜明，而法学方法与一般研究方法相比，特色并不突出，甚至可以说是"一般研究方法在法学领域的应用"。本书探讨的只是法学方法。

（二）研究方法与写作方法

法学方法，又可以分为法学研究方法和法学写作方法。前者关注的是"如何做研究"，后者关注的是"如何写论文"。尽管从狭义上来讲二者区别明显，前者是调查、分析、整理资料、构思，后者是语言文字表达，但是考虑到文科学术研究的特殊性，以及一般人们都在广义上使用"法学写作方法"这一概念，此处对二者不做严格区分。❷

法学写作方法包括文章写作方法、论文写作方法、法学论文写作方法三个依次递进的层次。一般文章的写作方法，大家都比较清楚，这里不再赘述。考虑到论文写作方法是法学论文写作方法的基础，以及学生在这方

---

❶ 具体来讲，法学方法可以说包括法律方法，范围更广，但偏重对法律的批判，以及理论层面的分析，而法律方法以法律规定为圭臬，重在如何适用法律及实务方面的操作，包括法律解释、法律推理、法律论证、漏洞填补等，范围较狭窄。

❷ 自然科学研究也涉及论文写作的问题，但是一般少有人专门写论文及专著来提供指引，或开这门课。人文学科（及社会科学）则有大量的论文及专著来提供这方面的帮助，并开设课程。这主要因为自然科学的论文写作关键在于实验，而实验是各种各样的，不好统一讲授，且一旦实验成功则论文的写作就主要是一个语言表达的问题，相对比较容易。而人文学科则不同，研究方法与写作方法紧密结合在一切，无法完全分割。这导致论文写作的难度相当大。

面的欠缺，本讲主要谈论文的基本写作方法，也就是论文相对于说明文及记叙文等文体所特有的写作方法。

（三）学术论证方法

学术论文是为了创新而写的论文，就是进行有条理的论证的文章。❶论文的基本写作方法主要是指学术论证方法。钟和顺先生谈到，论文写作要综述前人论文、对其进行评价，找出其局限，然后理性分析探讨，最后得出自己的观点并指出进一步研究的方向。这实际上也就揭示了论文写作（论证）的基本逻辑步骤和方法。❷

笔者基本赞同他的观点，认为学术论证方法包括以下基本的步骤及环节：发现问题，提出假设，论证假设的合理性，不合理则进一步提出假设，证实假设，在此基础上完善假设理论，最后应用该新理论。

二、提出问题

提出问题是学术论证的第一步。没有问题也就根本不存在论证的必要。这一环节与第一讲确定选题部分谈到的"问题意识"密切相关。

（一）何为问题？

问题就是一个带问号的句子所反映的内容。这似乎很容易理解，但是由于汉语中问题一词有多种含义，也就是问题这个词很有"问题"。汉语中问题的含义：（1）指现象或领域，中性，无价值判断，相当于英语的 phenomenon 或 field，如："交通法规问题""法文化问题""法社会学问

---

❶ 熊浩教授的《论文写作指南》一书中共包括四个部分，其中前三个部分是问题意识、有效论证和批判思维（第四个部分是论文历程），这从范围上大致仅仅相当于本书的第五讲学术论证。该部分的重要性可见一斑。这里不仅要讲论述的步骤，还有探讨为什么如此，以及如何才能培养论述的能力。

❷ 菲利普·钟和顺：《会读才会写：导向论文写作的文献阅读技巧》，韩鹏译，重庆大学出版社2015年版，前言。

题""法律科学问题";(2)指不好的事情,需要处理、解决及引起重视的问题,负面价值色彩明显,相当于英语的 problem,或可勉强称为"困境""话题",如:"交通拥堵问题""中华法系消亡问题""法律信仰缺失问题""法律科学精神缺乏问题";(3)疑问,相当于英语的 question,是带问号的问题,大致就是上述 problem 如何解决及为什么会产生,如:"如何在法律上解决交通拥堵问题""如何理解中华法系消亡问题""法律信仰缺失问题的原因何在""为什么会出现法律科学精神缺乏问题";(4)争议的(或待证明的)命题,或称"论题"(论点,中心论点),相当于英语的 thesis 或 issue,如:"解决交通拥堵问题主要靠严刑峻法,还是普法教育?""中华法系消亡问题主要是内因,还是外因?""法律信仰缺失问题是因为中国缺乏宗教信仰导致的吗?""缺乏法律科学精神问题是因为重视感性不重视理性吗?"

本书的"问题"主要指的是第四种含义,同时论文中涉及的"问题"含义在写作论文过程中有一个从第一种向第四种转变,即"领域(field)→困境(problem)→疑问(question)→论题(issue)"的思维过程。这一过程是逐渐聚焦、格式化、过滤、提升、提炼的过程,也是一个从"对外部客观现象的阐述"到"法学语境下对学者观点争鸣的分析"过程。论文中的问题意识,归根结底指的是"论题意识",而不是"论域意识"。

(二)一切科学研究开始的前提和基础

论文与小说不同,它不用塑造人物,也不用去创造人物间或人物内心的冲突。相反,论文要解决已有文献和目前发现间的早已存在的冲突。❶当然,首先是发现并明确提出这些冲突,即问题。论文写作中问题意识是一个首先遇到的问题。问题是学术研究的第一步。子曰:"不曰'如之何、如之何'者,吾末如之何也已矣。"(《论语·卫灵公》)这句话用现代汉语

---

❶ 菲利普·钟和顺:《会读才会写:导向论文写作的文献阅读技巧》,韩鹏译,重庆大学出版社2015版,第4页。

来说就是:"一个不考虑'怎么办、怎么办'的人,我也不知道对他怎么办了。"孔子对学生不注意思考,浑浑噩噩,对学习没有疑问的现象非常担心,因为"学而不思则罔"。张五常教授也讲"科学上的学术,从来都是由'不明白'引起的;而毕生为了要明白而生存,就是学者",学术就是要满足好奇心。❶1932年6月27日北大文学院院长胡适先生在毕业致辞上讲:"第一要寻问题。脑子里没有问题之日,就是你的智识生活寿终正寝之时!"❷

西方大思想家亚里士多德在两千多年前就明确指出"打开一切科学大门的钥匙都毫无疑问是问题"。还有,波普尔有云"问题是一切科学研究开始的前提和基础",爱因斯坦有云"提出一个问题往往比解决一个问题更重要,因为解决问题也许仅是一个数学上或实验上的技能而已。而提出新的问题、新的可能性,从新的角度去看旧的问题,都需要有创造性的想象力,而且标志着科学的真正进步"。这样的名言还有很多,这里就不多引用了。

何谓学问?学问就是"边学边问",学了问,问了学。❸没有问题也就没有学问。历史上芝诺提出的飞矢不动、阿基里斯追龟问题,公孙龙提出的"离坚白""白马非马"问题,启发人们展开哲学思考,推动了逻辑学的进步。近现代的黄炎培之问、李约瑟之问、钱学森之问也对我国科技、教育及民主政治的发展起到了很大的激励作用。学问,进一步来讲可以说,就是"学着提问"。❹《礼记·中庸》有云:"博学之,审问之,慎思之,明

---

❶ 张五常:《学术上的老人与海》,社会科学文献出版社2001年版,第13页。
❷ 北大文学院原院长毕业致辞:脑子里没有问题之日,就是你的智识生活寿终正寝之时! https://mp.weixin.qq.com/s/mjsYgJALKh82skcVuxxSCQ,2022年8月3日访问。
❸ 学界甚至有这样的说法:"句号是学术的镣铐",应该"砸开句号,伸展问号","永远站在问号起跑线上"。
❹ 现代哲学史上有这么一则趣闻:有一天,哲学家罗素问同是剑桥大学哲学教授的摩尔:"谁是你最好的学生?"摩尔毫不犹豫地说:"维特根斯坦。""为什么?""因为在我所有的学生中,只有他一个人在听我的课时老是神情困惑,有一大堆问题要问。"后来,维特根斯坦成了哲学界的超新星,风头盖过了罗素。有人反过来问维特根斯坦:"罗素先生的哲学为什么落伍了?"维特根斯坦回答道:"因为他再也不问'为什么'了。"

辨之，笃行之。"梁漱溟先生有云："学问是什么？学问就是学着认识问题。"❶ 这与笔者的观点是完全一致的。有一本关于论文写作的专著，其目录从题目到一级标题，共十六个句子，都是由问句组成的。❷

没有问题就没有研究对象，就没有研究方向，没有研究的兴趣及动力，没有研究的付出和努力，自然研究的成果也就无从谈起。老师对学生的论文经常有这样的评价："缺乏问题意识""问题意识不突出""没有中心主题"，这往往导致论文在答辩时遇到很大的困难。❸

问题意识的培养贯穿学术研究的始终。一些学者把提问题看作教育与研究的根本。学术论文要以问题为中心，这也就是我们总是把论文从逻辑上分为"提出问题、分析问题、解决问题"三个部分的根本原因。论题即论文所要解决的基本学术问题，明确了论题也就明确了论文写作的目的，确

---

❶ 梁漱溟1928年中山大学讲演：思维的层次和境界。有意思的是，在该演讲的最后，梁先生还自嘲："我始终不是学问中人，也不是事功中人。我想了许久，我是什么人？我大概是问题中人！"参见：思维的层次和境界，http://www.360doc.com/content/15/0417/13/10941841_463875399.shtml，2022年3月12日访问。

❷ 参见史蒂夫·华乐丝：《如何成为学术论文写作高手：针对华人作者的18周技能强化训练》，北京大学出版社2015年版。由于在笔者的整个阅读经历中，该著作问题意识最突出，且是关于学术论文写作的，其形式及内容对读者都有参考价值，恕笔者大段引用。其目录中的一级标题如下：

第一章　研究问题是什么？
第二章　这个问题为什么重要？
第三章　研究所要指出的是什么矛盾或尚未被解答的问题？
第四章　研究正在挑战或拓展哪些先前得出的研究结果？
第五章　有什么解决方案？
第六章　如何研究这个问题？
第七章　如何着手？
第八章　观察到了什么？
第九章　如何描述数据？
第十章　观察意味着什么？
第十一章　你的研究结果怎样才能引起更广泛的兴趣？
第十二章　如何清楚地描述因果关系？
第十三章　如何运用例子？
第十四章　简而言之，你的报告阐述了什么？
第十五章　如何介绍帮助过我们的人？
第十六章　如何撰写给编辑的推荐信？

❸ 论文答辩时，老师往往要求同学"用一句话来高度概括"自己论文到底要解决什么核心问题，这往往就是委婉地对论文没有问题意识提出批评。

定了一个前进的目标，以后的写作才能有的放矢。❶有学者突出强调了在论文写作中提出问题的重要性，认为"论文的开题就是提出问题"。❷

一般认为，提出问题比解决问题更困难。确实如此，论题的确定并非易事。但也不要被困难吓倒。提出问题并非人们想象的那样困难，实际上任何人都有可能做到。不少学生的论文被认为理论性不强，没有提出问题，究其实质，论文实际上是提出了问题（还往往是多个问题），只是由于作者对此没有清醒的意识，因而写得比较隐蔽而没有明确提出。严格来讲，任何一种观点（论点）都是针对某一问题的答案，根本不存在与任何论题都无关的论点。这里的关键是积极主动地去发现问题，尤其是发现新问题，在思维上明确以之为出发点，紧紧围绕它来展开论证，而不是想到哪写到哪，漫无边际。

现实中，不少学生的论文只有一个选题范围，没有论题，自然也就没有明确的主题，结果写出来的论文和教科书一样❸，没有中心论点，仅仅是某个学术领域相关内容的堆砌。这实际上是有多个论题，且没有紧密结合在一起，从而论述分散，不深不透，导致论文的资料性有余，而创造性不

---

❶ 不少法学家（如苏力教授、邓正来教授）对此非常重视，往往文章第一部分的标题就是"问题的提出"，明确地告诉读者自己的思路，这样的文章问题意识强，写作目的明确。

❷ 朱希祥、王一力：《大学生论文写作——规范·方法·示例》，汉语大词典出版社2003年版，第21页。

❸ 严格来讲，教科书也有类似主题的内容，或称指导思想，它也需要有一条红线串联起整本书，而不是仅仅资料及观点的罗列和堆积，对于专著型教科书尤其如此（如孙正聿：《哲学通论》，辽宁人民出版社1998年版）。

不少学者一般说起教科书往往持贬义，一方面是指教科书一般重在传授比较成熟的知识，而不是像论文那样注重论证及创新，另一方面指的是我国重全面和体系、没有论证、质量很差、令人乏味的法学教科书（陈瑞华：《论法学研究方法》，法律出版社2017年版，第72–78页）。这实际上是对我国目前法学（尤其是法理学）教科书体例的一种批评，而不是对教科书一词含义的纠正。实际上像评价我国跳水运动员的动作"教科书式的完美"这样的语词中"教科书"一词才真正展示了其原义——经典、优秀、值得模仿。教科书应该是人类知识最浓缩、最精炼的书。我国目前法学（尤其是法理学）鲜有专著型的高质量教科书（如博登海默：《法理学：法律哲学与法律方法》，邓正来译，中国政法大学出版社1999年版），这实在是一个缺憾。

足。❶很多题目为"论某某制度"的论文就存在这样的问题，学生往往有这样的错觉，似乎只要与该制度有关的东西都可以（甚至认为"必须"）写进（实为"抄进"）论文中去。

（三）学生论文中的实例

例1：法律硕士论文，题为《村委会竞争性选举研究》，其论文结构如下：

一、村委会竞争性选举的概念与评价
（一）村委会竞争性选举的概念
（二）村委会竞争性选举的评价
二、引入村委会竞争性选举的必要性和可行性
（一）引入村委会竞争性选举的必要性
（二）引入村委会竞争性选举的可行性
三、村委会竞争性选举的程序设计
（一）村委会竞争性选举的前提准备程序
（二）村委会成员候选人的产生
（三）村委会竞争性选举的方式
（四）选举的计票、公布与确认
四、村委会竞争性选举的保障措施
（一）基层党组织的正确领导
（二）基层政府的大力支持
（三）法律法规等制度的保障

---

❶ 写论文要有一个主题却从来都是基本要求，这是论文本身内在所客观要求的，古今中外并无区别。历史名篇《过秦论》《五蠹》《孤愤》《说难》等论说文，哪一篇不是主题鲜明?! 有教授曾明确指出："文章（不限于法学博士论文）应该有命题，在中国同样是一项普遍性要求。"这句话可谓铿锵有力、掷地有声。参见梁慧星：《法学学位论文写作方法》，法律出版社2012年版，第98页。

这样的论文结构可谓传统教科书叙事结构的翻版，平铺直叙，面面俱到，似乎是要解决"村委会竞争性选举应该如何进行"的问题，但这个问题太大，且内部不少小问题已经有很多人进行了研究，作者对前人的观点也没有异议。作者应该紧紧围绕其中的一个小问题——大家研究不多、不深入的问题，展开探讨。

例2：法律硕士论文，题目是"法官职业素养研究"。

这篇论文具体内容写了很多法官的基本素质方面的内容，如法官要懂中国传统文化，要懂西方文化，要重视家庭，要加强道德修养，等等，不一而足，表面上看去都有道理，且很全面，但是没有搞清楚这篇论文主要想讲什么内容，以及在学术观点以及研究方法上有什么新意。他所提出的建议大家都会想到，且没有针对性，内容不限于法官，似乎任何公务员都适用。不奇怪，这篇论文最后未能通过答辩。

例3：法制史专业硕士论文，题目为"从古代亲属身份看'家国同构'"。其论文的一级标题如下：

一、宗亲为主体结构的家
二、君—臣—民"拟父子"架构的国
三、"家国同构"模式的发展、内容及特点
四、"家国同构"对古代国家治理的作用及当代启示

这篇论文外审时一位专家给出的评阅意见中有这样一段话：

> 文章缺乏问题意识。首先，体现在题目上，文章以古代亲属身份为视角探究"家国同构"，但是在题目中体现不出作者的问题取向，是赞扬还是质疑？其次，文章很大篇幅是停留于对各种概念的解释上，在概念解读之后即提出对当下的启示。总体而言，显得陈述过多，问题过少。

（四）如何提出问题？

问题，可以是别人发现，自己觉得有趣，开始研究的，也可以是自己发现，然后开始研究的，但归根结底应该是通过自己的思考而提出的。如果自己没有积极主动地提出，而是老师或他人提出，则往往自己没有足够的兴趣，从而也难以产生足够的耐力和韧性来进行研究探讨。"发现问题"还不够，说到底在论文写作中关键是"提出问题"，即发现问题后进行初步思考，把这个问题作为探讨的对象。

毛泽东同志讲："什么叫问题？问题就是事物的矛盾。哪里有没有解决的矛盾，哪里就有问题。既有问题，你总得赞成一方面，反对另一方面，你就得把问题提出来。提出问题，首先就要对于问题即矛盾的两个基本方面加以大略的调查和研究，才能懂得矛盾的性质是什么，这就是发现问题的过程。"❶

提出问题意味着对事物观察和理解的深入，具有敏锐的观察能力，本身就是一种创新，自然有一定的难度。❷学生在论文写作中往往提不出问题。这一方面与学生对学术的理解不深有关，不清楚学术必须紧紧围绕问题展开，目的在于解决问题。另一方面，也与我国传统的"填鸭式"教学方式有关，不重视学生提出问题能力的培养，甚至反感学生提问题。这种"应试教育"要求的只是"听话""好好向老师学习""死记硬背""得出标准答案"。传统上总认为如韩愈所言"师者，所以传道、授业、解惑也"，老师可谓"真理的化身"，"有问题找老师"成了学生的习惯，而实际上老师，尤其是大学老师，主要应该是"使惑"的，使学生在没有困惑的地方

---

❶ 毛泽东：《反对党八股》，见《毛泽东选集》第三卷，人民出版社1966年版，第796页。
❷ 在不理解他人的情况下，简单地思考及提出问题，还不能算提出学术问题。不能这样思考问题，如认为"社会契约论"完全错误，因为实际上并没有人通过订立契约建立法律和国家；如认为"我心即宇宙，宇宙即我心"完全错误，因为"我的心脏"根本不是"浩瀚的宇宙"，二者完全是两回事；如认为"愚公移山的故事不能教育人"，因为愚公移山的行为是愚蠢的，为什么不搬家呢？类似这样的质疑、批判，完全是在以肤浅批判深刻，因为根本不理解这些理论及故事的价值。

产生困惑，然后自己去寻求答案。❶ 一个优秀的老师不应该是学生问题的"解答器"，仅仅传授知识，授人以鱼，而应该是"提问器"，提出问题，同时授人以渔，传授解决问题的方法。❷

无疑处须教有疑。大学要创造宽松环境，鼓励学生独立思考，培养学生的批判性思维，激发他们的创造性思维。❸ 缺乏好奇心，特别是缺乏"智识好奇心"（intellectual curiosity），是人的创造力不能被激发的重要原因。人生来就有好奇心，像小孩的好奇心就很强，很值得珍惜，遗憾的是，这种好奇心在长大后容易被功利心所蒙蔽。❹

当然，并非所有的问题都属于学术问题，学术问题有其特殊性。

1. 现实问题和学术问题

也许有学生会说："我有问题意识，在论文中我提出了很多的问题，可为什么老师还说我没有问题意识？"确实，有不懂、不明白的事情，从而提出问题，寻求解决，这本身并不困难，但这还不是论文的问题意识。不是所有的问题都是学术问题。

问题有一个范围大小的问题，大而空的问题，根本没有办法解决或当今时代没有办法解决的问题，就不是学术问题。❺ 提出的问题过于笼统，缺乏学术性，实际上也就等于没有提出问题。

---

❶ 总结自己近三十年的教学经验，我产生了这样一个不成熟的看法：中小学老师是"传道、授业、解惑"的，大学老师是"传道、授业、使惑"的，硕士研究生导师是"传道、使惑"的，博士导师是"使惑"的。

❷ 韩士收：《教学过程是一个"使惑"的过程》，《海南大学学报》社会科学版 2004 年第 22 卷教学研究专辑。

❸ 清华大学杨斌教授在经济管理学院主导讲授"批判性思维与道德推理"（CTMR）课，台湾大学苑举正教授开设通识课《怀疑论》，这都是为了提高学生的问题意识。在此，笔者推荐同学们进一步阅读柏拉图的《对话录》以及观看电影《楚门的世界》《黑客帝国》，相信会有大的收获。

❹ 孔夫子在《论语》中讲"四十而不惑""知者不惑"，似乎年过四十的人或博学的人就没有疑问了，其实不然。现实中，人人都可以"活到老，学到老，问到老"，往往是年岁越大、知识越丰富的人疑问越多，越聪明的人越觉得自己无知，如苏格拉底一样。没有疑惑，就没有了思考的动力，导致好奇心的丧失，创造力的枯竭。

❺ 我在上法理课的时候，经常有本科同学问："老师，如何才能学好法理学？"尽管我已经从事该课程教学 20 多年了，但实在无法回答。这样的问题仅仅是一个问句而已，根本不具有"可回答性"！

现实问题也不是学术问题。如"农民工为什么常常领不到工资"就不是一个严格意义上的法学学术问题（或者说这是一个范围很大的泛学术性问题）。而"农民工的合同权利为什么得不到实现"以及"弱势群体的利益为什么不能得到充分的法律保障"等才是法学上的学术问题。

人们应该是首先从现实出发，通过观察，提出现实问题，然后再把现实问题概括和提炼，格式化，把日常用语转换为专业学术用语，最后，提出学术问题。❶不进入学术领域的问题，就不是学术研究的对象。提出问题的过程是，一个由现实问题到学术问题，由具体问题到抽象问题，由探讨范围很大问题到范围较小问题的过程。如：人们发现有某官员受贿这一客观现象—人们对此深恶痛绝—想法解决这一个案腐败问题—考虑这一类腐败问题如何解决—考虑在法律层面如何解决受贿的问题。提出问题不是一蹴而就的事情，而是一个不断"聚焦"的过程。人们经常讲，学生论文题目太大，实际上就是在这一聚焦过程中，尚未真正聚焦到一点，而是在一个较大范围的时候，"聚焦"过程就停止的情况。

我们所谓的"问题"实际上是一个问题群，而不是一个单一的问题。❷这些问题最后围绕一个核心，这个核心常常被人们称为"论文提出的问题"。一篇论文只能有一个核心问题，它通常需要经过精心"提炼"才能明确得出。还是以腐败问题为例，其学术问题是一个问题群，包括"法律层面如何解决受贿的问题""何谓法律层面？何谓受贿？何谓解决？""公车私用""渎职腐败"等很多相关问题，而最后提炼的核心问题要根据研究目的、兴趣、能力等确定。

2.学术问题可以是真实的，也可以是假想的

张五常教授讲"一个最蠢的学者，往往去研究没有发生过的问题"，陈瑞华教授也对此表示赞同，并认为"没有发生过的问题，就是那些没有

---

❶ 当然，也可以直接从理论入手，提出学术问题。
❷ "问题"具有"连带性"以及"自我增殖性"，即一个问题牵连着其他很多问题，且可以一直不断地往下追问。问题就是"问题族"或"问题簇"。

出现在经验事实中的问题"。❶ 如果说研究中学者的选题及提出问题一定要慎重，不能完全凭空臆造，笔者是完全赞同的，但如果说研究的对象一定要是现实存在的事物则大谬不然。实际上，文学作品可以虚构，法学研究也可以虚构。如苏力教授研究中假想的农村强奸案件、《秋菊打官司》中的官司、《窦娥冤》中的冤案、学者研究的"母亲与媳妇都落水，先救哪个"案件以及富勒教授研究中的《洞穴奇案》、桑德尔教授在网易公开课《正义》中探讨的"有轨电车案"等都属于假想的案件，其选题本身不仅有意义，甚至可以说有比真实案件研究更大的学术意义。❷ 此外，学术研究还可以尝试"古案今判"❸（如苏格拉底案）、"西案中判"（如辛普森杀前妻案），等等，与古人及外国人"隔时空对话"。这里假想的学术问题可谓"思想实验"，而真实的案例可谓"生活实验"，二者都有重要的学术价值，不可偏废。❹ 实际上，不具有很强想象力、创造力的学者是根本无法构想出这样的虚拟问题，并展开研究的。真正伟大的学者往往都想象力惊人，甚至可谓梦想家。法学研究中"言之有物"中的"物"，并不一定是看得见摸得着、现实中存在的东西，而完全可以是现实中根本不存在的、只存在于人们头脑中的东西！❺

从绝对意义上来讲，学者研究的问题尽管往往（但并不必然）从现实出发，但真正研究的都是人为划定在一定隔离体内的主观事物（从现实中抽象出来的理想类型事物），这些事物都不是客观事物。❻

---

❶ "对于一项外国的制度应否移植到中国来的问题，就属于研究一种'没有发生过的问题'。"陈瑞华：《论法学研究方法》，法律出版社 2017 年版，第 146 页、第 150 页。

❷ 此外，自然科学界这样的假想实验也不少。如爱因斯坦的理想（假想）实验"人以光速行进会发生什么"等。

❸ 张秀章、赵毅芳：《古案今判》，大连出版社 2000 年版。

❹ 凌斌：《法科学生必修课：论文写作与资源检索》，北京大学出版社 2013 年版，第 277-295 页。

❺ 写论文从现实出发固然可以，从定义出发也是可以的。

❻ 因为真实的客观事物太复杂，我们只能在一定层次上、一定范围内来研究它们，也就是无视该事物的其他所有特征，仅挑出一种来研究。如果机械理解"事物是普遍联系的""要实事求是"，那就是在追求一个十全十美的、关于万事万物的、万能的理论，导致根本无法创建任何理论。

提出问题的过程实际上是一个提出众多问题,从中选择的过程。这时不要害怕提出问题,似乎"提不出很好的问题就不能提",应该广开思路,提出各种各样的问题,然后从中选出合适的那个。美国课堂上有这样的说法"没有一个愚蠢的问题",用在这里非常合适。❶ 如果我们一开始就畏惧提出问题,那么就永远提不出问题。

3.有争议的学术问题和无争议的学术问题

到这一步,似乎提出问题的过程就结束了,这也是一般人们的认识。但实际上还没有结束,仅仅停留在这一步是不够的。这对于学术研究、论文写作还差一步。并非所有学术问题都有同样的价值,更不是所有学术问题的提出都比解决问题重要。大而空的提问对于学术研究来讲往往是无效的提问。学术问题包括没有争议的学术问题和有争议的学术问题两种。没有争议的学术问题,就是有不少学者提出并做了研究,已经得出很多很有价值答案的问题。❷ 有了答案,哪怕是粗浅的答案,再提出这一学术问题的意义也就大打折扣了。提出这样的问题,没有新颖性,无论如何研究最后得出的答案自然也以重复为主。

有争议的学术问题,就是在别人研究的基础上,进一步针对别人的研究方法及结果提出的问题,也就是尚存争议的、未解决的那一方面问题。当然,这包括他人之间有争议的问题,也包括大家没有争议,但作者自己对此有异议的问题。换句话说,这里的问题可以概括为"学者们关于现实问题的多个理论"的理论问题,如果用一个问句来表达就是:为什么这些学者的所有解决问题的方案(理论、观点)都存在不妥之处?有争议的学术问题具有新颖性和针对性,比较具体,范围比较小,这才是论文写作中真正的"提出问题"中的"问题",带有问号且尚无明确答案的学术问题。

---

❶ 有些问题后来可能确实被证明是不妥当、有内在矛盾、错误的,甚至可以说"有些愚蠢",但通过对这些问题的思考,从而认识到这些问题的不妥当,也往往深化了人们的认识,启发了人们的思维。

❷ 有些学术问题,尚未有人进行研究(这样的情况很少),自然也就没有学术争议,那么这样的研究就具有开创性,当然可以进行研究。这与本书的观点并不矛盾。

这个问题是专属于你的、别人没有提出的、新颖的问题。

如果进一步分析，有争议的学术问题也并不是一个问题，而是由多个小问题群组成，包括这些学者的解决方案是什么、特点如何、优缺点如何、有无内在矛盾，学者之间的观点有无关系、有无矛盾，这些解决方案的异同，它们为什么没有真正解决学术问题，等等。

4. 解决现实问题与解决理论问题

这时我们可以看到，这里论文写作中提出的问题，不是现实问题，甚至不是一般学术问题，而是解决学术问题的理论中存在的问题。❶ 这与陈瑞华教授所讲的"问题意识"就是"理论问题意识"的理念是基本一致的。❷ 当然，这里所谓分析问题，也是首先分析学者观点中存在的问题；解决问题，也不是解决现实问题，而是解决各种理论内部以及理论之间、理论与现实之间的问题。❸ 学术研究的本质在于学者之间的对话和沟通，首先设定一个理论上的假想敌。

提出现实问题，分析现实问题，然后解决现实问题。这是在理论问题解决之后的事情。❹ 现实问题的探讨及解决往往内在地包含理论问题的解决，且以其为基础。学术论文关键在于理论问题的解决，而并非现实问题的解决。例如：

（1）提出的学术问题不是"为什么人们闯红灯"，也不是"为什么不少人不遵守'红灯停'的交通规则"，而是"为什么我认为别人的观点'闯红灯是由于人们法律意识比较薄弱'等观点是错的"。

---

❶ 严格来讲，学术问题就是理论问题，而不是现实问题。何为理论？理论就是系统化的观点，而非大白话。理论就是一句顶一万句的话，而一句顶一句的话就不是理论。理论具有普适性、概括性、抽象性。进一步，理论思维与工程思维不同，前者解决理论问题，可谓解释世界；后者解决现实问题，可谓改造世界。对两种思维方式之间关系感兴趣的读者，可以参见姚建宗：《法学研究及其思维方式的思想变革》，《中国社会科学》2012 年第 1 期。

❷ 陈瑞华：《论法学研究方法》，法律出版社 2017 年版，第 68–70 页。

❸ 问题，可谓困难或矛盾，论文就是要解决理论（观点）困难或矛盾。这包括理论的外部困难及理论的内部困难，但主要是理论的内部困难。前者可谓理论与经验（现实）之间的矛盾，后者可谓理论内部的矛盾。

❹ 实际上，很多现实问题的解决并不需要理论问题的解决，甚至根本不涉及理论。

（2）提出的学术问题不是"为什么存在腐败现象"，也不是"为什么官员会以权谋私"，而是"为什么我认为以权谋私现象的存在不是由于别人说的'权力没有制约'的原因"。

（3）提出的学术问题不是"为什么我国没有采取总统制"，也不是"为什么我国政体没有采取总统制"，而是"为什么我认为我国政体之所以没有采取总统制不是由于别人所讲的'我国没有资本主义的经济基础'等原因"。

（4）提出的学术问题不是"为什么我国近代落后于西方了"，也不是"为什么我国近代法制发展落后于西方了"，而是"为什么我认为别人认为'我国近代法制发展落后是因为地理环境的缘故'的观点是错的"。

5.所有论文都是批判性商榷论文

当然，这里的问题应该是有价值的，并且能够证明其价值的，而不是随便提出的一个问题。从提出问题以及创新的角度出发来看，论文写作就是在没有问题的地方发现问题，就是"没事找事"，就是对社会现实，尤其是别人的学术观点挑毛病，"找茬""挑刺"，甚至"鸡蛋里挑骨头"。学术论文可以说都是批判性文章，都是商榷性文章。❶ 不批判别人，不挑战权威，也就没有办法创新，进而也就无法写出论文。❷

究其根本，说极端一点，从主观角度来讲：所有论文中提出的学术问题都可以归结为这样一个问题：在这个特定的研究领域，"为什么其他学者观点错误，为什么我的观点正确"，或"为什么我比别人高明"。没有自信，不是踌躇满志，不是胸有成竹，不是得意扬扬，不是沾沾自喜，不是"批评别人和赞美自己"，那论文也就不要写了！在这个意义上可以讲，所有的学术论文都是采取驳辩的方法，与其他学者商榷。夸张一点讲，"自

---

❶ 对论文的评价标准，我有这样的观点，也许比较极端："没有批判的论文就不是论文，没有概念分析的论文就不是法理学论文。"

❷ 刘南平教授的文章《法学博士论文的"骨髓"和"皮囊"》，副标题就是"兼论我国法学研究之流弊"，正面阐述和反面批判结合得很好。

信以及瞧不起别人的观点"是提出学术问题,进而写出好文章的前提! ❶

相信这也就是为什么,莫言在瑞典学院诺贝尔文学奖获奖讲演中提到:"一个人在日常生活中应该谦卑退让,但在文学创作中,则必须颐指气使,独断专行。"没有"一览众山小""山登绝顶我为峰"的自信和气魄,是难以提出问题进而创新的。同时这也说明一个道理:搞学术研究与日常生活不同,做学问与做人遵循不同的逻辑,不能把它们混为一谈。生活中可以坚持"温良恭俭让",恪守"中庸之道",学术上却必须"旗帜鲜明""斤斤计较""寸步不让""针锋相对""固执己见""唯我独尊",甚至"专断杀伐"。

6. 提出问题需要反思意识、批判意识

一个人越学习,懂得越多,则越觉得自己无知,相反一个人懂得越少,则越容易自满。这就是古希腊芝诺的"知识圆圈论"。同时,进一步推论,我们可以说:一个人懂得越多,也就越觉得人类无知,容易发现问题,反之,懂得越少,也就越觉得人类很伟大,似乎所有的规律都被发现了。不少同学提不出学术问题,觉得"没什么好写的了!我的领域全都被人研究过了,且已经研究得很深入了"。这除了不了解什么是学术问题,更关键的是既意识不到自己的无知,也意识不到人类的无知,找不出学者理论观点的局限和问题,缺乏批判意识。这里的批判意识很大程度上就是,对大家视为理所当然的观点追问"为什么如此"的意识。

提出问题,要求有一颗敏感的心,能够敏锐地发现细小的差别、矛盾及冲突,把熟悉的东西陌生化,平常事异常思,看到别人习以为常,不以为然、观察不到的、不注意的问题。有些问题看似已经有了答案,但是一追问又会发现,原有的答案是不妥当的,或粗糙、片面的,对这些问题还

---

❶ 本书大致属于教材类,不是论文,但是和论文类似,也有自己要解决的学术问题以及主题。本书的学术问题的思考步骤是这样的:针对学生写不好法学学位论文的外在客观现象,向自己提出问题。首先,为什么学生写不好法学学位论文?其次,如何写法学学位论文?一篇合格的法学学位论文应该是怎样的?写作步骤如何?如何构思?再次,其他学者关于如何写作法学学位论文有哪些观点?如何评价?最后,他们的这些观点有哪些是错误的,或不全面、不妥当的,为什么?自己的观点是什么以及为什么?

有进一步探讨的必要。

问题意识需要的是反思❶。要提出问题，就一定要敢于质疑传统观点、权威观点、自己以前的观点，要有王安石变法时"天命不足畏，人言不足恤，祖宗不足法"的气魄，要敢于像鲁迅《狂人日记》中的狂人那样发出"从来如此，便对吗"的质疑声。为此，一定要"在战略上藐视权威"，敢于批判权威的观点，而不仅仅是正面引用这些观点以支撑自己的观点。❷反思就是与自己以前的观点以及其他学者的观点"求异存同"，保持学术敏感性，坚持学术上没有什么理论是不可以质疑的、一切都必须在理性的法庭面前为自己的存在作辩护或者放弃存在的权利❸，固执、较真儿，不断如苏格拉底那样地追问，打破砂锅璺（问）到底。毛泽东同志说得好："共产党员对任何事情都要问一个为什么，都要经过自己头脑的周密思考，想一想它是否合乎实际，是否真有道理，绝对不应盲从，绝对不应提倡奴隶主义。"❹

反思的内容除了他人的结论，还包括他人理论的推理过程，以及他人理论的思维前提。在科学发展史上，人们就是因为发现了"物理学上空的两朵乌云"❺，而进一步研究创建了量子力学和相对论，打破了经典力学的束缚。

提出问题，关键在于发现不同、不协调、"不对劲"的地方，发现对

---

❶ 反思就是逆向思维或逆反思维，与盲从传统观点或权威观点的"歌德式思维"明显不同。后者有利于吸收、学习和继承，而前者有利于创新、改造和进步。苏格拉底讲"未经反思的生活是不值得过的生活"，这是在谈人生，也是在谈治学。

❷ 不限于法学理论，对于现行有效、有国家强制力保障的法律本身，为了完善法律也可以持批判的态度。法学家边沁有云："在一个法治的政府之下，善良公民的座右铭是什么？那就是'严格地服从，自由地批判'。"

❸ 《马克思恩格斯选集》第三卷，人民出版社1972年版，第404页。

❹ 毛泽东：《整顿党的作风》，见《毛泽东选集》第三卷，人民出版社1966年版，第785页。

❺ 19世纪末20世纪初，物理学有两个发现，一是美国人迈克尔逊和莫雷的试验，证明绝对静止的空间是不存在的，而牛顿力学的前提是物体的运动与空间和时间没有关系，即时间和空间在牛顿那里是绝对静止的。二是高温物体辐射形成的光谱分析，即黑体辐射问题。经典物理学不能解释光谱分析中所发现的现象。这两个发现使得经典物理学在新的实践面前无能为力，原有的严密的体系出现了漏洞，因此被人们称为"物理学上空的两朵乌云"。

立和矛盾，发现别人没有研究的问题，产生疑问。思考"为什么会有这样的不同"，这就是提出问题。这里要充分运用的思维方法不是"求同存异"，而是相反"求异存同"。❶自然，问题不是从天上掉下来的，它需要明亮的眼睛去寻找。

两个或多个学者观点不同，这便是你的研究可以开始着墨之处。❷通过研究它们的不同之处，找到各自的学术局限和不足，在不同观点的交叉点上提出问题。阅读别人的文献要"挑刺"，从而在其缺陷中展开自己的论述。

批判意识就是挑战意识。批判就是"后浪把前浪拍在沙滩上"，没有批判意识就很难发现并提出问题，进而也就没有创新。❸批判性思维就是创造性思维的重要一环。通过"破"的方式达到"立"的目的，它是建设性的，为了作出更正确的决定。说到底，学术活动本身就是学术批评，学术发展史就是学术批评史，学术就是在唇枪舌剑中逐渐前行的。❹

7. 批判意识在学术名著题目上的体现

这种批判意识在学术大师及名家身上体现得最充分❺，尤其是他们的各种以"批判"及"为什么"等问句为题目的著作及论文中。如：

· 康德的三大批判《纯粹理性批判》《实践理性批判》《判断力批判》；
· 马克思和恩格斯合写的第一部著作《神圣家族，或对批判的批判所

---

❶ 当然，在别人都认为不同的地方，发现相同之处，也是提出问题；在别人都认为相同的地方，思考为什么如此，也是提出问题。

❷ 阅读文献时，经常会出现这样的情况：自己觉得双方的观点都有道理，可他们的观点是相反的，自己最后不知道如何取舍。这样的困惑和不解，正是论文写作的切入点，是发现学术问题的好机会，进一步研究问题的驱动力所在。

❸ 本书也体现批判意识，首先就体现在对传统法学学位论文写作的各种观点的反思和批判，与梁慧星、何海波等多位学者的商榷和交流；其次也间接体现为对我国法学研究某些方面的批判。在此意义上，本书也可以仿照刘南平教授的文章，以"兼论我国法学研究之流弊"为副标题。

❹ 由此，我们可以进一步理解选题、问题意识、主题之间的紧密联系。首先是选领域（由大到小），然后是提出现实困境及如何解决的问题，进一步是提出学术理论问题（理论困境及如何解决），最后是提出"自己观点为什么比别人的观点妥当"的问题。

❺ 真正的学术大师不仅喜欢批判别人，也喜欢（且习惯）被别人所批判。他们以相互批判为学术研究活动的核心，"以批判别人为乐，以被别人批判为荣"。当然，这里的"批判"是"评判、评价"的意思，不限于否定意义上的批驳和反对。

做的批判——驳布鲁诺·鲍威尔及其伙伴》；

·苏力的《制度是如何形成的？》《如何研究中国的法律问题？》《如何思考中国社会科学的自主性？》《如何深入学术批评和对话？》《喜欢什么期刊？能有什么期刊？》《问题意识：什么问题以及谁的问题》；❶

·哲学资深教授孙正聿的博士学位论文题目是《理论思维的前提批判——论辩证法的批判本性》。

"写作就是投入一场战斗。"提出尖锐的问题，就是造成"兵临城下""黑云压城城欲摧"的严峻局面。❷

（五）提出问题的基本步骤

法学领域并不缺少问题，而是缺少发现问题的眼睛。实际上，不是"没有什么可研究的"，而是"任何领域及理论都可以被审视、质疑，都可以研究"。陈寅恪教授有云：一时代之学术，必有其新材料与新问题。

1.通过多种途径寻找问题，建立素材库

提出问题，以观察问题以及发现问题为前提。第一，可以围绕选题到现实社会中存在的大量矛盾现象中去寻找问题。当代中国的发展状况在世界上是独一无二的，机遇与挑战并存，出现的法律问题不少，且用西方的法学理论往往也无法解决。中国社会现实可谓"法学问题的策源地"，一个法学研究的大富矿。

第二，可以从各种理论之间的矛盾中去寻找。发现外国学者与中国学者观点的不同、古代学者与现代学者观点的不同、不同学者观点之间的不同，甚至同一学者在不同时期或场合观点的不同，追问这些观点为什么不同，如何给予评价，是否可以提出更好的观点？这些都可以提出问题。

---

❶ 以上文章请分别参见：《比较法研究》1998 年第 1 期；《批评与自恋——读书与写作》，北京大学出版社 2018 年版，第 188-195 页，第 271-274 页；《中国社会科学》1999 年第 4 期；《南京大学法律评论》1998 年秋季号；《武汉大学学报（哲学社会科学版）》2017 年第 70 卷第 1 期。

❷ 读者可以读一读耶林的《为权利而斗争》，以及马克思恩格斯的《共产党宣言》，那是两篇战斗檄文！

第三，可以从学者理论与社会现实之间的冲突来寻找问题。理论与现实总是会有所冲突，而如何使其协调一致就是学术问题的生长点。

具体来讲，从文献中寻找学术问题，一方面可以从综述类文献中去寻找，另一方面可以从一般文献的结论部分中寻找。通常作者会在文献的结论部分指出自己研究的局限以及该学术问题未来进一步研究的方向。

2. 对这些问题进行学术化处理

不少问题属于街谈巷议的话题，仅仅属于社会性问题的范畴，必须缩小或扩大范围，通过理论化处理把它们转化为学术问题，进行法律格式化。并非任何矛盾都是法律矛盾，必须经过法律系统的转化，即运用法言法语进行归纳、分析，进而提炼出法律问题。如"凭色相上位及获利"的问题，这是社会大众的说法，我们首先要考虑到法律上这属于以权谋私以及男女不正当关系的问题，也就是法律与道德交织、财产关系及人身关系交织、权利与权力纠缠等问题。在此基础上，我们可以进一步从中提炼出法律问题，可以是多个，如性贿赂问题，也就是在刑法层面上考虑这种现象可否入刑，是否构成行贿受贿罪，以及入刑后如何惩罚等学术问题。

3. 选取最适当的一个，作为论文所要探讨的问题

针对同一个选题，找到了很多不同的问题，并且这些问题属于不同的领域，具有不同的层次，没有一个确定的指向。这时要参考前面论文选题的原则和方法，进行整理、归纳和分析，最后确定为论文要探讨的问题。❶

上述提出问题的步骤大致可以归纳为：社会现象（phenomenon, fact）—社会问题（problem）—学术问题（academy problem）—学术疑问（question）—别人学术观点上的多个疑问（discussing, issues）—某一学术观点上的疑问（issue）。

比如：公共交通—交通堵塞—法学上看待交通堵塞—如何运用法律解

---

❶ 在此过程中，选题也由于论题（问题）的明确而得以进一步具体化，这也为最后论文题目的确定奠定了基础。

决交通堵塞—学者们关于这一问题的各种观点之间的矛盾—如何解决行人素质低的各种建议之间的矛盾。❶

（六）论文中的问题意识实例

当年写第一篇论文的时候，笔者首先注意到似乎大多数法律条文都没有主语，进而观察到人们研究法律条文以及法律规范的时候，很少从法律关系主体的角度来思考问题，尤其是法理学教科书对法律规范结构的分析，如"行为模式+法律后果"，似乎头头是道，但是并没有对其中涉及的主体进行探讨，好像与法律关系主体没有任何关系。而在法律关系中，法律关系主体是绝对不可缺少的基本要素。与此同时，笔者也注意到哈特的法律概念理论，尤其是关于法律是第一性规则与第二性规则结合的观点。为什么一个规则不是法律的最小单元，必须两个规则结合起来？如果说法律规范中存在法律关系主体，那么它包含哪些主体，各主体之间是什么关系，法律规范是否只规定了一种主体的行为模式？通过不断地追问，最后笔者把论文选题定为"法律规范的结构分析"，问题定为"法律规范中的法律关系主体是什么？"在此基础上，笔者提出了"法律规范结构中包含三个法律关系主体"的假设（主题），并进行了论证。❷

笔者博士论文的选题是"律师职业研究"，当时（1999年）考虑到我国对律师职业研究的不多，尤其是理论型探讨不多，就想深入探讨律师职业的基本特点、本质，搞清楚我国古代为什么只有讼师行业，没有律师职业，近代为什么律师职业产生困难重重，西方为什么律师职业发达？针对当时流行的律师"被雇之枪"说，以及律师"正义卫士"说，我认识到：古今中外的人们都对律师（讼师）职业爱恨交织，前两种流行说法都有一定的道理，但是都没有抓住根本。最后，笔者把学术问题集中在"为什么两种流行说法都是错的？"进一步提出自己的猜想"律师

---

❶ 从写论文要从别人观点之间的矛盾出发提出问题（疑问）的角度来看，可以说学术论文并不解决现实社会中的具体问题，而是解决学术思想上的问题。

❷ 韩立收：《对法律规范结构的再认识》，《辽宁公安司法管理干部学院学报》2003年第1期。

职业具有双重性",并展开研究。猜想,也就是"假设",这是下面要谈到的内容。

二、大胆假设

有了问题就要寻求解决办法,首先构想出一种可能的解决办法,然后尝试论证。

(一)何为假设?

假设就是对问题答案的预测,问题可能这样解决。假设也就是一个待证的命题,也就是论文的核心论点、主题。[1]核心论点也可以说是论文的基本理论。提出假设,也就是内在地暗含着提出一套新的解决学术问题的理论。有时候"问题一旦在脑海中出现了,那么解决问题就在路上了",但大部分情况下解决问题要困难得多。

假设都是未经理性检验的,都是不完全符合实事求是原则的,尤其与客观事实的外部表象并不一定一致,甚至是相反的。它与机械地理解的"实事求是""从现实出发"正相反。

(二)"意在笔先"与"笔在意先"

提出假设,就是"意在笔先",与"笔在意先"相对。没有"意"就没有目的和方向,就是盲目地研究,不仅没有研究的动力,更会浪费时间和精力,降低效率。假设就是猜想。学术史上,尤其是自然科学领域产生了很多的猜想,如费马猜想、四色猜想、哥德巴赫猜想、丘成桐猜想和黎曼猜想等,激励着人们深入展开研究,这对于促进科学进步起到了不可忽视的重要作用。爱因斯坦有云:"若无某种放肆大胆的猜想,科学和知

---

[1] 本书有自己的主题,这也是本书所要着重论述的核心命题:法学论文写作的关键在于亮明自己关于法学论文写作的新观点,并充分阐述理由。

识是很难得到进展的。"假设的存在，使得人们要解决的"问答题"，转变为"证明题"，而假设的放弃和新的假设的出现（不断试错），进一步使得"问答题"转变为"证明题和选择题的结合"，这大大降低了解答问题的难度。法官审理案件不能"先定后审"，❶ 但写论文往往要"先假定结论后进行论证"。

有学者认为，不要先入为主，抱有个人的偏见，应通过客观资料来推理、论证，最后得出什么结果就是什么结果，这样才可以保持结果的客观性和中立性。先定下一个结论，然后寻找证据来证明，这样容易产生错误的认识，反而更加浪费时间和精力。"还有一个需要注意的问题，绝对不能先有一种理论观点，然后在实践中去寻找吻合自己观点的材料。这样的研究是非常危险的，也难以算得上科学的研究，因为大千世界要寻找任何一种常见观点的论据都并不困难。这样的研究，论据越多则谬误越深。"❷ 这种研究学术问题的态度也就是不少学者所谓的"零修辞写作""零态度写作"或"零度风格"（zero style）。

1. 零度风格

不少学者对这种风格持批评的态度。"所谓零度风格是指公平、公正，不偏不倚，实事求是，不带有个人的感情色彩或受他方所左右．或是纯然客观，不动情感，不动声色，不表现说话人，仿佛也不理睬听众的那么一种风格。据说这种风格宜于用在说理文里。我认为这种论调对于说理文，不但是一种歪曲，而且简直是一种侮辱。说理文的目的在于说理，如果能达到感动，那就会更有效地达到说服的效果。作者自己如果没有感动，就绝对不会使读者感动。……从此我看出说理文的两条路，一条是所谓零度风格的路，例子容易找，用不着我来举；另一条是有立场有对象有情感有形象既准确而又鲜明生动的路，这是马克思在《神圣家族》，恩格斯在

---

❶ 严格来讲，法官审理案件就其思路历程而言，也往往是"先有假设的裁决结果，后进行逻辑论证分析"的，不过与论文写作思路不同的是，法官假设的裁决结果数量非常有限，且审理过程与论证分析过程纠缠在一起。当然，这里的"先假设"与"先定"完全是两回事。

❷ 陈瑞华：《论法学研究方法》，法律出版社2017年版，第98—99页。

《反杜林论》，列宁在《唯物主义与经验批判主义》以及我们比较熟悉的《评白皮书》和《尼赫鲁的哲学》这一系列说理文范例所走的路。"❶

笔者认为，这种写作应该坚持"零度风格"的想法是可以理解的，写作要尽量保持客观、中立、理性，这也是正确的，但没有偏见实际上按照这样的方式写作并不符合人的思维规律，现实中也根本达不到。第一，每个人都有自己的"成见""偏见"，❷"偏见"从来都是"才下眉头，却上心头"。我们只能突破旧的"偏见"，进入新的偏见，而根本无法摆脱偏见的束缚。"偏见"由个人独特的人生经历所决定，有时能清醒地意识到，但大多数情况下意识不到。奢想不存"偏见"，完全客观中立地进行研究是不可能的。论文写作"从我做起，从现在做起"，这是每个人都逃避不了的宿命。第二，任何知识都是"偏见"，根本没有所谓"十全十美、完全正确的知识"。只有没有任何知识才可能没有"偏见"。第三，所谓"偏见"其实往往就是我们所特别珍视的"主见"。梁漱溟先生对此看得很透："因执于其所见而极端地排斥旁人的意见，不承认有二或二以上的道理。美其名曰主见亦可，斥之曰偏见亦可。"❸主见是学术研究所特别推崇的，没有主见，也就没有真知灼见！相反"忘我""无我"的写作则往往导致"平淡、平庸"，是创新的大敌。第四，有偏见，也就是已经有一定的相关知识和见解，并不是坏事。这样的偏见可以使我们论证更有方向和动

---

❶ 朱光潜：《漫谈说理文》，见王力、朱光潜等：《怎样写学术论文》，北京大学出版社1981年版，第40—41页。

❷ 严格来讲，主见、成见与偏见就是一回事。不仅如此，从现代哲学的观点来看，人们的任何观点及理论也都是偏见。每个人都是"装在套子里的人"，都是"坐井观天"的井底之蛙、"不可语冰的夏虫"。进一步，所有的语言和知识、思维习惯都是人的囚笼。只是这种"偏见"是伽达默尔所讲的"合法的偏见"，并非错误。

也正因为如此，我们常说的"写论文要谦虚谨慎，从零起步开始研究"是不妥的。实际上要"从负数起步"，因为我们不是一张白纸，已有的偏见往往妨碍理解和认识别人的观点，首先我们要掌握相关研究领域的基本知识和技能，纠正自己的错误认识，填平与相关学者在这方面的沟壑，大致达到该领域的一般水平，然后才谈得上深入的研究。

❸ 梁漱溟先生1928年在中山大学的讲演，题目是"思维的层次和境界"。参见：思维的层次和境界，http://www.360doc.com/content/15/0417/13/10941841_463875399.shtml，2022年3月12日访问。

力，有总比没有要好。❶ 第五，关键在于不能一味地固执己见，在论证中要不断反思，持谨慎的态度，相反的观点也要搜集和重视，不应把自己的观点，即假设的答案视为固定不变的、正确的东西，而是坚持"毋意，毋必，毋固，毋我"（《论语·子罕》）。一旦发现自己的假设不成立，应服从理性，从善如流，抛弃旧假设，而提出新的假设。

2. 捡麦穗理论

先入为主，形成偏见是人的正常心理反应，人的思维模式可以用"捡麦穗理论"来解释：路上发现大的穗子就捡起来拿在手里，然后继续走，发现更大的就把手里的扔掉，换成大的穗子，再拿在手里，如此一直下去，保证拿到手里的是所发现的最大的麦穗。在实际论文写作中，不断抛弃前面的假设，不断提出新的假设，即多次试错，以致最后得出的假设出人意料，甚至与最初的假设正相反，都是常事。

当然，这样看来"笔在意先"还是"意在笔先"，就是一个复杂的问题。实际上思想和写作是相互促进的，相得益彰，且是同时进行的，二者在论文写作中相互交织，不可完全分割，难分绝对先后。

（三）如何提出假设？

要提出假设，离不开对事实的观察和分析，也离不开自己以往知识和经验的积累，离不开对他人的文献资料的掌握和分析。这里的分析包括对他人学术观点的了解、探讨以及评价。不了解他人已有的学术成果，是很难提出假设的，即使提出假设，也往往会与别人的观点相同，失去意义。所谓"观点都是从资料中提炼出来的"就说明了这一点。被哥伦布发现了几百年的新大陆，又被你发现了一次，这不是创新，而是

---

❶ 有先入之见，产生思维定式，并不都是坏事，它有利于降低思考成本，解脱焦虑感，提高效率，增强精神上的安全感。小孩子无成见，但事事都不会处理，手足无措，很焦虑不安，常常发问。他们的生活远不是我们想象的那样无忧无虑，而是到处充满着未知的恐惧和焦虑。套用《慎子》"法虽不善，犹愈于无法"的说法，我们可以讲"成见虽不妥，犹愈于无成见"。

笑话！❶这也正如西方学者常常提到的：不需要"重新发明轮子"，而是要"改进轮子"。

假设虽然也是一种判断，需要经过推理得出，但具有特殊性。它的提出固然离不开资料，但它并不是"完全"从现有资料中提炼出来的，它的提出关键在于头脑利用资料进行的积极思考。这种思考有时是潜意识的，自己觉察不到，具有某种神秘性和突然性，但创造性极强。学术靠资料的积累，同时也靠思维的跳跃。

1."走进"和"走出"

提出假设，贵在"走进"其他学者的理论后，又"走出"这些理论，不做这些理论的"奴隶"，而是站在更高的层面审视这些理论，找出其局限和不足，从而超越这些已有的理论。牛顿之所以是牛顿，就在于他"站在"巨人的"肩膀上"，而不是"趴在"或"靠在"巨人的肩膀上，更不是站在巨人的"脚上"（尤其不是匍匐在巨人的脚下），或者站在"普通人"的肩膀上。对于他人的理论，尤其是权威人物的理论，贵在"以我为主，为我所用"。

2."惊心动魄的跳跃"❷

提出假设，往往是思想火花的闪现，包含着顿悟及灵感，被陈瑞华教授称为从经验到理论的"惊心动魄的跳跃"，也许称为"异想天开的跳跃"更合适，并不神秘和难懂。它就是语言学大师王力教授所讲的"先归纳，后演绎"中的"先归纳"。❸说到底，这是归纳推理的一种体现，不过这种推理是典型的不完全归纳，也非科学归纳法的归纳，而是非理性归纳，形

---

❶ 我就曾经有过这样的经历。考虑到法律不仅仅要限制人们的行为，而更重要的是要保障人们行为的合理性。我曾经颇为得意地提出"法律就像马嚼子"的看法，自以为"比喻恰当，且是自己的首创"。遗憾的是，后来我发现早在两千多年前孔子就已经提出了同样的看法。《孔子家书》第二十五章执辔：子曰："以德以法。夫德法者，御民之具，犹御马之有衔勒也。君者，人也；吏者，辔也；刑者，策也。夫人君之政，执其辔策而已。"《孔子家语》，黄敦兵导读注译，岳麓书社2021年版，第138页。

❷ 陈瑞华：《论法学研究方法》，法律出版社2017年版，第225-232页。

❸ "先归纳，后演绎"，实际上就是本书的"先假定，后证实"。王力：《谈谈写论文》，见王力、朱光潜等：《怎样写学术论文》，北京大学出版社1981年版，第5页。

象思维（艺术思维）的产物，具有跳跃性思维的特点，难以模仿、学习，甚至难以讲授。它有时看起来似乎就是少数人在特殊情况下才有的顿悟及灵感一现（突发奇想），从根本上来讲，却是每个人天生就具备的潜在想象力、创造力的一种体现，尽管人们常常意识不到这一点。神经科学表明，95%的大脑活动是无意识的。我们对大脑的了解还很少，对大脑潜力的发挥还远远不够。

3.苹果与思想

灵感和顿悟不是凭空产生的，缪斯不会从天而降，实际上它只能是观点碰撞的结果，尽管这一过程的机理还有待进一步揭开。萧伯纳说："如果你有一个苹果，我有一个苹果，彼此交换，一人还是一个苹果；如果你有一种思想，我有一种思想，彼此交换，每个人就有了两种思想，甚至多于两种思想。"确实，交流思想与交换物质不同，实际上思想具有增殖的作用，两个思想的交流和碰撞会发生化学反应，产生新的思想，甚至不止一种新思想，而是可能产生几何级别的大量新思想。阅读文献，田野调查，与别人直接交流，尤其是参加学术会议，与别人辩论，等等，这些都是在进行信息的传播和增殖。在这种情况下，人的本能就会自然产生新的思想，有价值的思想往往就藏在其中。这时关键就是自觉地意识到这一点，并抓住其中的思想火花，重视它们，把它们记下来，不要让它们自生自灭，或只是略加思考后简单地否定它们。

（四）提出假设需要的因素

假设是创新的第一步，假设就是"不按套路出牌""不走寻常路"。提出假设需要想象力，这时不应该求全责备，不要着急验证，而是尽力地去想，天真地想，像小孩子一样去想，就是如乔布斯所讲的"好学若饥，谦卑若愚"（stay hungry, stay foolish）。尽可能以"无知"的心境来思考问

题，减少已有知识（偏见）的影响。❶

1. 头脑风暴

提出假设往往需要"头脑风暴"（Brainstorming）❷，即围绕问题进行多维度、多角度、多学科的思考，运用创造性思维，尤其是其中的发散式思维。为此要跳出思维的樊笼，充分发挥自己的想象力。卢梭讲"人生而自由，却无往不在枷锁之中"，这些枷锁包括培根所揭示的四种假象——种族假象、洞穴假象、市场假象、剧场假象，它们极大地束缚着人们的心灵，不利于人们的创造。❸现在提出各种假设需要我们打破这些枷锁。

一次成功的头脑风暴除了在程序上有要求，更为关键的是探讨方式、心态上的转变，概言之，即充分、非评价性、无偏见的交流，具体而言，则可归纳以下几点：自由畅谈、延迟评判、禁止批评、追求数量。头脑风暴遵守这样一些规则❹：

（1）想出的点子越多越好。如果你能把注意力放在数量而非质量上，那么提出有用的点子的概率就会更大，点子多多益善。

（2）不要审查，不要评论。头脑风暴时，让你的思绪自由发散。这并不是对点子进行评论的时候，不要说这个点子不太好，那个点子不合适。把头脑里评论的声音关掉，把所有想到的东西都写出来，可以之后再删减。

（3）接受不同寻常的想法，不要考虑你的想法靠不靠谱。你的这些想法可能完全超出预料，但它们当中可能会有一个非常有用，或至少能为你

---

❶ 这里似乎引出一个悖论：有知识就会有偏见，只有无知才会无偏见，可是无知又怎么会产生见解！

❷ 头脑风暴最早是精神病理学上的用语，指精神病患者的精神错乱状态而言的，现在转而为无限制的自由联想和讨论，其目的在于产生新观念或激发创新设想。头脑风暴法又称智力激励法、BS法、自由思考法，是由美国创造学家A.F.奥斯本于1939年首次提出、1953年正式发表的一种激发性思维的方法。

❸ 每个人都处于枷锁之中，不可能完全挣脱，只能不断打破旧的、扩大自由的范围。

❹ 有学者认为，写作包括目标、读者、头脑风暴、组织、写初稿、修改六个环节，特别突出了头脑风暴在写作中的地位及作用，并进行了深入的探讨。劳拉·布朗：《完全写作指南——从提笔就怕到什么都能写》，袁婧译，江西人民出版社2017年版，第24–25页。

的思考指引方向。充分发挥自己的想象力。

（4）合并改进你的点子。如果你任由思绪自由发散，那么点子很可能会有一些重合。观察它们的相似之处，并加以合并调整。

头脑风暴的次数越多，结果就会越好。对很多人来说，对点子进行评判的冲动非常强烈。他们的脑子里总会有一个很小的声音说"这个点子不够好""这个点子没什么意思"或者"这个点子不靠谱"，要学着把这个声音关掉，这的确是个挑战。而一旦能关掉它、掌控它，你就能够动用起所有的创造力为写作筹备素材了。

这时，我们需要的是"打开阻碍思维的无形的闸门，让自己的思绪一泻千里"。在充分自由、无所顾忌的思考中，我们被一直被压抑的新的思想火花就会像小蘑菇一样，不知不觉地从地上一个一个地冒出来。

头脑风暴中想到的假设，绝大部分最后都会被证明是不可行的，但这并不应该给我们带来沮丧感，因为头脑风暴有突出的优点，那就是它往往会在联想思维中无意"连带"激发出一些非常有价值的假设。

2. 假设都是一连串的

假设是多种胡思乱想、奇思妙想、"做白日梦"的总结、概括、过滤及提炼。它是脑洞大开，"眉头一皱，计上心来"，急中生智、急中生蠢、急中生怪、闲中生智、闲中生蠢、闲中生怪等的集合体。它是人的非理性、非逻辑思维的集中体现，同时也是创造性的来源。提出假设，不是提出一个假设，而是提出多种多样的很多个假设（可谓初级假设），同时不断地选择，分析、思考、验证，也就是试错，最后选出一个自己认为最适当的假设（正式假设）。量变是质变的前提，质变是量变的结果。只有有了足够的想法，才可能从中选出好的可行的想法。千奇百怪的大量的想法的产生是关键。这些想法中大部分，甚至绝大部分，后来都被证明是蹩脚的、不合理的、不合法的、不合逻辑的以至于毫无价值和意义的，但是总会有一些是合适的或比较适合的。

3. 无联想，无假设

这时要注意的是，一定要推迟对想出的假设观点作出判断，尤其是价值判断，不要急急忙忙地否定一个冒出来的想法，要尽可能在想出很多想法后，再统一用理性来判断其价值。这种无法无天的假设的提出，并非承认无法无天本身是对的或好的，而是力求通过"海阔凭鱼跃，天高任鸟飞"无拘无束的思考，让人联想到、引出（自然带出）更多其他可行、有价值的想法。它们就是桥梁、辅助线、媒介、催化剂。这时不要迷信理性，持有"理性的狂妄"的态度，甚至要放弃理性的思考，而要充分重视感性直觉（预感）和非逻辑思维，充分发挥自己联想、想象的能力。这种思维可谓"跳跃性思维"，即在没有充分依据前提下作出判断（猜想和假设）。❶ 众所周知，文学、艺术最需要的就是这种能力，似乎法学等其他学科不需要，但实际上这种思维能力是创造性思维的基本表现方式，是任何学科都需要的。正如一句广告词"人类失去联想，世界将会怎样"，确实，联想的价值无论如何强调都不会过分，失去联想也就失去了创造力，而没有创意的世界是不值得生活于其中的世界！联想思维是创造性思维的一个重要类型，正如发散式思维一样。

联想能力，或称想象力，是一种非常宝贵的创造能力。提高这种能力的方法有很多，但关键是"六多"，即多看、多听、多读、多思、多问、多总结，笼统讲也可以说就是"行千里路、破万卷书、交八方友"。知识丰富了，运用知识的能力提高了，想象力也就提高了。一个人所掌握的知识是一个圆，懂得越多，则圆就越大，周长越长，越感到自己的无知。越无知，就越容易发现及提出问题。越提出问题，就越想解决问题，越能提出不同的办法，这样也就越有想象力。"知识的贫乏限制了人们的想象力"。知识就是力量，知识就是想象力、创造力。这里的知识包括知识的多少，也包括知识结构的系统性。

---

❶ 也正因如此，我们认为人工智能因为以理性逻辑推理为基础，没有情感，无法完成创造性的工作，如独立写出学术论文，尽管这方面有不同的看法。参见毕恒达：《教授为什么没有告诉我》，法律出版社 2007 年版，第 168-171 页。

又，现在网上有最新消息：新人工智能 ChatGPT 可以帮助学生写论文！但我们认为，再高级的人工智能也只能"生产"而不能像人一样"创造"！

具体可操作性的创造性思维方法包括类比、组合、增添、发散、立体、直觉等很多基本类型。学生可以通过阅读这方面的书籍、听相关讲座等方式来了解这方面的内容，然后通过不断训练来提高自己的创造能力。

4. 没胆量，无假设

提出假设，首先需要异想天开，天马行空，胡思乱想，甚至不考虑会否合理、适当，会否遭受别人的嘲笑和讽刺，批评和批判，甚至强烈的反对，尽量排除一切外在的桎梏，包括道德、法律、习惯等，打破一切束缚、条条框框，"放飞自我"。这时不应该像林黛玉初进贾府时那样：步步留心，时时在意，不肯轻易多说一句话，多走一步路，唯恐被人耻笑了他去；不应该坚守"非礼勿视，非礼勿听，非礼勿言，非礼勿动"（《论语·颜渊》）的古训；不应该恪守"言不中法者，不听也；行不中法者，不高也；事不中法者，不为也"（《商君书·君臣》）的观点。

胡适先生有云"大胆假设"，他重视提出假设的关键在于"大胆"，需要勇气、胆量。这个胆量就是藐视传统、世俗、政治权威、学术权威，批判现实，跨学科，跨专业，打破常规，逆向思维。鲁迅的《故乡》中有这样一句话："其实地上本没有路，走的人多了，也便成了路。"当代的学术权威们以前也是通过"反权威"走出了自己的路，我们现在通过"反"他们也会走出我们的新路。"反权威"会遇到阻力，首先是我们自己内心的阻力。❶

法律要求人们循规蹈矩，而法学研究则要求人们"大胆地创，大胆地试"。大胆，需要亚里士多德"吾爱吾师，吾更爱真理"的态度。这里只是需要追求真理的信念，像江平教授那样具有"只向真理低头"的气魄，而不顾及功利及其他，需要"虽千万人，吾往矣""我不入地狱谁入地狱""舍我其谁"的气概。历史上，尼采一句"上帝死了"，惊世骇俗，影

---

❶ 我们这时候一方面要有自信，另一方面要明白下面的道理。叔本华有云："所有的真理都要经过三个阶段：首先，受到嘲笑；然后，遭到激烈的反对；最后，被理所当然地接受。"

响重大，可谓近代西方世界最著名的学术假设之一。近代法学上，意大利著名的精神病学家、犯罪学家龙布罗梭提出天生犯罪人的假设，美国霍姆斯大法官坚持法学要从"坏人"（badmen）——不关心正义，只关注惩罚的或然性的人的视角来研究。提出这两种假设胆量惊人，对后来的学术贡献也是非比寻常。

有些学校要求论文必须"观点正确"（中心论点或命题正确），并把它作为论文水平高低的一个基本指标，也有学者要求"论文主题正确"。❶ 这都是不妥的，应该改为"观点明确"才是。对一篇论文来说，观点是作者向读者着力说明的东西，必须明确、具体，不能含糊其词，这是对论文观点的形式要求，而观点的正确与否，则是一个对观点的实质性学术判断问题。这一方面除非是与常理和事实明显相背离，❷ 一个观点往往需要经过论证才能作出判断，不能事先轻率地认定；另一方面对于学术问题，尤其是文科的学术问题，论点很难从"对"或"错"的角度来简单地予以评价。如"人性善"的命题或"人性恶"的命题应如何评价？

即使后来被证明是错误的观点，未必就缺乏学术价值。❸ 至于先前得出错误结论的过程，以及为此所付出的艰辛努力，则是一笔巨大的财富，无论是对作者，还是对后来研究该问题的学者而言都是如此。失败乃成功之母，道理简单，含义深刻。❹ 强调学生一定要"观点正确"，往往束缚了他们的创造力，以至于有些学生的观点仅仅在官方所提倡的内容范围内打

---

❶ 有学者认为，论文主题要"正确、新颖和实用"，否则科研成果就没有价值。笔者认为论文主题并不适宜简单地用"正确、新颖、实用"来评价，同时主题的学术价值与论文的实用价值也是两回事。

❷ 实际上，历史上每一次大的学术进步，几乎都是从提出"与常理和事实相背离"的观点开始的。如"地球围着太阳转"的观点。尽管如此，作为学位论文的写作，从培养学生养成严谨学风的角度出发，提出这样的基本要求仍是适当的。

❸ 实际上按照现代科学哲学的观点：任何观点只有可能是错的，也就是可能被证伪的，才会是科学的、有价值的。永远不会错的观点（如"上帝存在"），不属于学术领域，往往属于宗教信仰领域，没有任何学术价值。

❹ "一个科学的过程好就好在它永远不会浪费别人的时间：沿着一种科学假设展开研究工作，即使随后现实应该反驳这一假设时，则同样意味着在先前的观点的推动下作了一件有益的工作。"翁贝托·埃科：《大学生如何写毕业论文》，高俊方等译，华龄出版社2003年版，第56页。

转，写出的论文"永远正确"，而毫无创新可言。

尽管如此，还必须指出：学位论文写作毕竟属于训练性写作，与一般论文写作的要求不同，一般不建议"假设的观点太过激进或太过离奇"，除非你是维特根斯坦那样的天才，虽然这样的观点可能具有新颖性和创造性，面对的挑战难度太大，不好把握，论证其合理性往往会超过你的驾驭能力，写作时间也会非常紧张，这会对论文通过答辩构成巨大的障碍。没有学会走，不应该学跑；没有学会正楷，不要学写草书。特别激进的假设观点，评委几乎可以肯定不会认可，还是留在毕业以后论证比较合适。

5. 假设的例子

一般法学论文提出假设的例子（论文写成后，这些假设就成为论文的主题，也就是结论）可以举出很多。下面是苏力教授一些论文中假设的例子，供同学们参考：

· 大部分人认为我国应该大量移植西方法律的时候，他提出，建设法制应该重视"本土资源"；

· 大部分人倡导法治、反对人治的时候，他提出"认真对待人治"，一定不要"迷信法治"；

· 大部分人高呼"市场经济就是法制经济"的时候，他提出"一定程度上讲，任何经济都是法制经济"，甚至提出"法制"与"法治"的区分没有那么重要；

· 大部分人研究真实发生的案件时，他却去研究文学作品中的虚构案件，如《窦娥冤》中的审判；

· 大部分人在深入研究如何为不动产立法的时候，他却说青海西南部"这里没有不动产"；

· 大部分在重视立法完善的时候，他却翻译了一本书，题目为《无需法律的秩序——邻人如何解决纠纷》；

· 大部分人在批评警察干涉农民在自己家看黄碟的时候，他却主张"当时情况下警察权力的实施是合理的"；

·很多人在赞扬《复转军人进法院》一文时，他却对"军人进法院"这种现象持"同情式理解"的态度，还用了"化作春泥更护花"的说法，并声明自己是"复转军人进了法学院"。

三、小心论证

有了一个新想法，还仅仅是假设或猜想，要想成为确凿的结论，还必须经过论证。论证之前要做一些准备。这时，首先不是找一个与自己观点相同或类似的权威，以寻求支持，而是通过区别于他人的观点来确认自己观点的原始性和独立性，即创造性，而不是"似乎属于创新，实际上却是别人早就已经阐述过的观点"，或者"自己的观点简单粗糙，是远比别人幼稚的观点"。这往往需要对假设本身的表述进行思考，做一个简单的调研，来明确自己的假设本身是符合逻辑的，是清晰明确的，且确实具有一定的新意。准备充分后，下面就是论证自己的假设了。

（一）何谓论证？

论证就是运用逻辑来阐明结论的合理性。如果说前面的假设是"直觉"的结果的话，那么这里的论证就是"知觉"的舞台。写文章是一个从直觉到知觉，即从感性到理性的转变过程。这里的逻辑包括形式逻辑和辩证逻辑，但首先是形式逻辑。形式逻辑又包括演绎推理、归纳推理以及类比推理，等等。大家最熟悉且应用最广泛的就是演绎推理，尤其是三段论推理。与前述从事实及前人观点，通过头脑风暴得出假设的过程属于归纳推理不同，这里从假设的内容出发来看其是否能够推出事实及他人的观点，属于演绎推理。这时思维不需要跳跃了，要按部就班，按照形式逻辑一步步推导，否则别人看不懂，无法交流。论文与日记或笔记不同，后者涉及隐私，同时可以随意使用符号、简称等，根本不是为了给别人看的，自己懂就行了。

论证不是说明，论文不是说明文，不能以叙代证。遗憾的是常见学生在论文中，自言自语，自以为是，没有学术对话，夸夸其谈，只讲是什么，不讲为什么，也没有足够的依据支撑自己的观点。他们毫无反思意识，很少反驳别人，似乎也惧怕别人的反驳，更没有设问，所以就回避了自己可能遇到的反对意见，没有从说服人的角度出发，也不换位思考，只是在没有对手的战场冲锋。❶如果作者使写作一直处于自己的学术"舒适区"或"舒适圈"而无法自拔，仅仅表达自己的主观感受，一口气写了很多，最后就会把本应是唇枪舌剑、驳辩激烈、跌宕起伏的论文活生生地写成平铺直叙、平平淡淡、波澜不惊的说明文！❷

有学者讲，一篇优秀的论著中应该能够"找到理论家所期望的那种系统精细的论证、作者个性的张扬以及对以往理论的尖锐批判"❸，诚哉斯言！

（二）自圆其说

创新有风险，学者需谨慎。这里的谨慎就是要对假设进行论证，如果证实了，该假设就是创新；证伪了，该假设就是风险，就是代价，还需要进一步提出新假设。大胆假设，小心论证。如果没有小心求证，则假设仅仅是假设，无法变成观点或理论，那就成了一支不结果实的花朵，将会逐渐枯萎，慢慢消失，变得毫无意义。历史上很多古人都提出过这样的假设，如"地球是圆的""地球绕着太阳转"，但因为没有论证，只能以猜想的方式存在，从而无法进入学术领域，也没有产生多大的社会价值，那不过是"毫无疑义的空气振动"而已。论文不仅要有创新的见解，更重要的

---

❶ 从某种意义上来讲，论证就是反驳错误的过程。在论证时，作者可以假想，围绕一个学术问题有两个人在其头脑中吵架，各说各的理，真理越辩越明，错误也越辩越明，最后通过理性推理得出自己的结论。

❷ 在2015年的社科博士论文抽检中，超过60%的不合格论文在分析推理和论证的合理性、逻辑性方面存在问题。秦琳：《社会科学博士论文的质量底线——基于抽检不合格论文评阅意见的分析》，《北京大学教育评论》2018年第16卷第1期。

❸ 陈金钊：《法律方法与法学方法的话语权"争夺"》，见李可：《法学方法论原理》，法律出版社2011年版，序。

是要以读者看得见、听得清、读得懂、能够理解的方式得出这一见解，❶仅自说自话，不分析，不论证，浅尝辄止是远远不够的，而要让人理解就必须对假设进行论证。这也就是说，论文不仅要讲明你的观点是什么，更要讲明你是如何得出这一观点的，通过什么途径、依据什么逻辑、以哪些文献及资料为基础和用了什么方法。论证过程是论文精华所在。

关于论文写作的要求，经常听有的老师站在鼓励学生的角度上讲："你的论文不需要有什么大的创新，只要能够自圆其说就可以了。"这里的"自圆其说"的含义就是逻辑自洽，指论文要符合严密、细致的学术逻辑。这句话就是在强调：论文写作中创新具有相对性，而符合逻辑具有绝对性；创新是最高目标，而逻辑论证是基本要求。论文提出"独到的见解"或"奇思妙想"固然重要，但这一见解在学术上不过属于"洞见"或"假设"，更重要的是它还需要通过严密的逻辑推理过程得出来。这类似于我们平常总讲的一句话："结果不重要，重要的是过程！"作者相信自己的观点（假设）是正确的，这还远远不够，还必须说服读者，让他们理解这一观点是正确的。❷小时候做算术题，答案蒙对了，老师是不给分的，关键看答题步骤。即使最后答案错误，如果前面答题步骤正确，也可以得到一定的分数。

一般所讲的论文的"学术性"或"科学性"很大程度上就体现在逻辑论证上。人们往往讲理工科研究重视"验证"及"可重复性"，实际上人文社科研究也是一样，作者的研究必须符合严谨的逻辑，使读者能够沿着作者的思路，利用作者的证据，最后得出和作者一样的结论。

从这个意义上来讲，论点的合理性或正当性比其新颖性及创造性更重要。正因如此，不难理解有学者认为："论文写作本质上不是一种创作，

---

❶ 这类似于我们法律人经常讲的法律名言："正义不仅要实现，而且要以人们看得见的方式得到实现。"

❷ 写作和阅读是一个事物的两面。在前面的阅读文献过程中，同学们不仅要"相信"及"觉得"作者的观点是正确或错误的，而且要通过文献中的逻辑推导"理解"其观点是正确或错误的。

而是通过对材料和学术史的不断追问,辅以可验证的研究设计与逻辑推演,把一个想法或问题转换为一个规范性研究的过程。"❶

进而,我们也可以理解:论文关键不是提供一般我们所说的"知识增量",而是"思维能力增量"。前者重视的是新结论,"受人以鱼",使你见多识广,增长知识,而后者重视的是推理过程,"受人以渔",培养运用知识的能力,使你大脑更加灵活、敏捷。

(三)如何论证?

论证的关键是"摆事实,讲道理",要有理有据,有逻辑上的理由,同时又有相应的客观证据,用逻辑把多个证据串联起来,最后得出结论,证实假设或证伪假设。❷ 有学者认为,论文写作中应该"区分以证据为基础的论证和以依据为基础的论证",这就是把"理"和"据"明确做了区分。❸ 胡适先生所谓"小心论证"中的"小心"主要是指要严肃认真,谨慎仔细,对二者都要注意。这包括胡适自己所讲的"有几分证据,说几分话。有七分证据,不能说八分话",也包括论证要符合逻辑,不能逻辑混乱。

"大胆假设"与"小心论证"可谓学术活动的两个基本方面,或者称是"一对矛盾"。它们一个重视非理性、直觉、自由和创新,一个重视理性、知觉、约束和继承。

1. 论证要符合逻辑

逻辑是学术研究的基础,学术的根本之所在,尤其是其中的形式逻辑!遵守逻辑,就是要遵守基本逻辑规律,如四大基本定律。遵守同一律,不能偷换概念;遵守矛盾律,不能自相矛盾;遵守因果律或充足理由

---

❶ 仇鹿鸣:《学术史回顾的写法——兼评论文写作中的形式规范与实质规范》,见葛剑雄:《通识写作:怎样进行学术表达》,上海人民出版社 2020 年版,第 123–124 页。
❷ 法律上是最重视逻辑的,律师往往被认为是逻辑应用大师。在法学界还流传一句话"打官司就是打证据"。
❸ 凯特·L. 杜拉宾:《芝加哥大学论文写作指南》(第 8 版),雷蕾译,新华出版社 2015 年版,第 57 页。

律，不能循环论证；遵守排中律，不能模棱两可。论证需要符合逻辑，不能违背逻辑规律，更不能强词夺理，不能无厘头。没有粗心、笨拙的读者，只有忙碌的读者，不能玩文字游戏或诡辩，把读者当成容易哄骗的傻瓜，否则读者会弃你而去。

讲逻辑从根本上讲就是讲理性，学术性和理性基本上就是一回事。❶ 众所周知，霍姆斯有云"法律的生命不在于逻辑，而在于经验"，这固然没错，但我们同时要讲"法学的生命不仅仅在于经验，而关键在于逻辑"。没有逻辑就没有任何学科的产生，也没有严格意义上的学术活动。❷

当然，论证并不容易，人们很容易出错。❸ 有一个"蜘蛛听觉"的例子被广为引用：把一只蜘蛛放在桌子上，然后冲它大吼一声，蜘蛛吓跑了。然后把蜘蛛捉回来，把它的脚切掉，再冲其大吼，这时蜘蛛不动了。于是，得出结论——蜘蛛的听觉在脚上。还有一个真实的例子：第二次世界大战中，美国哥伦比亚大学统计学教授沃德应军方要求，提供关于《飞机应该如何加强防护，才能降低被炮火击落的几率》的建议。沃德教授针对联军轰炸机遭受攻击后返回营地的轰炸机数据，进行研究后发现：机翼是最容易被击中的位置，机尾则是最少被击中的位置。他的结论是"我们应该强化机尾的防护"，而军方指挥官认为"应该加强机翼的防护，因为这是最容易被击中的位置"。最后，军方采纳了沃德的建议，后来证实该决策是正确的，因为"看不见的弹痕最致命"。❹

逻辑贵在严谨、严密，或称缜密。不严密的逻辑论证看似有道理，但不能说服人。苏力教授就曾经指出不少学者给出反对死刑的理由，无论是单独来看还是结合起来看都是不充分的，并一一予以反驳，引录如下：

---

❶ 前述，有学者讲学术论文要具有"科学性"，这里的"科学性"也可以大致归结为"逻辑性"。

❷ 从某种意义上来讲，正是由于我国传统上对逻辑学重视不够，很遗憾地造成了古代"有算术无数学，有律学无法学"的局面。

❸ 实际上，所有科学研究过程都可以说是因果关系的探索及论证过程，客观规律的发现过程。这一过程中不仅错误在所难免，而且绝对部分的努力都是不成功的。

❹ 这个故事被后人用一个词语"幸存者偏差"来概括。

理由1：废除死刑是历史的潮流。

反驳：历史无所谓潮流，潮流只是主观看法。借潮流来压人并非论证。

理由2：枚举多少国家已经废除死刑。

反驳：实际上还有很多国家没有废除。榜样的力量是有限的，其他国家没有必然的理由要模仿这些国家废除死刑。

理由3：引证诸如贝卡利亚等法学家的言辞。

反驳：孔子、康德、黑格尔这些大人物都支持死刑，同时权威的观点不是真理。

理由4：选择性引证某些严重可疑的研究成果，说死刑没有震慑暴力犯罪的效果。

反驳：还有大量的研究成果表明死刑是有威慑力的，同时绝对有威慑力的处罚并不存在。

理由5：终身监禁比死刑惩罚更严厉，因此更合理，也更有效。

反驳：严厉与否是一个主观判断，同时，该断言与大多数人的看法正相反，"好死不如赖活着"这句话就是明证。

理由6：死刑可能错杀人，为避免错杀，就应该废除死刑。

反驳：吃饭会噎死人，但人类不能废除吃饭。一切类型的处罚都可能出错，且在绝对意义上都无法弥补，但没有理由废除一切处罚。❶

2.不讲逻辑的实例

例1：戏曲《十五贯》中知府大人的推理。

"奸夫淫妇"被押解常州府，知府大人先听众相邻聒噪一番，心中已有几分主意。待二人解上堂来时，他看苏戍娟果然有些姿色，不由得暗叹："看她艳如桃李，岂能无人勾引，年正青春，怎会冷若冰霜，她与奸夫情投意合，自然要生比翼双飞之意，父亲

---

❶ 苏力：《是非与曲直——个案中的法理》，北京大学出版社2019年版，第116-119页。

拦阻，因此杀其父而盗其财，此乃人之常情。这桩案情，就是不问，也已明白十之八九的了。"❶

这里，"艳若桃花"与"岂能无人勾引"并无内在的因果关系；"年正青春"与"怎会冷若冰霜"也没有因果关系。下面"情投意合"与"比翼双飞"，进而"杀其父二盗其财"，也是如此。这些也都并非"人之常情"。知府大人先入为主的猜测，险些使两个无辜的人身首异处。

例2：当年轰动全国的南京彭宇案中法官的推理。

判决书中关键的一段是这样说的：

根据被告自认，其是第一个下车之人，从常理分析，其与原告相撞的可能性较大。如果被告是见义勇为做好事，更符合实际的做法应是抓住撞倒原告的人，而不仅仅是好心相扶；如果被告是做好事，根据社会情理，在原告的家人到达后，其完全可以在言明事实经过并让原告的家人将原告送往医院，然后自行离开，但被告未作此等选择，其行为显然与情理相悖。❷

这里"做好事"并不必然导致"应抓住撞倒原告的人"，也并不必然导致"在原告的家人到达后……自行离开"。这样的推理"不合常理"而现实中被告的做法并非"显然与情理相悖"。法官的推理仅仅是一种可能的猜测，远非论证，而依据猜测来作出裁决，显然违背逻辑。

例3：一位著名律师事务所主任的"名言"。

江平在一本书中是这样说的：做人比做律师重要，良知比法律更重

---

❶ 参见：无巧不成冤《十五贯》影评，https://movie.douban.com/review/2151763/，2022年6月13日访问。

❷ 南京市鼓楼区人民法院民事判决书（2007）鼓民一初字第212号。

要。❶ 该书一出版当即就在律师界掀起了轩然大波。人的概念是包括律师的概念在内的，如何能把二者对立？如果说，想做一名好律师，首先要做一个好人，这才是合乎逻辑的。还有，良知与法律并不应冲突，如何在依法治国的时代，作为一名律师强调主观性很强的良知的重要性？每个人的良知是不同的，如何判定何谓良知？那么"依法治国"不就成了"依靠良知治国"了吗？

例4：某法学教授在北京演讲时提出的观点。❷

他认为"英语起源于中国，英国人祖先来源于湘西"，主要内容如下：

> 大家知道，英国早期有两大民族盎格鲁人、撒克逊人。他们都是起源于中国。英国人具体源自于哪里呢？来自于中国的古英国。中国的古英国在哪里呢？在现在的湖北。湖北现在有一个县叫英山县。夏商时期中国的古英国在这里，所以现在叫英山县（民国叫英县）。古英国人的祖先可以追溯到大湘西地区的皋陶，也就是尧舜禹时期的大法官。所以，在商朝推翻夏朝以后，古英国人开始往西迁移，在印度建立了英国，后来到了两河流域建立了英国，然后到汉代已经翻译成"恩屈国"，就演化成了我们现在讲的"盎格鲁"。❸

他讲的很有"趣味性"，但是依据何在？就依据"英国"与"英山县"都有个"英"字，发音相近？！他几乎没有讲观点的依据，很少的依据也是牵强附会，可谓典型的无稽之谈。

---

❶ 江平：《做人与做律师（二）——著名学者江平教授对中国律师的忠告》，《中国律师》1997年第9期。

❷ 该观点与法律关系不大，但因为他是法学教授，且论证缺乏逻辑，做反面教员很典型，所以引用于此。

❸ 不但英语来自华夏古汉语，英国人也来自大湘西，https://www.360kuai.com/pc/98ce7980e743b9f64?cota=3&kuai_so=1&sign=360_57c3bbd1&refer_scene=so_1，2021年8月24日访问。

3.学生论证中出现的一些问题

遗憾的是，也许是因为我国历史上没有形成西方那样系统化的逻辑学体系，人们对逻辑学重视程度不够，学生论文中不合逻辑的现象频频出现。中西法律制度对比，同学们在论文中经常使用，但往往基本结构是"几点相同、几点不同，最后几点启示"。这样的写作对于各制度内部的逻辑关系及中外制度的社会背景都没有进行深入的分析和探究，仅仅是简单地进行外部形式（甚至仅仅语词方面）的比较，这远不是学术上的论证。如有同学论文探讨违宪审查问题，他的思路是这样的：

因为：1.外国有违宪审查制度，法治状况良好；
2.我国没有违宪审查制度，法治状况落后；
所以：为了使法治状况变得良好，我国应该实施违宪审查制度。

由于他没有探讨违宪审查制度与法治状况好坏之间的内在联系，更没有探讨我国为什么没有违宪审查制度，目前是否存在违宪的问题以及现实中是如何处理的，所以其结论根本站不住脚，逻辑上讲不通。

有篇探讨受贿罪量刑问题的论文如此说："司法人员受贿的危害大于执法人员受贿的危害，大于非国家工作人员受贿的危害，所以受贿同样的数额，对司法人员的处罚应当重于执法人员，更重于非国家工作人员。"这里的逻辑也是不清楚的，首先，论证的前提需要证明（实际上并不成立），为什么说司法人员受贿的危害最大？这一结论是如何得出的？其次，除了受贿数额外还有其他很多因素，比如检举、立功等，影响处罚的程度，把受贿数额与处罚程度简单对应起来，显然逻辑上是不严密的。

也有学生在论文中，论证时把观点归结为教科书的观点以及唯物主义、辩证法等，然后就终止了，似乎教科书的观点就是金科玉律，根本不需要进一步证明和阐述。法理学教科书中的"法的统治阶级意志论""法的历史类型的五阶段论""法学即权利之学""市场经济就是法治经济""宪法就是限制权力的法"等观点,在学术上本来是可以探讨的,但学生将其作为不可置疑的真理看待,这极大地束缚了他们的思维。

4. 证据资料本身是不会说话的

论证不可缺少证据,证据的重要性无须多言。需要注意的是,仅仅有证据资料本身是远远不够的,如果没有理论上的逻辑阐述,再多的证据也没有意义。"我们决不能根据事实论证理论",波普尔在《无尽的探索》中的这句话可谓精辟。事实本身不是论证,历史本身也不证明任何东西。证明只能是人,通过命题(理论)来证明另一个命题(理论)。举例通常也不是真正的论证,至多属于辅助论证!我们不能因为发现我国的一件冤假错案,就得出中国法治状况不好的结论;也不能因为发现美国的一件公正判决的案例,就得出美国法治状况良好的结论。仅仅通过众多的细节,哪怕是翔实的细节,也通常不能直接证明一个问题。❶希望通过"窥一斑而见全豹",往往是不可行的,这种不完全归纳得出的结论是或然的,不具有必然性。

还有,统计数据因为存在可靠性、及时性、相关性等方面的问题往往也不能证明问题,相反往往会误导人们。为此西方有这样的笑话:世界上有三种谎言:谎言、糟糕透顶的谎言和统计数据(There are three kinds of lies: lies, damned lies, and statistics)。

当然,比喻、拟人、夸张以及类比等修辞手法也不是论证,在论文中要慎用。❷列宁早就讲过:"任何比喻都是蹩脚的!"进一步来讲,引用权威的话语、名人名言本身也不是论证;主张某种观点的人多,或占大多数,也无法证明该观点的正确,这里不适用"民主决策原则"❸。上述可谓

---

❶ 所以海德格尔有"用全部历史细节的真实性伪造了历史"的说法。仆人也许是掌握伟人细节内容最多的人,但是他们永远也写不出有分量的伟人传记!

❷ "写作:要关注逻辑问题。……要慎用比喻。比喻可以使你的写作变得生动,但也会掩盖文章的逻辑错误和不周密性。"参见尤金·布洛克:《法学论文的撰写编辑与发表》,朱奎彬译,西南交通大学出版社 2018 年版,第 81 页。

❸ 真理往往掌握在少数人手里,有理不在"人多势众"。以多数决为基本特征的现代民主决策机制与获取真理的方式是不同的,毋宁说恰恰相反。"沉默的大多数""乌合之众""多数人的暴政"从来都不与真理结缘。学术的创新进步,从来都是以离经叛道、反对众人之通说为前提的。

论证中的事实陷阱、细节陷阱、例子陷阱、数据陷阱、类比陷阱、比喻陷阱、权威陷阱。

5. 正论与反论

论证包括正论和反论。正论指正面证实该理论，从而使假设成为真理（一定意义上的）。反论指证伪假设外的其他理论，使其他理论不能成立，间接证明假设的正确。论证的过程往往也是一个反证的过程。反证的过程与提出假设的过程正相反，这时一定要"在战术上重视对方的意见"，论证要"有理、有利、有节"，同时不断反思自己的观点是否能够站得住脚，需要一直坚持，修正或是放弃？前述论文写作中"质疑别人""批评别人"很重要，这里"反思自己""自我批评"更重要，且必不可少，解剖自己是痛苦的，但也是写好论文所必需的。

反论包括对别人已有的反对意见的反驳，也包括对自己设想的别人可能提出的反对意见的反驳。❶ 刑法上讲不应"假想防卫"，但在论证中一定要有"假想防卫"的意识。这就如在自己的头脑中主动设立一个或多个对立面，与自己的观点进行辩论，模仿对手的反驳和批评，类似"自己折磨自己"，不断打磨自己的观点，以使自己的观点在激烈的竞争中幸存下来，立于不败之地。

学生论文中常常把自己的主题绝对化。先入为主，画地为牢，仅仅阐述对主题有利的观点，对其他重要观点视而不见。不少论文对"应当怎样做"讲得较多，而对"为什么应当这样做，而不应当那样做"的理由阐述得很少，甚至没有，论文中找不出作者的观点与其他学者的不同观点之间反复交流、讨论、争鸣的段落。这种片面地强调自己观点的正确，不深入分析文章结论的条件性，有意无意回避不利于自己观点的材料和理论的做法，因为缺乏辩证思维的学术眼光，大大降低了文章的学术价值。❷ 这

---

❶ 不难理解，波普尔的名著题目是《猜想与反驳：科学知识的增长》。

❷ 这就容易导致缺乏"敌情观念"，也就是不注意对论文漏洞的填补，经不起别人挑毛病，为以后答辩种下了遭遇诘问的种子。参见陈力丹：《硕士论文写作》，中国广播电视出版社2001年版，第51页。

种情况突出表现在论文中有关立法建议的部分，不少学生提出了大胆的建议，如设立安乐死制度，建立司法审查制度，建立独立于地方行政的法院制度，等等，然而对建立这些制度的成本以及弊端没有丝毫的涉及，表现出一厢情愿的单向思维的局限。❶ 这就是有了"大胆假设"，但没有"小心论证"，"大胆假设"也失去了学术意义，"大胆"变成了"匹夫之勇"。

证明过程可能是比较漫长的，更糟糕的是它可能被轻易驳倒、证伪，完全无法成立。这样就需要完善自己的观点，或者从头开始，提出新的假设，从而进行新的一轮论证过程，一直到证实为止。

（四）论证结论与问题的复杂关系

结论完美地回答了提出的问题，这是结论与问题之间关系的最好阐释。然而，现实中二者关系往往是复杂的。问题范围远远大于问题的具体（结论）答案，换句话说，一个问题往往有多个答案与之相对应。所谓答案仅仅是一个充分条件，甚至是充分条件中的一个主要因素，但并非充要条件，更不是唯一答案——真理。实际上，有些问题根本就没有一个明确的答案。

有时通过论证证明问题本身是伪问题，不值得研究；有时仅仅证明某些观点是错误的，不妥当的，而没有证明正确的观点是什么；有时仅仅证明了问题的一部分，远没有彻底解决。

尽管如此，这样的论证也是具有学术价值的。戳穿了伪问题，使后人免受困扰。证明了某些方法及观点是行不通的或错误的，可以使人们少走弯路，学术价值同样很大。阶段性成果的价值不可低估。探讨哥德巴赫猜想的数学论文，未必一定最后完全证明该猜想，如像陈景润那样证明了

---

❶ 实际上，这暴露出不少学生在论文写作中抱着局外人、旁观者的眼光来看待自己研究的问题，因为自己与此没有直接的利害关系，可以对自己的建议不负任何责任，建议错了也无所谓，从而可以"大胆"地自由发挥和主张。有学者对此表示出强烈的不满，指出学者不要轻率地提出一个什么立法建议，要有社会责任心，谨慎地进行学术研究。见梁慧星：《法学学位论文写作方法》，法律出版社 2012 年版，第 125—126 页。

"1+2",尽管尚未证明最后一步"1+1"(迄今,世界上也尚未最终证明),就已经非常了不起了。

四、补充完善❶

完善理论,就是明确自己的假说❷或称理论的边界,即应用的时空条件或称局限,从而使自己的理论能够自圆其说,在逻辑上立于不败之地。所谓"真理向前再迈半步就是谬误",就是指真理存在自己的边界——前提条件。任何理论都有一个适用范围或外延的问题,都只是对事物一定层次、一定时空下的反映,不可能是放之四海而皆准的,不是永恒的真理。理论不是真实世界的反映,而是真实世界的一种解释。❸完善的目的不在于完全或绝对意义上的证实该假说,在于使其不被推翻。任何理论都不会被完全证实,而必定会在一定的条件下被证伪。❹逻辑上无法被证伪的理论就不属于科学的范畴,如"究竟有没有上帝""一个针尖上能站几个天使"等就是无法证伪的问题,不属于科学领域。

(一)找到前提假设

完善的方法就是想尽办法把自己的理论用到极端,看是否还有效,以及在哪些具体条件下失效。这也就是尽力在不同的条件下证伪自己的假

---

❶ 这一部分内容笔者受到陈瑞华教授的启发。参见陈瑞华:《论法学研究方法》,法律出版社2017年版,第170-172页。

❷ 一般说来,假设仅仅是一种观点或一个命题,而假说是假设以及相关的基础观点构成的一个系统化的理论,人们往往并不细致地区分它们。

❸ 张五常先生提出经济学的基本定律之一是需求定律,即"价格上升,需求量减少;价格下降,需求量增加"。有学者坚持需求曲线不一定向右下倾斜,现实中"越长越买,越降越不买"的现象很常见。张教授对此的回应是"若二者皆可,经济解释就不可能错,所以就不可能有经济解释。说来说去那教授也不明白。他不明白科学的假说不是求对,而是求可能错。"张五常:《学术上的老人与海》,社会科学文献出版社2001年版,第28页。

❹ 这是西方科学哲学的基本观点。有兴趣的读者可以参阅卡尔·波普尔:《猜想与反驳:科学知识的增长》,傅季重等译,上海译文出版社2005年版。

说，进而找出自己理论的边界及局限，最后明确自己理论的前提假设❶条件的内容。这样新理论结构的三大部分就齐全了：前提假设、逻辑推理、结论。论文写作最初提出的假设，也许仅仅是一个简单的判断、命题、观点，还远不是系统化的理论，后来加上逻辑推理和证据，证实了，但也不充分。现在加上该理论的前提假设，这才使理论结构完整、系统化。这里的"加上了"实际上应该是"明确揭示"，因为前提假设是任何理论都必不可少的。没有任何一个观点是没有限定条件的。人们的任何判断也都有其前提假设，只是大家往往习以为常而不假思索，似乎这些判断是无条件的，在任何情况下都成立。

（二）著名前提假设实例

任何一门学科、学派或理论也都是有语境的，有自己的理论前提和预设（假设）。在法学上比较著名的前提假设也不少。如：

·社会契约论假设的基本内容：（1）人们是通过契约结合到一起的；（2）这一契约由大家集体讨论、谈判来确定；（3）内容为大家的权利和义务，以及集体权力与个人权利的关系；（4）权力来自权利，为权利服务。

·罗尔斯《正义论》中的假设，可谓新的社会契约论假设，具体内容就是：（1）无知之幕，人们开始制定契约时，处于原初状态，大家都是平等地无知的；（2）每个人都追求自己的最大利益，力求避免使自己处于不利的地位。

·哈特的最低限度自然法理论假设，他称为对人性和人类生存世界这种事实的五个简单判断或公理：（1）人的脆弱性；（2）大体上的平等；（3）有限的利他主义；（4）有限的资源；（5）有限的理解和意志力。

---

❶ 前提假设与假设不同。在本书中假设是一个待证的命题或理论（结论，论点），而前提假设是理论其中的一部分，即前提基础部分。前提假设也是从现实中来的，但与现实明显不同。它是思考的起点和基础，往往当成类似公理看待（类似信仰），不言而喻，视为理所当然，不是论证的对象，这与本书的假设明显不同。一个理论的前提假设往往是多个，而不是一个，同时还有直接前提和间接前提的区分。发现、认识及明确提出理论的前提假设往往是一件非常困难的事情，其困难程度甚至高于提出作为核心论点（主题）的假设。

- 人治理论的基本假设是：(1) 每个人的智力及品德都是不同的；(2) 社会问题是复杂多样、变化多端的，很难有这样的规则能以一项百，以不变应万变；(3) 真理往往掌握在少数人手里。
- 法治理论的基本假设是：(1) 人大致平等，没有圣人；(2) 人有七情六欲，容易偏私；(3) 任何人都能力有限；(4) 理性可以使人公正行事；(5) 众人智慧胜过一人的智慧。
- 程序正义理论的基本假设是：(1) 普通程序而非效率价值占主导的简易程序；(2) 审判程序而非和谐为主导的和解程序；(3) 重视责任的程序而非授予利益的程序。

(三) 论文中前提假设实例

首先看笔者的博士论文《律师职业研究》。前述其假设（主题，核心观点）为"律师职业的双重属性"，并且进行了论证，那么它的前提假设是什么呢？我就通过论证时所用的律师职业特点"法律性、服务性、专业性"逆推，最后得出这一前提假设就是我对律师职业基本概念的理解，也就是我对律师职业下的定义"律师职业就是一个专业、法律、服务行业"。这一定义显然并不完全符合现实，因为检察官在西方也是律师，法律顾问也可以成为律师，不同的国家以及不同的历史时期律师概念的范围及性质是不同的，但我通过限制范围，使自己的观点可以自圆其说。这样也就达到了学术论文的基本要求。

下面再看一篇论文《语境论——一种法律制度研究的进路和方法》。❶ 这篇文章创建了语境论，给人们很多启发，与此同时作者还在论文最后清晰地告知读者，这种理论并不是放之四海而皆准的，它的局限（对应着其前提假设）在于：(1) 只是一种思考问题的方法，不能代替对具体材料的收集和分析；(2) 最根本的弱点在于，适于这种进路研究的对象往往是一种长期存在且比较稳定的制度或规则。(3) 另一学术弱点在于，它对于其

---

❶ 苏力：《语境论——一种法律制度研究的进路和方法》，《中外法学》2000年第12卷第1期。

他学科乃至社会知识和依赖，它要求"无情的渊博知识"，而这对任何时代的任何人都是过高的要求。（4）另一个可能具有政治性寓意的弱点是，如果不恰当地使用，它有可能忽略某种法律制度在实践中扮演的多重角色，将制度角色简单化。

五、具体应用

假设的理论被证实后，一般论文也就完成了，不要再写什么，但是考虑到理论的应用，通常作者会习惯性地尝试把该理论用于更广阔的领域，尤其是现实领域。这对于读者理解该理论，认识该理论的价值，可以起到补充的作用。❶

具体来讲，作者会运用该理论来解释更多的客观现象，尤其是以前的理论没有办法解释的现象，以及进一步预测未来，尤其是做出他人没有做出过的新预测。同时，不少作者也会从"理论联系实际"出发，尝试运用该理论来解决现实问题。这也就是不少学者所讲的：论文不仅要有"想法"，还要有"办法"。不少学校也要求学生在论文的最后陈述该研究对我国法律实践的作用或应用价值、现实意义，并提出立法意见和建议等。

（一）结论与推论

对论文是否需要该部分，学者们之间有争议。苏力教授认为，论文的主题就是核心观点，就是论文的结论。刘南平教授不认可，他认为主题有可能但不一定是结论，并举例：论文主题如果是"资本家是靠剥削工人养活的"，那么论文的结论可能是在此基础上的进一步推论"资本主义制度

---

❶ 不少学者认为，论文大致解决三个问题："主题是什么""为什么""怎么办"（或"又如何"）。这样论文就至少包含前后相继、密切联系的两个（而不是一个）基本论点，它可谓"第一类论点与第二类论点的结合"。最基本或最简单的论文可以只有"第一类论点"，但一般的、完整的论文往往是包含两类论点。这在思维方式上颇类似于哈特关于法律概念的理解——法律是第一性规则与第二性规则的结合，其基本单元包括两种不同类型的规则，而不是仅仅包括一个规则。

必须推翻"等。❶《芝加哥大学论文写作指南》中论文写作所谓的"之后又如何"问题，也就是进一步满足读者的提问：回答这样的问题是为了什么。该书的作者也意识到这是一个值得考虑的问题，不过他们明确指出，研究得出结论的社会作用是应用性研究所必需的，但理论性研究则不必如此。❷这也就是说，在论文中理论可以与现实相结合，也可以不结合。❸

笔者认为，这部分内容不是论文所必需的，尤其不是理论性论文所必需的，这应该是另一篇论文的主题。❹上面例子中，从"资本家是靠剥削工人养活的"到"资本主义制度应该被推翻"的论证，并不是前者可以直接推出后者的逻辑展开，还需要其他命题（社会条件因素）的介入，这往往已经超出了该论文的研究范围。❺同时，这也是一项需要付出艰苦努力的工作，就其涉及的范围及写作难度来讲，本身就足够构成另一篇论文的内容。

（二）分析问题与解决问题

分析现实问题与解决现实问题是两个阶段，不能混为一谈。尽管"不破不立"，但"破字当头"，并非"立也就在其中了"。破坏了一个旧世界，并不等于就自动建设了一个新世界。找到现实中问题的症结，是解决问题的前提，但距离真正解决问题尚有一段不小的距离。找出病症与开出药

---

❶ 刘南平：《法学博士论文的"骨髓"和"皮囊"——兼论我国法学研究之流弊》，《中外法学》2000年第12卷第1期。

❷ 凯特·L.杜拉宾：《芝加哥大学论文写作指南》（第8版），雷蕾译，新华出版社2015年版，第17-21页。

❸ 当然，现实中，不少论文是利用别人现成的理论、结合法律技巧来解决现实问题；还有的论文既在前面有少许的理论创新，又在后面的应用上有所创新。这都是符合学位论文，尤其是法学专业硕士学位论文要求的。其与本文的观点也并不矛盾。

❹ 有的论文是关于法学问题实证研究的，最后也专设一章"完善建议"，这明显是画蛇添足，不属于实证研究的范畴。

❺ 曾有一位法理学专业的硕士研究生完成一篇关于西方法学理论的学位论文后送我审阅，我发现他的建议部分写得不好，不仅画蛇添足，且没有必要的论证及资料支撑。后来，他告诉我，这部分内容自己本不想写，但学校要求最后一定要包括观点的应用等体现论文现实意义的内容。

方,这是两回事。❶ 而对于理论问题,则有所不同。常常分析某一理论问题和解决某一理论问题就是一回事。一篇论文提出研究什么学术问题,然后分析解释清楚这一问题,也就是回答或揭示了为什么问题是这样的,把问号变成句号,这样也就自然解决了问题,❷ 不需要另外再从应用的角度考虑怎么(how)解决现实问题。那就属于"改造世界"了,而理论研究"解释世界"就可以了。将命题有理有据地阐述清楚,就大致完成了论文的任务,而并不一定需要提出解决问题的细节性方案。

学术论文关键是探求因果关系,创建理论,进而解释世界,而不是至少首先不是改造世界。理论文章不是为了解决经验性、应用性的技术问题,而是为了阐述其中的原理。改造世界需要法律实务工作者、政治家的努力,也包括少量的重视工程思维的法学专家的参与,而解释世界则是法学工作者义不容辞的工作和使命。知与行是两回事,学术活动是为了"知",政治活动或实践活动是为了"行"。苏力教授对此有深刻的认识:"一个民族的生活创造它的法制,而法学家创造的仅仅是关于法制的理论。"❸ 海南大学法学院童伟华教授与笔者交流时也明确阐述这一点:"论文提出问题、分析问题就足够了,不需要再解决问题。通常所讲论文要提出问题、分析问题、解决问题的逻辑三段论是不妥当的,关键是分析理论问题与解决理论问题往往是一回事。"对此,陈瑞华教授看得也很清楚,说

---

❶ 为此,我们一定要反对狭隘的"实事求是"、狭隘的"具体问题具体分析"以及僵化的"理论联系实际"的观点。理论的使用是另一门学问,与创建理论本身明显不同。懂理论未必懂使用,科学家的作用与工程师的作用区别明显。如吉林大学哲学教授孙正聿先生所讲"没有错误的理论,只有用错了的理论",理论与应用的评价标准也不同。

❷ 一个傻瓜提出的问题,一百个聪明人都无法回答。不少学术问题是很难回答的。有时论文对问题只能在理论上给予部分解决,甚至仅仅证明某些方法是行不通的,或者证明该问题本身是不成立的,这些也都是学术论文意义上的"解决了问题",具有学术价值。

❸ 苏力《法治及其本土资源》,中国政法大学出版社 1996 年版,第 289 页。他的这一观点与黑格尔的观点比较一致,而与马克思的观点(或视角)有所不同。前者讲"密纳发的猫头鹰等黄昏到来才会起飞",学术研究关键在于解释过去,而后者认为"哲学家们只是用不同的方式解释世界,而问题在于改变世界",学术研究关键在于指导未来。参见黑格尔:《法哲学原理》,范扬、张企泰译,商务印书馆 1996 年版,第 14 页;马克思:《关于费尔巴哈的提纲》,见《马克思恩格斯选集》第一卷,人民出版社 1972 年版,第 19 页。

得也很重:"动辄强调发现问题、分析问题和解决问题,这是中国人做学问的传统,也是无法做出理论创新的方法论根源。唯有将'制度问题'转为'理论问题',才能从理论层面上讨论问题。而不善于将一个个制度问题转化为理论问题,这是中国法学不成熟的主要标志。"❶

(三)建议的必要性与可行性

考虑到我国目前不少学生的论文都是对策性的,最后都要提出立法建议,本书这里也谈一谈这部分的写作。首先需要说明的是:这样的文章也属于学术文章,但不属于典型意义上的理论型学术文章,而属于不少学者所称的"工程法学"或"对策法学"类型的文章;❷同时,论文中"原因分析"是一个学术议题,"立法建议"(包括成立一个专门机构等)是与之密切相关的另一个学术议题,但不属于一个主题。❸前者可谓法学家的工作,后者可谓法律家的工作。❹

这部分内容在前面已经分析清楚问题的前提下,要结合现实,积极寻找法律上的具体解决办法,而不能纸上谈兵,只讲必要性,不顾可行性,随便提出立法意见和建议。因为这些貌似无懈可击的意见和建议一旦实施,往往不仅不能解决(彻底解决)现实问题,还可能引发更加棘手的问题。❺这里面也要用到理论,而不仅仅涉及技术问题。现实中,有的同学按照这样的思路写作:

---

❶ 陈瑞华:《论法学研究方法》,法律出版社2017年版,第3页。
❷ 平常总听人讲"不要给我讲什么大道理,你就告诉我,怎么办就可以了"。这样的思维方式就是应用型思维的极端,它重功利,尤其强调"短平快",不重视理论,也就是不重视理性的逻辑证明"为什么",而只关心"怎么办"。在这种思维方式下是无法撰写论文的,毋宁说是论文写作的大忌。
❸ 这就是为什么一位清华大学教授大声呼吁"学者应多研究理论,少搞政策建议"。参见阎学通:《中国国际关系学科发展导向及其反思》,《中国社会科学报》2021年10月14日第7版。
❹ 法学家与法律家的区别,典型的体现就是法学教授与法官的区别。
❺ 如很多人建议对受贿罪采取严刑峻法的办法来解决,但是由于行贿罪处罚较轻而导致各刑种处罚不协调等各种问题。

一、提出问题：存在官员腐败
二、分析原因：官员素质不高，且惩治力度不够
三、立法建议：进行素质培训，且严刑峻法

显而易见，这样的论述是不充分的，也不具有可行性。❶ 这里的原因除了根本没有把这部分作为一个独立的新论题下功夫探讨外，分析也不够深入，脚疼医脚，头痛医头，没有对"素质不高""惩治力度不够"背后进一步的原因进行探讨：为什么我国出现这样的情况？如何解决困境？同时，也没有对具体如何操作提出建议：具体如何进行素质培训？如何制定严刑峻法？程序上及实体上如何实现？

还有的同学论文探讨"预防未成年人犯罪"的问题。其建议包括：

1. 加强家庭教育
2. 加强学校教育
3. 加强社会教育

这些内容都是泛泛而谈，毫无新意，关键要具体提出自己的新建议，阐述理由，并使其具有可行性。像"提高全社会对未成年权益的保护意识"这样的建议，大而不当，根本不具有可操作性。

有同学探讨"协议离婚中未成年子女权益保护问题"，在论文中建议"建立离婚协议的'未成年子女利益最大化'实质审查原则""提高登记离婚的门槛"以及"建立未成年人子女权益保护的专门机构"。殊不知，这样的建议实际上极大地损害了离婚自由原则，现实中根本不可行，同时建立专门机构的必要性和可行性也很难论证清楚。

---

❶ 常见指导老师问学生："你的论文最后提出了立法建议，你认为政府会采纳吗？"学生往往回答："恐怕不会。"既然不会，学生为什么还要提这样的建议？部分原因可能是学生本来就对法律实践活动不熟悉，仅仅是在学院论文写作格式要求下不得不写出"提出建议"部分。

六、小　结

没有论证就不叫论文，不清楚论证的逻辑过程就无法写好论文。论文的论证，既可以反映作者的逻辑思维能力，又可以反映作者的创新能力。论证一般包括提出问题、大胆假设、小心论证、补充完善以及具体建议五个阶段。这里最重要的环节就是大胆假设，它是创新能力的集中体现。

第六讲　体例格式

学位论文要满足一定的体例格式要求。❶这方面涉及教育部的一般规定以及各学校、学院的具体要求，学生在写论文时要严格依照执行。这一般包括：论文应必备几个部分、各部分的写法，以及论文的排版等方面。❷

一篇完整的学位论文应该包括前部、中部和后部三个部分。❸前部主要包括题目、摘要和关键词及其英译，是论文的前置部分。中部主要包括正文和注释，是论文的主体。后部主要包括参考文献、致谢和附录，是论文的附属部分。❹

一、题　目

论文题目、摘要和关键词依序排列，位于论文的前面。它们有机结合，不可分割，属于一个小的整体，总是被检索工具一同收录。它们的内容相互补充、相互支持，其主要目的在于方便读者阅读理解论文的实质内容，节省时间和精力。

---

❶ 学术论文一般应该具有逻辑、格式及创新三要素。不合逻辑就不是文章，格式不符就不是学术，没有创新就不是论文。

❷ 这些规定还处于不断变化之中，学生要关注最新的要求。如：中华人民共和国国家标准《学术论文编写规则（GB/T 7713.2–2022）》。该国标的实施时间为2023年7月1日。

❸ 有人认为论文结构包括两部分：前置部分和主体部分。前者包括题目、作者、摘要和关键词，其余都是主体部分。参见王嘉陵：《毕业论文写作与答辩》，四川大学出版社2003年版，第89页。

❹ 传统文学作品一般也包括三个部分，讲求"凤头、猪肚、豹尾"，用在学位论文上也是适当的。

（一）论文之眼

论文题目，又称标题，是论文最重要的标志和象征符号，可谓"论文之眼"，其实就是论文的名字。如果把写文章比作"画龙"，那么起题目就是"点睛"之笔。论文不能没有题目，也不能如某些诗歌、绘画、雕塑那样，以"无题"等为题目。❶它是以最恰当、最简明的词语反映论文中最重要的特定内容的逻辑组合。题目是反映论文范围与水平的第一个重要信息，同时也是提供检索的特定使用信息。

论文题目应该明确研究对象或揭示论点，或确定一个研究的最佳角度或进路，或提出问题供人们思考或引起阅读兴趣。题目与选题密切相关，但不是选题，而是选题最凝练的文字表达。好的题目需要围绕选题通过精心设计得到。

题目通常从论文的研究领域、研究方法、主题中选取。一般题目多只包含研究领域或对象一个因素，少部分题目还涉及研究方法（不少在副标题中涉及）这一因素，只有个别题目涉及研究主题（有些题目是一个句子，甚至问句）因素。

题目一般为短语，主要是动宾结构，如"论正当防卫"，或偏正结构，如"紧急避险研究"，❷但也可以为句子，如"认真对待人治"；作为题目的

---

❶ 有的诗歌、绘画、雕塑等以"无题"为名，可以使人们更好地理解作品，因为其重视"感悟""意境"等情感性，甚至是不可言说、不能用文字表达清楚的东西，非要给作品加一个题目，就限制了作者情感的表达范围及读者的想象空间。

❷ 一般常见"论……""……研究"或"……背景下……研究"这样"二段式"或"三段式"的论文题目，有些八股的味道。因为论文自然都是"论""研究""探讨"，不言自明，正如任何论文实质上都是"某某之我见"，这里的"我"任何人都清楚的，根本不需要指明。题目的形式完全可以丰富多彩，如直接以研究范围或主题为题目。这样的题目很多："法律：民族精神与现代性""法律原则在法律推理中的地位和作用——一个比较的研究""法治国家及其政治构造""法律的可诉性：现代法治国家中法律的特征之一""'从司法的广场化'到'司法的剧场化'——一个符号学的视角""法'辩'""异姓不嗣问题中的礼、法与情""法治即理性之治"等。

句子大多为陈述句，个别也可以为疑问句，如"法学是一门科学吗"。❶从写作难度上考虑，不推荐句子，尤其是疑问句为题目，口号式的题目也尽量避免。

除了主标题外，论文还可以有副标题。副标题用来补充或解释说明主标题，一般限缩主标题的写作范围，或明示论文研究的方法。如"语境论——一种法律制度研究进路和方法的建构""法治是什么——渊源、规诫与价值"。少数副标题扩大写作范围，这样的副标题大多包含"兼评""兼议""兼论"的字眼，如"论代位权法律关系的债务清偿——兼评《合同法问题解释》第20条"。主标题与副标题之间一般用冒号或破折号隔开。也有的主标题具有文学色彩或直接表明论文的主题，以吸引读者，而副标题表明论文的写作范围及研究方法。考虑到设置妥当的副标题有一定的难度，本科学生论文建议尽量不用。

如何确定合适的题目往往是一个非常"折磨人"的问题，因为它必须满足多方面的要求。出于研究的方便，往往确定了选题后就相应地选择一个初步拟定的题目，题目可谓选题的外在表现，但它只是临时起到标识论文的符号作用。题目在论文写作过程中根据写作内容及观点的变化往往会有些变化，通常是在定稿并完成答辩以后，经过综合考虑，题目才能最后

---

❶ 梁慧星教授指出学位论文题目设计的三项规则：第一项规则：题目必须是动宾结构的短语，不能是句子。第二项规则：题目只确定研究对象，不表达作者观点。第三项规则：题目应力求明确、简短，忌冗长。但是他并没有对这些规则存在的理由给出自己的解释（参见梁慧星：《法学学位论文写作方法》，法律出版社2012年版，第33页）。实际上，梁慧星教授自己也没有遵守自己制定的规则，如他就写过这样两篇论文：《谁是"长江源探险录像"的作者？》《松散式、汇编式的民法典不适合中国国情》。

现实中学者的论文标题采用句子，甚至疑问句的也有。尽管一般所见论文的标题确实少有句子，但这主要是技术性因素造成的，不属于学位论文本身内在的必然要求。具体来看可能是由于以下几点原因：（1）为了使论文显得庄重、严谨、理性；（2）不开门见山，前提及背景不清就直接进入正题，显得主观、武断、太突兀；（3）与口号式的广告语、新闻报道用语以及政治宣传相区别；（4）使读者对论文的阅读有一个心理过渡，不咄咄逼人；（5）论文一般最终都是建立一种具有一定普适性的理论，题目只确定研究对象比较妥当，因为这涉及的范围比题目为一个带问号的问题涉及的范围要大一些。总之，用句子，甚至问句作题目特色鲜明：一方面容易引起读者注意、思考，容易有代入感，提高文章吸引力，但另一方面具有挑战性、风险性，容易使人产生反感。题目为一个句子（甚至问句），学生不容易把握，作为训练性的学位论文写作不建议采纳。

完全确定。从相对抽象的论文范围的确定即选题，到具体可操作性的论文题目的过程，需要经历漫长的时间，付出艰辛的努力，可谓论文的"第二次选题"，其重要性不容忽视。❶

如何确定选题前面已经阐述很多，这里主要是探讨如何通过文字的设计安排来准确表述选题的内容。

（二）题目设计的基本原则

第一，含义明确、集中。

·一般不得使用缩略语或外文缩写词，通用缩写如 WTO 等除外。

·范围不宜太广，如"某某法院刑事案件实证研究"等。

·只集中谈论一个问题，一般不得以"某某若干问题研究"为题目。

·不应千人一面，千篇一律。因为这样往往使读者不知道，你到底要研究什么以及如何研究，与他人有何区别。这也就是要使题目比较新颖、醒目。❷

第二，语言凝练、简洁。

·字数不要太多。主标题一般不超过 20 个字。有谁会把名字起得很长，让人一口气念不上来呢！若确实不能用 20 个字完成的可以采用副标题的形式。❸

·在题目中尽量不用、少用标点符号。

---

❶ 我的博士论文选题是"法律职业"，题目是"律师职业的法理学诠释"，题目缩小了范围，明确了研究的视角和方法。后来论文修改出版时，我把题目定为"你戴着荆棘的王冠而来——律师职业解读"，一个具有文学色彩的名称，主标题来自乔木的《律师之歌》，且"荆棘的王冠"暗含着书的主题——律师职业的双重性。

我的一篇期刊论文选题是"法的概念研究"，题目是："'以权利义务为内容'是法的基本特征吗？"

❷ 有学者甚至提出，选题应该坚持"吸引力原则"，要抓人眼球，要有"颜值"，因为"编辑拿到一篇文章，一个很好的选题就吸引他，就会往下看。"（杨立新：《法学学术论文的选题方法》，《法治研究》2016 年第 2 期）笔者认为，这是在用小技巧讨好读者，迎合编辑，屈从时尚，甚至煽情，在表面上下功夫，并非选题的关键。

❸ 不同的高校规定不同，如有些高校规定题目字数以 35 个字为限，有的高校明确要求本科论文不得设置副标题。

·不要同义反复。如"论离婚损害赔偿制度研究","论"与"研究"重复。

第三,最好不要包含"浅谈"等字眼。

"浅析""试谈""初论""试论""读后感""之我见"等表述,让人感觉不自信,同时也显得对读者不够尊重。浅陋、尝试性、不成熟、随笔之类的东西为什么要写出来给人看呢?!

第四,一般直截了当,不带强烈的感情色彩。

论文崇尚理性,注重严谨的逻辑推理。这与文学作品的题目如《丰乳肥臀》《金光大道》《太阳照在桑干河上》《神秘的来客》《废都》等,注重夸张、神秘以吸引人明显不同。❶

第五,文题相符,范围大小一致。

(三)学生论文题目实例及存在的问题分析

学生写作中题目存在的问题很多,下面举例说明。

例1:《论司法权的属性及其法理功能》。

研究了两个问题,主题分散,且"法理功能"一词含义不清。可以改为《论司法权的属性》或《论司法权的功能》,考虑到不同时空下司法权的重大差异,最好改为《中国当代司法权的功能研究》。

例2:《苏轼民本思想及当代法律意义》。

首先,题目最好只包括一个论题;其次,论文结构上只包括两部分,第一部分苏轼民本思想的内容,第二部分苏轼民本思想的影响,不妥;最后,这两部分内容与题目并不完全相符。

---

❶ 有些文章的主标题哲学意味浓厚或文学色彩很强,副标题则谈具体内容,效果也很好。如苏力教授的"我和你深深嵌在这个世界之中——从戴安娜之死说起"(《天涯》1997年第6期)。

更有甚者,以小说的形式写学术论著,如:林耀华的《金翼》(生活·读书·新知三联书店2008年版)属于社会人类学著作,乔斯坦·贾德的《苏菲的世界》(萧宝森译,作家出版社1996年版)属于西方哲学史著作。只是这样写作要求有很高的技巧,一般人很难达到。

例 3：《中国城市基层社会治理的主要法律问题探讨》。

"主要法律问题"含义不清，容易写得面面俱到，不深不透。可以改为"中国城市基层社会治理的法治化研究"。

例 4：《农村土地流转纠纷类型化及其解决研究》。

研究两个问题不妥，且"类型化"是观念问题，"解决"是现实问题，如何并列？还有，本题目的含义似乎是"类型化的解决"，这不符合语法。可以改为"农村土地流转纠纷的法律思考"。

例 5：《法律职业伦理建设中的社会主义核心价值观因素研究》。

"法律职业伦理"是一个自发的逐渐形成的文化状态，如何"建设"？题目含义令人费解。可以改为"社会主义核心价值观下法律职业道德及执业纪律相关规范的完善"。

例 6：《同学关系的法理》。

既不规范，亦容易引起误解。同学关系未必是法律关系，同时这里的"法理"一词也令人费解。还有，同学关系范围太广。此外，一般题目后面要加上"研究"或"探讨"二字。可以将题目改为"法律视野下的大学同学关系研究"或"大学同学之间的法律关系探讨"。

例 7：《法律概念的定义、划分与科学立法》。

不规范，指代不明。究竟是论述法律概念这个逻辑学问题，还是探讨法律条文中法律概念的界定与表达这个立法技术问题？可以将题目改为"科学立法：法律条文中法律概念的表达与界定"，或"论法律条文中法律概念的表达"。

例 8：《论〈中华民国临时约法〉的权力斗争和权利配置》。

这里的"权力"与"权利"关系不明，可以探讨"权力斗争与权力配置"，也可以探讨"权力与权利的斗争与二者的配置"，还可以探讨"权利与权利之间的斗争及配置"（"斗争"概念不限于法律领域）。可以改为"论《中华民国临时约法》中的权力（权利）配置"，或"论《中华民国临时约法》中权力与权利的关系"。

例9:《明代南海海疆治理体系研究》。

时空范围太大,且海疆治理不限于法律领域。另外,南海海疆治理是否构成体系尚存疑问。可以改为"明代海南岛附近海域法律治理研究"。

例10:《〈大清律例·刑律〉非身份性被害人行为研究》。

"被害人行为"范围太大,且在题目中含义不清。可以改为"《大清律例·刑律》非身份性被害人防卫行为研究"。

例11:《违约金司法酌减实证研究》。

研究范围不清,"实证研究"范围太广,实际上是"司法案例研究",同时应该限制案例研究的范围。可以改为"违约金司法酌减案例研究——海口市中级人民法院(1990—2020)"。

例12:《完善虚拟财产转让的裁判规则研究》。

"完善"与"研究"两个动词同时使用,语义不通,应该删去"完善"二字。

例13:《受贿罪实证分析研究》。

范围太大,时空没有任何限定,且容易使人理解为是对于社会学意义上的受贿犯罪的研究。建议改为"受贿罪司法案例研究""受贿罪量刑问题实证研究""受贿数额特别巨大案件的受贿罪量刑问题研究"等,同时加副标题以缩小研究范围,如"海南省人民法院(2000—2020)"等。

例14:《幸福价值的法治之维》。

"幸福"一词并非法律概念,该题目含义不清,主观性强,情感性很重,很难以现有的法律价值名目(如正义、人权等)的研究成果为基础展开研究。如果泛化幸福一词的含义,则题目含义就成了"法治在实现幸福方面的作用及意义",大而空,根本无法下笔。这样的题目无法修改,只能换题。

例15:《刑法中的扩张解释:立场、方法与规则》。

主标题与副标题的范围不一致,且"立场、观点与规则"中的三个概念界限模糊,有一定的重合,难以区分。此外,文题不符,论文内容中少有涉及"刑法"的内容,似乎包括所有法律中的扩张解释问题。可以改为

"论刑法中的扩张解释"。

例16：《我国人工智能法律法规建设问题研究——从新一代人工智能发展规划出发》

题目涉及范围比较大，包括隐私保护、自动驾驶、智能医疗等，容易写得比较分散，同时副标题该行业"发展规划"与主标题"人工智能法律法规建设"联系松散。可以改为"我国自动驾驶立法研究"。

例17：《网络表达行为的法律规制：价值治理及其路径》。

题目比较陈旧。何谓"价值治理"？属于生造概念，令人费解。实际上论文中把这种治理与"规则治理"相并列，造成逻辑混乱，因为规则中就包含着价值因素。可以删去副标题，只留主标题。

例18：《中国社会治理"过度刑法化"之批判》。

何谓"过度刑法化"，哪位学者提出的概念，还是自己的独创？是否真实存在"刑法化过度"的问题？论文从"过度刑法化"入手来证明"过度刑法化"，属于循环论证。可以改为"中国社会治理'过度刑法化'观点刍议"。

例19：《乡村治理体系中村规民约的逻辑关系、目标偏差与优化路径》。

题目语句不通。"逻辑关系"指村规民约与谁的关系？"目标偏差"指的是谁的目标？目标是否具有客观性？村规民约作为村民自治组织的规定如何人为地予以"优化"？实际上题目中已经预设及暗示了国家法律的视角，以及积极主动干预村规民约的姿态，而这些都需要论证才能使人信服。可以改为"乡村治理体系中村规民约的角色探讨"。

例20：《社会治理法治化的必要性及实践路径探析》。

必要性还需要谈吗？相关论文已经很多，且国家早就明定社会治理要实现法治化。论文研究的价值何在？论文也没有新意。可以改为"社会治理法治化的实践路径新探"。

例21：《中国传统基层治理的社会共治化及其经验启示》。

"基层"范围很广，包括农村，也包括城市，应该限定范围。"中国传统"范围很广，上下五千年，应该限定。何谓"社会共治化"？独创的概念，不好理解，尤其是其中"化"的含义。同时，"社会共治化"是一种理论，还是社会现实状况？不清楚。"经验启示"一词也令人费解。可以改为"清代农村基层治理中的多元共治现象研究"。

例22：《乡村振兴背景下民族村庄治理的权威转型——基于G省Y村的观察》。

"乡村振兴背景下"一词没有必要，冲淡了主题。"民族村庄"应明确是具体哪个民族，因为不同民族差别很大。何谓"权威转型"，生造概念，令人费解。"观察"的提法不妥，仅仅"观察"一下写出的东西肯定粗陋不堪，是无法称为论文的。可以改为"回族村庄治理中权威类型的转变——基于G省Y村的考察"。

例23：《以海南自贸港影视立法推动国家影视业改革研究》。

像是领导作报告的题目，重点不突出，不明白到底是要谈"海南自贸港影视立法"，"国家影视业改革"，还是前者如何推动后者？可以改为"海南自贸港影视立法研究"。

例24：《〈体育法〉调整的体育纠纷与解决机制研究》。

题目涉及两个问题——体育纠纷和解决机制，不集中，可以改为"《体育法》调整的管理类体育纠纷解决机制研究"。

例25：《边沁的功利主义规范性立法理论：功能、理路及其评价——以立法例为考察中心》。

一个主标题，两个副标题，三重标题，过于复杂，重点不突出，表述不清。❶ 可改为"边沁功利主义中的规范性立法理论探讨"。

例26：《民国初期婚约纠纷裁判研究》。

文题不符。论文名为"裁判研究"，内容仅涉及实体法，而对调解、庭审程序等程序行为根本没有探讨，可以改为"民国初期婚约习惯法研

---

❶ 前述马克思、恩格斯合写的文章也有三重标题的现象，如《神圣家族，或对批判的批判所作的批判——驳布鲁诺·鲍威尔及其伙伴》。学位论文不建议这样写。

究——以婚约纠纷裁判为视角"。

例 27：《我国离婚经济补偿之补偿标准研究》。

文题不符。这里的补偿涉及很多方面，如一方有疾病，一方有著作权、股权等，而论文内容仅仅涉及家务劳动一个方面。可以改为"我国离婚纠纷中家务劳动补偿标准研究"。

例 28：《名誉权侵害研究》。

文题不符，论文中仅涉及民事责任问题，对刑事责任等其他责任问题一字未提，可以改为"名誉权侵害的民事责任研究"。

例 29：《离婚诉讼时有限责任公司股权分割问题研究》。

文题不符，论文中未谈论"离婚诉讼"，可以改为"夫妻共有股份分割问题研究"。

例 30：《聚众斗殴的转化犯主体问题研究》。

文题不符，论文中并没有谈关于主体的所有问题，而是仅谈了"主体的司法认定问题"。可以改为"聚众斗殴的转化犯主体司法认定研究"。

例 31：《网络赌球问题》。

文题不符，内容中只是谈到犯罪问题，没有谈到一般违法问题。且一般应该在题目后面加上"研究"二字。可以改为"网络赌球犯罪问题研究"。

例 32：《对我国证人拒绝作证的思考》。

文题不符，论文的研究范围仅限于"刑事案件"。"思考"的说法也不大规范。可以改为"刑事案件中证人拒绝出庭作证问题研究"。

例 33：《金融刑法研究》。

文题不符，刑法包括犯罪与刑罚两个大的方面，而论文中仅仅写了"犯罪"问题，而没有写"刑罚"问题。❶可以改为"金融犯罪研究"（这个题目似仍范围太大）。

---

❶ 当时笔者旁听了这篇博士论文的答辩。答辩委员——一位德高望重的刑法学权威第一句话就指出了这一论文文题不符的问题，当时气氛非常尴尬。

例 34：《广东省茂名市中学宪法意识培养调查报告》。

文题不符，论文仅调查并利用了茂名市"两所"中学的宪法意识培养的问卷调查资料，范围不足以代表茂名市，同时仅仅采取问卷调查的方式也显得研究方法单一，与"调查"概念的含义不完全贴合，可以改为"广东省茂名市某中学宪法意识培养问卷调查报告"。

例 35：《海南自贸港洗钱犯罪预防研究》。

文题不符，论文中几乎没有涉及"海南自贸港"的相关内容。

例 36：《个人网络店铺转让合同效力认定问题研究》

论文包括合同标的、合同性质等内容，偏离了主题。建议删除无关内容，或者将题目改为：个人网络店铺转让合同研究。

二、摘 要

摘要，或称内容提要，是对论文核心内容的高度概括和基本思想的浓缩，最简洁的梗概，可谓"梗概的梗概"，用通俗的话说即从论文中摘出的要点。它可谓论文的最小微缩版，是能够全面体现论文精神或灵魂的不可再分的原子，类似生物的 DNA。它是读者往往首先要重点阅读的，所以一定要高度重视。

（一）学术价值的体现

摘要，通常用在期刊上一篇较长文章的前面，或专门的索引工具以及网上期刊文章的浏览器上。摘要具有独立性和自明性（自含性，完整性），有依据，有结论，是一篇表达一个明确含义的、完整的短文。它应包含与论文同等量的核心内容，不阅读全篇论文就能获得必要的信息。如果摘要写得不好，论文被收入文摘杂志或检索核心数据库，进而被人阅读和利用的机会就很少，导致论文的基本功能——传播信息、促进交流无法充分实现。

摘要就是电影预告片，就是广告，主要作用如下：

一是让读者快速了解论文的主要内容。读者接触到论文后，仅看标题有时候还难以准确判断论文所研究的问题、作者的观点,摘要就担负着介绍文章主要内容的任务。读者不看论文,仅仅看了摘要,便能够大体了解这篇论文内容,判断是否属于他感兴趣的,对他而言是否有价值,从而决定是否需要进一步阅读。理论上,读者无须阅读全文,仅读摘要就能够获得文章的主要信息。

二是便利报刊汇编和读者查找。随着电子数据库和互联网的发展,网上检索已成为文献检索的主要手段。在标题和关键词之外,论文摘要也成为读者检索文献的重要途径。作者自己撰写论文摘要,在论文发表后,文摘杂志或各种数据库可以直接利用。这也可以避免他人编写摘要可能产生的欠缺甚至错误。

(二)主要内容

(1)研究对象及目的和意义;(2)研究内容及研究方法;(3)主要研究结论及创新。这也就是张少瑜编辑所讲的"论题、论点、论据和论证",以及其中体现出新意。❶换句话说,摘要的内容包括:写了什么(What)、为什么写(Why)、如何写的(How),可谓"3个W"。

(三)"全"和"新"

摘要的主要功能包括两个方面——概括和引导,相应地其应具有两个特质"全"和"新",二者缺一不可。❷所谓"全",就是摘要应尽可能全面地提示文章的要点。这主要包括论题(研究对象)、论点、论据和论证,即论文探讨了什么问题,根据什么材料和理由,运用什么分析方法,得出了什么样的观点。所谓"新",就是摘要应把文章最有新意的东西提示出来。有人认为摘要应包括三点:论文的重点、特点和新见解,这实际上是强调了论文摘要的引导功能,而相对忽视了其概括功能。

---

❶ 张少瑜:《谈谈内容提要的写作》,《法学评论》2001年第5期。
❷ 张少瑜:《谈谈内容提要的写作》,《法学评论》2001年第5期。

（四）不是导论

摘要是对论文核心内容的客观概括，而不是简单地对论文的诠释和评价。这一点可以拿摘要与论文的导论、结论作比较。论文导论中提示文章观点或者写作框架，往往用第一人称、将来时态。摘要则用第三人称叙述，使用一般现在时态。例如，说"文章论证了""该文提出了""对……进行了研究""报告了……现状""进行了……调查"等记述方法，而不用"我们认为""本文将论证"等语。此外，摘要虽涉及研究的成果，与论文结论有重合之处，但不是对论文结论的重复，不要对论文内容作诠释和评论，尤其是自我评价，自吹自擂。

（五）惜墨如金

摘要要说明论文的要点，省略细节和任何支撑论点或解释问题的论据和例子。一般应采用陈述语气，不加注释和评论，讲求言简意赅，表述准确、客观。摘要中要采用规范化的名词和术语，不宜使用公式、图表以及非公知公用的符号和术语，同时也不包含注释，确实必需的，可以在特定内容后的括弧内简单说明。摘要简明扼要，字数一般不超过论文总字数的5%，相比正文可谓一句顶20句。考虑到我国通常规定本科生毕业论文为8000字以上，硕士生毕业论文为3万字以上，博士生毕业论文为10万字以上，则摘要一般字数要求为：本科学位论文200—300字，硕士学位论文在800—1000字，博士学位论文2500—4000字。❶ 本科论学位论文一般要求摘要不分段，硕士、博士的学位论文因为较长，摘要要分段。

（六）学生论文摘要存在的问题

学生在这方面存在的问题很多，据笔者了解，提交答辩的论文中约80%的摘要达不到要求。问题主要包括：

---

❶ 论文摘要的撰写往往是在论文完成之后。博士论文往往有20万字左右，写好摘要并不容易。有的博士论文摘要反复修改，斟酌推敲，足足花了一个月的时间，可谓"摘要之撰，旬月踌躇"！

（1）把摘要写成了前言，甚至仅仅包括"写作意义"这一个方面。

（2）内容过于宏观和抽象，写了论文的几个部分的标题，但没有实质内容，使人无法了解文章的逻辑结构、主要观点、创新或精华所在。❶

（3）写入本学科领域已成为常识性的东西，以及重复论文题目及标题中已有的信息，不够精炼。

（4）内容中包含"本文""作者"等类似的词语。考虑到摘要的作用，作者应该站在相对客观的立场上来看待自己的论文，以第三人称来书写，不应包含自我描述及评价的内容。同时，"本文""作者"往往也是赘词，因为读者都会明白，摘要都是作者而非别人在谈本文而非他文，去掉这些字可以使摘要更简洁。❷再有，摘要通常独立使用，"本文"的含义不明，容易使人迷茫：到底是指摘要本身或是指论文正文。

（5）内容中含有注释，不简练，不符合要求。

（6）对论文内容作诠释和评论，自吹自擂。摘要类似广告，但毕竟不是广告，它强调的是客观阐述，甚至不是论证，更不是主观评价。

（7）个别摘要甚至包括论文本身没有的新内容，与论文不一致。这往往是论文修改中没有把论文及摘要同步修改造成的。例如：前面摘要提到"第一章"，后面正文没有按"章"来写，等等。

（七）摘要实例

下面是几个论文摘要的例子，供同学们参考。

例1：国际法专业博士研究生的预答辩论文《国际法院裁判中先决性抗辩问题研究》。

摘要：国际法意义上的先决性抗辩是诉讼中的一类附带程序，

---

❶ 不少同学摘要中写了很多内容，却几乎没有一句阐述自己创新的具体内容。这常常被老师们戏称为"巧妙地避开了所有的创新点"！

❷ 据了解，我国目前期刊论文摘要中大约三分之一有"本文"等字样，西方的论文摘要中也有相当比例包含"we/the paper"等字样。也许，这样的要求将来会逐渐消失。

是国际法院法律体系确立的一项制度。国际法院司法实践中第一次将管辖权问题作为一项先决性问题来处理是缘于当事国提出了先决性抗辩。此后通过大量的实践累积，先决性抗辩逐渐成为当事方反对法院管辖权的一项抗辩制度。该制度的不断完善和发展体现了国际法公正、平等和法治的意义，同时也推进了国际司法程序的进一步完善。然而，目前我国对国际法院裁判框架下先决性抗辩问题的研究较为薄弱，因此本文拟从以下五个方面对该问题展开系统深入的研究。

第一章为国际法院裁判中先决性抗辩的概述。该部分探讨了先决性抗辩的释义，先决性抗辩的性质以及先决性抗辩的历史沿革。先决性抗辩的主要内涵是指为阻止对案件实质问题的决定而由当事者一方所提起的否定法院权限的妨诉抗辩。先决性抗辩的性质具有二重性的特点，其主要表现在既具有附带性质，又具有先决性质。以国际法院司法实践及《国际法院规则》相关条款的修订为标准，先决性抗辩的历史沿革可以分为萌芽阶段，发展阶段和成熟阶段。

第二章阐述国际法院裁判中先决性抗辩的内容。研究的切入点包括先决性抗辩的类型和先决性抗辩的审理顺序。就先决性抗辩的类型而言，主要区分为对管辖权的抗辩和对可受理性的抗辩两大类。但除此两类之外，在实践中还存在请求目的不明确的抗辩、司法适当性的抗辩等其他不具有普遍性的抗辩意见。就先决性抗辩的审理顺序而言，通常情况下对管辖权的抗辩被视为先决性最强抗辩优先审理，但这并非绝对顺序，特殊情况下对可受理性的抗辩也存在优先审理的可能性。同时，国际法院基于其自身固有权力，可以自由选择对同类抗辩意见的审理顺序。另外还分析了审理顺序中优先的先决性抗辩问题。

第三章探讨国际法院裁判中先决性抗辩的提起问题。在提起的当事者方面，先决性抗辩不仅可以由被告方提起，还可以由案件的原告方以及案外第三方提起。在提起的时间方面，随着法院实践增加，提起的时间逐渐受到更为明确的限制。在提起的效果方面，先决性抗辩提起后主要会出现三种不同效果，其中基本效果，或者更确切地说，在规定的时限内提出的这种先决性抗辩的效果是根据案情自动中止诉讼程序。除基本效果外，还包括根据案情听取抗辩意见以及法院自行启动先决性程序。

第四章分析国际法院裁判中先决性抗辩的处理。就先决性抗辩问题，国际法院的处理方式主要包括三种，支持抗辩意见、驳回和撤回抗辩意见以及声明抗辩不具有完全先决性的性质。如果法院支持至少一项先决性抗辩意见，那么案件将结束，要么全部结束，要么就抗辩意见重要相关的任何主张而言结束，而不触及其他主张。除支持抗辩意见外，法院可以驳回当事方抗辩意见，当事方也可以在法院未作出裁判前撤回抗辩意见。此外，就与案件实质问题密切相关的抗辩意见法院可以声明其不完全具有先决性。

第五章剖析国际法院裁判中先决性抗辩问题的反思及对中国的启示。在前文对国际法院裁判中先决性抗辩相关理论研究的基础之上，对先决性抗辩判决的既判力问题以及国际法院先决性抗辩中适当司法问题进行总结与反思，以期为今后我国在应对和利用国际司法时提供有益启示。

这篇比较冗长的摘要明确了"研究的范围或对象"，但是"研究目的及意义"不是很清楚，要解决什么争议中的"核心学术问题"不清楚。论文"结构及基本内容"清楚，"方法"也基本清楚。但是最关键的是"论文的主题"，"如何反思的"以及"提供了哪些有益的启示"不清楚，使读者对作者的创新之处感到茫然。

例2：《法律与科技问题的法理学重构》。❶

> 摘要：目前中国关于法律与科技问题的法理学研究有所欠缺，因此，作者试图重构关于法律与科技的法理学问题和相关讨论。文章提出，法律与科技的关系，若作为法理学问题，应当对其中的根本性问题作出哲学思考。文章分别考察了科学和技术对法律制度、原则的各种构成性影响。至于法律对科技的影响，文章认为就总体而言与法律在规制社会生活的其他方面上的影响没有根本区别，因此难以独立构成一个法理学问题。

这篇摘要说明了研究问题为"法律与科技的关系"，研究意义因为不言而喻未予阐述，研究方法为"法理学方法"，科技对法律影响的具体创新观点未予直接指出，提出了"法律对科技的影响难以构成一个法理学问题"的创新观点。

例3：《法律想象论纲》。❷

> 摘要：法律的存在及其实践在事实上和逻辑上都是离不开想象的，人的法律生活不能没有法律想象。法律想象在性质上可以分再现性想象和创造性想象，在内容上则包括法律的实体想象和法律的理论想象。法律想象必须坚持生活立场、正视基本人性、保守人文情怀、兼容公理文化、克制理性狂妄、尊重历史传统。法律想象既推动了法治想象又成为法治想象的基础，而法治想象既是法律想象的必然结果又是法律想象的升华。

这篇摘要明确研究对象是"法律想象"，以及研究的意义是"理解人

---

❶ 苏力：《法律与科技问题的法理学重构》，《中国社会科学》1999年第5期。
❷ 姚建宗：《法律想象论纲》，《东北师大学报（哲学社会科学版）》2021年第3期。

的法律生活",阐明了论文的研究框架和基本内容,创建了一个包括"法律想象的分类、必须坚持的原则,法律想象与法治想象的关系"等在内的新法律理论。

例4:题目《信仰:法治的精神意蕴》。❶

摘要:批判性地考察现行法治理论的共同性内涵可以看出,其重大理论误区在于:对物质性的法律制度的过分关注和对精神性的法律观念的极度忽视。形成这种状况的基本原因在于这种理论忽视了在法治历程中社会成员的主体性与自我意识。现代法治包含或者应当包含的观念要素为:法律情感、崭新的法律态度、主人翁的独立意识、社会成员的自主性、政府的绝对守法义务等。而对法的真诚的信仰乃是现代法治真正的精神意蕴。以此审视中国的现实,其步入法治境界之路的确还相当遥远、艰辛而漫长。

这篇摘要指出研究的问题是"现行法治理论存在的问题",方法是"理论思辨方法",得出的主要创新结论是"对法的真诚的信仰乃是现代法治真正的精神意蕴"。

例5:题目《"以权利义务为主要内容"是法的基本特征吗?》。❷

摘要:中国《法理学》教科书多把"以权利义务为主要内容"列为法的基本特征,然而这并不妥当。主要依据在于:1.权利义务并非法的主要内容的全部,除了权利义务以外,法还包括法律责任、职权职责等内容;2.以权利义务为主要内容并非法的基本特征,重视权利义务的双向调整是近代法律的突出特征,而古代法律并不具有这一特征;3.从逻辑上来讲,权利义务不可分割,

---

❶ 姚建宗:《信仰:法治的精神意蕴》,《吉林大学社会科学学报》1997年第2期。
❷ 韩立收:《"以权利义务为主要内容"是法的基本特征吗?》,《福建江夏学院学报》2020年第10卷第6期。

任何社会规范都是以权利义务为基本内容的，并非法所独有。之所以会出现这样的误读，主要原因在于：1.夸大了私法在法律体系中的地位和作用；2.夸大了权利内容的重要性；3.夸大了法与其他社会规范之间的区别。

这篇摘要明确了研究问题是"以权利义务为主要内容是否法的基本特征"，研究方法是"理论思辨方法"，研究结论即创新观点是"以权利义务为主要内容不是法的基本特征"。

例6：题目《法律信仰刍议——兼驳"法律不可以信仰论"》。❶

摘要：信仰不是迷信，也不等于宗教信仰，它以理性为前提。每个人都有自己的信仰。法律并不就是官方制定的规范体系，它包括理念、规范和现实三个方面。法律具有神圣性。法律信仰对象的核心是法律理念，法律信仰体现为对法律理念的献身。中国传统上也存在法律信仰，当代倡导法律信仰可以促进传统法律理念的创造性转化。

这篇摘要指出研究的问题是"法律信仰概念"，研究方法是"理论思辨方法"，研究结论即其创新之处在于"法律信仰对象的核心是法律理念"。

三、关键词

关键词是为了便于读者选读和检索文献，从论文中选取出来，最能体现论文特点和创新价值的名词或术语，以及词组、短语。它们反映文章的研究对象、研究思路及基本特征，对论文非常关键，具有实质意义。

---

❶ 韩立收：《法律信仰刍议——兼驳"法律不可以信仰论"》，《福建江夏学院学报》2013年第3期。

（一）论文的第二张脸

关键词是供检索用的主题词条，应覆盖论文的主要内容，可谓论文除标题外的"第二张脸"！它们可以起到使读者提神醒目的作用，可谓画龙点睛之"词"。通常关键词在论文中被多处提到，既构成理解论文的基本框架，又使该论文与其他论文区别开来。不同的论文关键词一般不会，也不应该完全相同。列出关键词是为了方便文献检索机构编制索引和二次文献，也便于读者通过数据库检索论文。关键词设定的好坏，影响到论文的被检索率和被引用率。

（二）选取方法

关键词是对论文重点概念的强调，同时也对摘要起到补充说明的作用。它通常由论文研究对象、主要研究方法、主要理论（依据的理论或反对的理论）组成，一般从论文题目、摘要中选取，也可以从一级标题、二级标题中选取，特殊情况下甚至可以从正文的重要段落中选取。关键词一般至少从题目中选取两个，反映主要研究内容及研究方法。关键词都从题目中选取也不妥，若题目检索与关键词检索完全一致，关键词则失去了其特殊的检索价值。关键词都应该体现在摘要中，摘要中不包含的关键词就不是关键词。选择和判断关键词的简单方法是，看所选的词是否为问题中的主要专业名词或词组，一般不应是动词、连词、称谓词和日常的形容词，因其一般并不具有概括专业特性的作用。关键词的设定既不能太宽泛，也不能太生僻。设得太宽泛，例如把"法律""作用""完善"等不具有识别度的普通词汇也列进去，这些词汇不具有检索价值；设得太生僻，譬如列"法的内生结构""政策问题法律化"，论文就不容易被检索到。最好的关键词应该是，那些想要读你论文的人容易检索到，不会遗漏，而不想读的人不会文不对题地撞上，浪费时间和精力。还有，关键词也不应该是短语，如"公诉制度的完善"。

（三）数量的范围

关键词特别讲求简明扼要，有数量的限制，一般以 3—8 个为宜（有学校规定 3—5 个）。现实中很少见到论文关键词超过 5 个的。如此规定，主要是因为：其一，太少则不足以概括全文的内容。论文必须包括论点、论据、论证三个方面（或研究对象、研究方法和理论依据三个方面），每个方面至少有一个关键词。这有点类似于"三角形具有稳定性"。其二，太多则称不上"关键"了。关键词太多（超过 8 个一般写出来都会超过一行了），不仅人们记不住，关键词内容之间也容易相互重叠。

关键词作为论文的一个组成部分，列于摘要之后，关键词之间用"；"隔开。关于关键词的排列顺序，一般可以按照它们的重要性或在论文中出现的先后来排序。

（四）学生关键词出现的问题

（1）关键词不关键，并不具有类似"题眼"的重要作用，而是属于文章中的普通词语（所谓"泛词"），并且其用法与通常用法没有任何特殊之处。如有的论文把"不和谐之处""预防和对策""法律保护""研究""措施""建议""意见""改革""原因分析""存在问题""完善""实证分析"等作为关键词。

（2）关键词多而不精，使人无法把握论文的核心内容。

（3）遗漏关键词，不能覆盖全篇论文。如：

·探讨"警察当场盘查问题"的论文，关键词为"当场盘查""拦截搜身"等词，却遗漏了"警察权""行政检查"等关键概念；

·探讨"刑法中的扩张解释"的论文，关键词为"扩张解释；类推解释；文字可能的含义；阶层方法；解释规则"，明显缺失了"刑法"这一关键概念；

·探讨"富勒法律的内在道德理论"的论文，关键词却不包括"富勒"；

·探讨"辩护律师调查取证权"的论文,关键词却不包括"辩护律师""调查取证权";

·探讨"汉代录囚制度"的论文,关键词却不包括"汉代";

·探讨"海南未成年人犯罪预防问题"的论文,关键词却不包括"海南";

·探讨"清代赃罪法律责任"的论文,关键词却不包括"法律责任";

·探讨"农村外嫁女拆迁补偿款问题"的论文,关键词不包括"外嫁女"。

(五)摘要、关键词的英译

摘要及关键词的英译属于论文的重要部分,不可忽视。关键是要翻译准确,最好能达到"信、达、雅"的效果。学生往往先用翻译软件翻译,然后再检查及斟酌翻译效果,尤其是重要术语的翻译是否适当,进行必要的修改。常见错误如:

·把"关键词"翻译为"keywords",而本应是"Key words";❶

·把"摘要"翻译为"Abstraction",应为"Abstract";

·word 软件自动标红打字出错的单词,但作者未予理会;

·中国特有的说法比较随意地译为外语,使人不知所云,这时最好采用音译及加双引号,同时附上括号内汉语的方法❷;

·同一个概念,前后译法不同;

·中文摘要及关键词进行修改后,英文没有随之修改,造成中英文不一致。

---

❶ 目前两种写法在使用中有混同的趋势,期刊中用 keywords 的还稍多一些。现在国外已经有期刊没有 key words 这一项了,因为关键词从题目中就很容易看出来。国际医学期刊编辑委员会(International Committee Medical Journal Editors, ICMJE),2010 年后不再对关键词做要求。我国当前尚没有这方面的新规定。

❷ 如"Shenbianye"(身边业),而不是"Side Industry"。

四、目　录

论文的结构及内容集中反映在目录的标题中，它可以直观地体现作者的构思、观点，甚至学术素养。好的目录"眉清目秀"，让人看了精神愉悦，而不好的目录则让人觉得心情烦躁。包括评审专家及答辩委员在内的不少读者都会通过标题来认识、分析和理解论文。标题撰写的质量对论文的质量有很大的影响。论文的引言和结语因为内容不多，字数较少，一般不再细分为几个小标题，而正文一定要包括至少三个一级标题，同时下面再分为多个二级标题，必要时还要设立三级标题。

关于文章结构上的实质内容方面的问题前文已经有所阐述，这里主要探讨逻辑及形式方面要注意的问题：

（1）不同标题之间逻辑性差，明显不协调。

如：前面标题为"构建某制度的必要性"，而后面却没有"构建某制度的可行性"。

（2）各标题之间要有内在的逻辑关系，❶不应相互矛盾，同级标题之间不应范围交叉。

如，一篇名为《幸福价值的法治之维》的博士论文初稿，一级标题为：幸福观历史考辨，其下二级标题分别为：西方思想史中的幸福观、中国传统幸福观、马克思主义幸福观。这显然是把马克思主义当成了独立于西方及中国的内容。

（3）题目及各标题相互之间表述不要雷同。

如：论文一级标题是"进路与选择：以加强民主能力为理念形成基层民主法治化建设与民主能力加强的互动式发展"，二级标题是"以加强民主能力为理念形成基层民主法治化建设与民主能力加强的互动式发展"（34

---

❶ 有学者认为："标题应当出现题目中的关键词。"（梁慧星：《法学学位论文写作方法》，法律出版社 2012 年版，第 77 页）笔者认为，这实际上是对论文基本逻辑结构的一种要求，而不是对具体论文标题的要求。现实中论文一级标题并不一定体现一个共同的关键词（可能两个、三个合在一起才体现一个关键词），其表现方式自然也多姿多彩。

个字，也比较长），这两级标题几乎完全一样。

（4）同一级标题还应该构成一个逻辑整体，与上一级标题覆盖范围基本一致。

不应该使大标题无法涵盖小标题，如大标题为"完善我国反'疾病就业歧视'法律制度的建议"，但下面小标题却包括"加快推行我国行政诉讼简易程序""挖掘非政府民间组织的反歧视潜力"；也不应该使小标题的范围明显比大标题的范围狭窄很多，如大标题为"法律实施"，而下面小标题仅涉及"行政执法"，根本没有谈"司法"等其他法律实施问题。

（5）各标题之间不应该逻辑颠倒。

如有的论文先写"外国某法律制度情况"，后写"我国某法律制度及存在的问题"，这实际上就是没有重视论文的"问题意识"。中国法律制度尚没有发现问题，谈外国的法律制度有何意义，似乎就是为了凑字数，以及显得资料丰富、内容全面。

（6）分析问题部分的小标题与解决问题部分的小标题不对应，成了"两张皮"。

前面提出的问题，后面没有予以解决，或后面解决的问题，前面根本没有提出。

（7）前后两个小标题表述上几乎完全一致或对应，也不妥。

例1：前面发现的问题是"法律不统一"，后面解决问题的方法是"使法律统一"。

例2：前面是"自贸港反洗钱监管制度的不足"，后面是"自贸港反洗钱监管制度的应对"。

例3：一位法理学博士论文的预答辩初稿的目录包括如下内容：

第三章　第四节　广西少数民族地区社会治理法治化的现实困境

　　一、法律规范体系不够完备

　　二、法律实施体系不够高效

三、法律监督体系不够严密

四、法律保障体系不够有力

五、党内法规体系不够完善

第四章 破解路径：完善广西少数民族地区社会治理法治体系

第一节 形成完备的法律规范体系

第二节 形成高效的法治实施体系

第三节 形成严密的法律监督体系

第四节 形成有力的法律保障体系

第五节 形成完善的党内法规体系

第六节 构建"三治融合"社会治理体系

这样表面上看是表达上语词匮乏、单一，实质上暴露两个问题：

首先，对问题的分析深度不够，如例1中对"为什么法律不统一，原因何在"未进一步探讨。其次，建议内容不具体，例1中对"如何实现法律统一"以及"关键措施是什么"不明确。

这类似于我们"提出问题——自行车骑不动了"，然后"分析问题——链条断了"，最后"解决问题——买条链子安上"一样，完全跳过了中间的理论分析环节——"为什么链条断了"，也跳过了具体实施环节——"如何购买及如何安装链条"，完全成了"从经验到经验"的研究。这种"头痛医头，脚痛医脚"的解决问题的做法，不是写作学位论文的学生要做的事情。

（8）各标题的内容要精炼，且尽可能明确，而不能含含糊糊，尤其是不能口语化。

例1：论文小标题为"……之所见"，就被评阅人认为"口语化太重，大白话，不严谨"。

例2：一篇硕士论文的开题报告，题目为"审判中心制的检察应对"，其框架结构第三部分为"检察机关应对改革的外部措施"，其下包括这样的小标题：

一、形成新型侦诉关系

二、探索理顺检法关系

三、建立与律师沟通机制

四、利用媒体提高公信力

这样的标题好像领导的讲话大纲，而如何"形成""探索""建立""利用"不清楚。该开题报告中第二部分"检察机关应对改革的内部措施"下甚至有一个标题为"提高队伍战斗力"，令人不知所云，我们要投入一场战斗吗？到底作者想提什么建议？！

例3：一篇本科论文，题目为"论法官审判责任的认定"，其第四部分为"完善我国法官审判者责任认定的具体建议"，其下面的第一部分目录内容如下：

（一）明确法官审判责任认定主体，保障法官主体地位

1. 完善法官的职业保障机制

2. 提高法官整体素质

3. 有效防范"刚性维稳""熟人请托"等负面影响

4. 建立定期抽查考评制度

这样的标题姑且不说是否适合论文的实质要求（这些内容与"责任认定"有多大关系？），其表述的粗率、空洞、宏大、重叠及口语化实在令人吃惊！

（9）不要为了追求美观而设立文学性或美学性很强但不符合法律逻辑的标题。

例1：学术硕士论文《论司法权的属性及其法理功能》，写作提纲包含这样的内容：

一、司法权的法理功能（"法理功能"的说法令人困惑）

（一）判断：辨是别非、释法补漏

（二）决定：定分止争

（三）调整：维权护益、控权审规、定罪量刑

这里的"判断""决定""调整"看似对称美观，但是在逻辑上并非并列或递进，而是有重叠。

例2：一篇专业硕士论文的目录中有这样的内容：

二、民事强制执行中司法拘留存在的问题

（一）无用：异地司法拘留问题

（二）乱用："以拘代执""随意解除"现象分析

（三）滥用："逢拘必满""轮候拘留"问题

这里的"无用""乱用""滥用"确实比较对称，念起来也比较顺口，但是其间的逻辑关系并非并列或递进，如"乱用"与"滥用"在法律上如何区分？❶

（10）标题太长，甚至包括两行内容，还在中间用逗号等标点符号。

例1：一篇论文的一级标题是"进路与选择：以加强民主能力为理念形成基层民主法治化建设与民主能力加强的互动式发展"，足有39个字！

例2：一篇题为"我国PPP模式中社会资本方的法律风险防范研究"的硕士论文，目录部分内容如下：

四、完善我国PPP模式下社会资本方的法律风险防范建议

（一）推进PPP模式立法统一，形成多层次法律体系

---

❶ 学术标准与美学标准是两回事。鲁迅先生在《藤野先生》一文中有这样的记述，令人印象深刻："可惜我那时太不用功，有时也很任性。还记得有一回藤野先生将我叫到他的研究室里去，翻出我那讲义上的一个图来，是下臂的血管，指着，向我和蔼的说道：'你看，你将这条血管移了一点位置了。——自然，这样一移，的确比较的好看些，然而解剖图不是美术，实物是怎么样的，我们没法改换它。'现在我给你改好了，以后你要全照着黑板上那样的画。"

（二）分析 PPP 合同法律性质，合理选择争议解决方式

（三）完善 PPP 模式退出机制，探索多渠道退出方式

（四）加强政府权力规制，设立独立项目管理协调部门

（五）多方协作，构建 PPP 模式系统性风险预警机制

例 3：硕士论文《UGC 短视频平台侵权责任认定问题研究》，目录中有这样的内容：

（二）实践中我国 UGC 短视频平台侵权认定困难的分析

1. 立法不统一，相关概念的法律认定模糊
2. 司法机关自由裁量空间过大，导致认定标准和裁判的不统一

这样的小标题比较长，中间有"逗号"，又是"先推进，后形成""前原因，后结果"类似的"对称"结构，就像领导的报告，很不精练。

例 4：硕士论文《论我国新时期信访制度的完善》，其目录的第四部分是这样的：

四、我国新时期信访制度的完善（这一级标题与论文题目相同，也是不可以的）

（一）在立法层面上，关键要将信访权入宪，给信访制度立法，为其提供法律依据

（二）在制度层面上，明晰定义信访制度，限制信访权滥用，维护法律的权威

（三）在监督层面上，信访制度应借鉴国外做法，设立中国特色的第三方监督机制，确保信访案件能得到公平、公正的解决

（四）在权利救济层面上，信访制度要设定好与相关权利救济制度的衔接，加强各机关联动，为信访案件的后续处理提供保障

（五）在法治教育层面上，提高民众、国家机关及工作人员的

法律意识和法治观念，从源头上减少信访案件的发生

这篇文章二级标题的字数均超过 25 个字，这样的论文标题，任谁读了都会觉得头大。

论文各部分最好字数相近，不要相差太大，显得不协调。如：前面一般理论介绍、制度的历史演变过程等说明性部分字数太多，占了全文三分之一以上的篇幅；提出问题部分之前内容太多，占了一半的页数；分析问题部分一般是重点，但只占了不到五分之一的篇幅；最后的建议部分内容太多，占了大约一半的篇幅；等等。这些都可以称为"主次不分"。

（11）标题的标号要符合要求，如一般按照这样的规范："一、""（一）""1.""（1）""1）"，同时"引言"及"结语"前一般不出现标号。

（12）正文标题要与目录一致（如果用 word 自动生成目录，则自然解决了这一问题）。

（13）目录中把"摘要"及"Abstract"也列入，把"参考文献"还细分为"期刊类""著作类"两部分作为二级标题等，实在没有必要。

五、引　论

正文与注释结合在一起，构成广义上的正文部分。正文是论文所要阐述的主要内容，构成论文的主脉，注释则辅助说明正文，是论文的支脉，对正文起基础性支撑作用。

正文通常没有明确的格式要求，属于比较自由的部分，因为它属于实质内容的写作，具体的格式应该完全适应不同的具体内容的要求。尽管如此，正文还是必须按照论文的内在逻辑需要，分为引论、本论、结论三部分。这通常称为学术论文的基本型（三段式）。[1] 一般文章写作所谓"凤头、

---

[1] 遗憾的是，不少学校的论文格式（主要是本科）并不要求一定写上引论及结论，这导致相当一部分论文没有这两个部分，大部分论文没有结论。

猪肚、豹尾",对于学位论文的写作也是适用的。

本论是狭义的正文部分,它是论文的主体,对论文质量具有决定性的作用,是论文能否通过答辩,学生获得学位的关键。❶ 在这里可以详细地阐述对问题的独特分析,从各种角度来充分地论证论点(这也是"本论"二字的基本含义),集中表述研究成果。论文正文内容丰富,篇幅及字数占论文的绝大部分,相比于摘要,可谓洋洋洒洒。这里不再详述。本书只讲引论和结论部分的格式要求。

首先讲引论部分。论文不需要像文学作品那样,开头花里胡哨一大堆,使人不知所云,但也不要开门见山,直截了当,不让读者了解研究背景等相关情况就直接谈自己的学术问题,显得非常突兀。

(一)论文"导游"

引论,又称序言、绪论、引言、导言,就是"导游"。它位于正文的最前面,是读者进入正文的第一步。其主要作用在于引导读者比较轻松地进入下面的正文本论部分,为读者深入理解论文作一些基础性的铺垫工作。读者拿到一篇学位论文,通常几万字、十几万字甚至几十万字,是否值得花费宝贵的时间阅读论文内容,除了看论文题目或摘要,有时读者也会重点阅读引论,希望从引论予以判断。❷

(二)基本内容

因为涉及第一印象的问题,对引论一定要引起高度重视。这部分主要阐明以下内容:

---

❶ 同时,这部分也是论文"查重"的主体。
❷ 有学者认为,初稿修正之后,才能开始着手写前言,因为先写前言,则因为尚未有一个全盘的考虑,必定不得要领,或者挂一漏万,亦难使读者获得明确的概念(宋楚瑜:《如何写学术论文》,北京大学出版社、九州出版社2014年版,第91页)。笔者并不赞同他的观点,因为此前已经有了大纲,有了整体的考虑,尽管可能还需要修改、完善。

1.选题背景、缘由、研究对象以及研究目的和意义(必要性)

考虑到读者对论文内容一般不大熟悉,这里介绍"研究对象"通常要涉及对相关基础性概念的阐述和说明。有的论文甚至为此专门设一小部分对多个有关概念,尤其是含义有分歧的概念在文本中的含义予以明示。❶这有些类似于律师起草的大部头协议书及法律意见书等法律文件,其目录后的第一个部分往往就是"本文基本概念的含义说明"。

学生往往对基本概念的阐述重视不够。一篇题为《审判中心制研究》的硕士论文,没有明确"审判中心制"概念的基本含义。一篇题为《药品专利链接制度研究》的硕士论文,却未对"药品专利链接"没有给出明确的解释说明。一篇题为《个人网络店铺转让合同效力认定研究》的论文,将"网络店铺"定性为"虚拟财产集合体",但通篇没有对"虚拟财产"这一非民法学上的概念进行阐述及说明。

一篇探讨"刑法中的扩张解释"问题的博士论文,外审时一位专家的评阅意见中有这样的内容:

> 本文首先应当对"何谓刑法解释,何谓刑法扩张解释,其正当性或必要性,以及其在中国刑法中的适用状况等"基本情况进行简要说明。但是本文却是在没有任何理论铺垫的前提下,直接从"扩张解释的基本立场"开始论证,这会有些突兀。类似于《虚拟财产刑法保护》,根本不提何谓虚拟财产及其特征,这显然是不可思议的。

引论与摘要明显不同,除了内容及字数多以外,一般并不阐明自己的中心观点,更不进行论证。实践中不少本科生常常把摘要写成引论的一部分,只讲研究对象及研究目的,内容不完整。

---

❶ 这部分内容根据实际情况,有的论文将这部分放在引言部分,也有的论文将这部分放在正文第一部分。

2.前人的研究工作介绍及简评，尤其是不足的阐述

在这部分学生最容易犯的错误就是，对前人的相关工作阐述得不够（这也意味着前面的文献综述工作没有做好），也未对已有观点的不足予以说明，从而未由此引入正文的论述。如果前人的研究没有局限，何须作者再进一步研究、撰写论文？论文的研究领域重要和作者这篇文章重要是两回事！

这部分应把自己的研究置于其他学者已有研究的大背景下，表明作者的研究是在前人基础上展开的，便于读者理解下面的内容。一般期刊论文往往在引论部分不讲已有文献情况，或一笔带过，这部分内容很大程度上是作为论文写作过程的"脚手架"，使导师及评委可以了解学生的写作思路及过程，进而对论文进行评价。❶

3.论文的主要思路、结构及研究方法

有些同学对自己研究方法的阐述非常含糊、笼统，大而不当，如"本文采用了语义分析、文献调查等方法"，甚至有人这样写："本文采用了辩证唯物主义、历史唯物主义、阶级分析等方法""运用定量与定性相结合的方法""宏观分析与微观分析相结合的方法""理论分析与实际运用相结合的方法"。这些方法可谓几乎所有的文章都会采取的宏观的基本方法，这使得这部分的阐述变得毫无意义。试问：哪篇文章不涉及语义的基本阐述，不涉及文献调查?! 方法运用应该写得具体一些，体现论文的特殊性，以及该方法与研究内容内在的密切联系，如运用博弈论、计量经济学、案例分析的方法，等等。

---

❶ 也许正因为这部分内容是"脚手架"，不少老师主张：大厦建好后，"脚手架"就应该拆掉了。论文写好了，引论中只要阐明研究什么问题以及研究意义就可以了，没有必要写上很多前人研究的进展情况，否则显得啰嗦，不简练。现实中也有很多同学论文中不包括该项内容，其理由主要是已经在前期的文献综述及开题报告中写过，没有必要再在论文中重复。

笔者认为，学位论文是训练性论文，既然这部分工作属于学术论文写作所必需的，实际上做了这方面的前期准备工作，还是写上比较好，一方面表明论文写作工作步骤的完整，另一方面也便于专家评阅和审查。学位论文审查，不仅看最后的结果，还要看写作过程，这正如大厦建设需要监理随时监督，而不仅仅是大厦建成后的审核、验收。

4.有的引言往往还要写上论文的难点及创新之处

这部分内容有利于读者对论文的把握，但并非必要内容，多数论文并不包含该部分。引论是对前期工作，主要是选题、搜集资料、文献综述、开题报告的概括总结，其基本内容四部分中，前面两部分对应"文献综述"，后两部分对应"写作提纲"。总体来看，引论可谓"开题报告书"的"精华版"。引论基本上采取叙述的方式，其写作风格通常是提纲挈领，平铺直叙，由浅入深，通俗易懂。不少论文在引言中通过具体生动的案例来引出所研究的内容，这是很不错的选择。

在写作顺序上，一般引论部分是先写的，然后写正文部分。但也可以在初稿写完后再写引论，如写作摘要一样。❶这主要是考虑到未写完初稿则对论文没有一个总体的把握，同时写引论对学术知识及技巧两方面的要求都较高。学生可以自己灵活把握。

（三）框架结构实例

例1：《合同自由与公序良俗》。

第一章：导论
（一）选题背景及意义（选题及其研究价值）
（二）研究状况和文献综述（前人研究状况）
（三）研究方法和主要内容（本文研究计划）

例2：《交易安全义务制度研究》。

第一章 引 言
1.1 问题的提出（选题）

---

❶ "初稿尚未修正之前，由于我们对整篇报告的内容尚未有全盘肯定的构想，此时如仓促下笔，写来必定不得要领，或者挂一漏万，亦难使读者获有明确的概念。"宋楚瑜：《如何写学术论文》，北京大学出版社、九州出版社2014年版，第91页。

1.2 选题背景及其意义（研究价值）

1.3 文献综述（前人研究状况）

1.4 本文的结构安排（本文的研究思路）

1.5 本文的研究方法（本文的研究方法）

1.5.1 比较法的研究方法

1.5.2 法律解释和法律漏洞补充的研究方法

1.5.3 具体化和类型化的研究方法

1.5.4 动态系统论

例3：《英美法对价原则研究》。

导论

第一节 发掘合同与合同法的特质与使命（研究背景、范围）

第二节 人类需要什么样的合同秩序？合同约束力根源之考量——对价是英美法合同约束力的核心根源（研究问题提出）

第三节 本文的前提预设、研究内容和研究方法（本文研究方法）

第四节 本文的研究难点、国内外研究现状与本文的意义（他人研究现状，本文研究意义）

例4：《知识产权损害赔偿制度研究》。

第一章 绪论

第一节 研究背景及研究意义（研究问题及研究意义）

一、研究背景

二、研究意义

第二节 研究现状（他人研究现状及存在的问题）

一、国内研究现状

二、国外研究现状

三、研究现状评述

第三节 研究方法、思路与创新点（本文的研究计划）

一、研究方法

二、研究思路

三、学术创新点

例5：《人民法院审判权运行制度及其改革问题研究》。

导论

一、为什么要研究审判权运行制度（研究问题及价值）

（一）审判权运行中存在的制度问题

（二）审判权运行制度改革的复杂性、迫切性和局限性

二、论文研究的学术意义（他人研究现状）

（一）国外研究现状

（二）国内研究现状

三、论文的研究进路（本文研究思路）

四、论文的结构安排（本文研究框架）

有必要补充说明一点：这里的引论是全文的引论，但对于正文一级标题下的论文内容，通常也要在开头有一个"小的引论"，而不是直接连着一个二级标题。这主要是为了读者阅读的方便，有一个过渡。❶有的论文正文中有几个不同层级的标题，每个标题一行，上下紧紧连在一起，中间没有过渡的话语，不合乎学术规范。

---

❶ 这个"小的引言"当然不会有小标题。此外，一级标题下的内容，最后不一定有一个类似论文结论的"小结"，如果有也是可以的，还可以有一个小标题（未必编号）名为"本章小结"或"小结"。

六、结 论

法学学位论文应当有结论，是学术研究的规律性决定的。[1]学术研究是一个过程，有其始端和终端。导论是写作的始端，结论是终端。导论和结论都具有引导读者、承上启下的功能，导论的功能是"导入"，引导读者由社会环境级别的学者构建的学术环境进入论文构建的一个法学学术环境，从过去过渡到现在，而结论的功能是"导出"，引导读者由论文构建的环境中走出来，回到社会环境，从现在到未来。没有引论，使人觉得被"绑架"，被迅速带进一个陌生的环境；没有结论，则使人觉得遇到"急刹车"，自己被一下子被抛出车外。

（一）写作目的

结论是整篇论文的最后总结，可谓最有价值的部分。它是对全文的概括提炼和总结升华，应当以简练的文字说明学位论文所做的工作、取得的成果，也可以同时交代论文研究的未尽事宜和展望未来研究趋势。结论置于论文主体之后，单独作为一部分，不另设标题编号。

结论概括性强，比较简短，通常比导言要简短得多，所以它往往也是读者快速了解论文内容及理解其学术价值时必读的部分。从学位论文答辩的角度讲，论文要经专家鉴定，写出评语。答辩委员会成员也要审读论文，写出评语。考虑到一篇博士论文通常几万字、十几万字，专家通常不可能一口气读完，总是读几页，放下了，又读几页，又放下了。经过多次才断续读完，读到末尾，前面的内容已经模糊。不可否认，有的评定因时间关系不可能读完全文，阅读了导论部分，翻阅、选读几个章节，然后就写评语。如果有一个结论，概括论文的研究结果、作者的基本学术见解、本研究结果的理论意义和实践价值，对于评定人作出总的评价有莫大的帮助。

---

[1] 结语与结论二词含义大致相同，一般认为结论是结语的核心，结语范围要大一下。作为学位论文结构的一部分，正式的说法为"结论"。

（二）基本内容

首先，总括全文，简要地说明自己的主要研究方法和基本研究思路，提出对所述论题的总结性看法和意见，突出重点，指明论文的创新之处。然后，加深题意，指出论文的不足之处，以及还有哪些方面需要（自己或其他学者）进一步探讨。简单地讲，结语包括四个方面：研究对象、研究方法、研究结论（创新及推论、作用价值）、局限及进一步研究的方向。这与摘要内容有相似之处，但是更加简练，同时也更加重视结论本身的阐述、界定及谨慎的态度，或自我评价。

结论是作者"懒得思考下去的地方"，也是作者"江郎才尽""没有能力进一步写下去的地方"。结论不是最终的，不是唯一的。任何结论都是对事物一定层次一定条件下思考的结果，进一步思考探讨的余地总是有的。如果说，正文要"批判别人的观点"，指出别人的不足，使读者明白自己的创新之处的话，那么结论则要对自己的创新观点予以反思，"批判自己的观点"，大胆承认自己的无知、无能，指出自己研究的局限性，使读者认识到作者的不足，从而深化对作者观点的认识，客观评价作者的观点。结论的这些内容往往也会成为后来学者论文文献综述的一部分，成为他们研究的基础，在论文中诚实地承认自己的不足，会赢得读者的心，正如我们在日常处世中一样，诚实交良友。

结论不能只是简单地重复研究结果，必须对研究结果有进一步的认识。结论内容除了要反映研究结果的理论价值、实用价值及其适用范围外，一般还要适当提出研究建议或研究展望，也可指出有待解决的关键性问题和今后研究的设想。因此，在结论中一般要阐述研究结果说明了什么问题及所揭示的原理和规律（理论价值），在实际应用上的意义和作用（实用价值），与前人的研究成果进行比较有哪些异同，做了哪些修正、补充和发展，本研究的遗留问题及建议和展望是什么。❶这正如朋友分手时要说"再见"一样，结语为下一次"再次相见"，即"进一步的学术交流"作一个铺垫。

---

❶ 这时应严格区分本人研究成果与他人科研成果的界限。

(三）应避免的几个问题

编筐编篓，贵在收口。叶圣陶先生有云："结尾是文章完了的地方，但结尾最忌的却是真个完了。要文字虽完了而意义还没有尽，使读者好像嚼橄榄，已经咽了下去而嘴里还有余味，又好像听音乐，已经到了末拍而耳朵里还有余音，那才是好的结尾。"❶ 结论是论文不可或缺的部分，同引言一样重要，如果不是更重要的话。这时，一般要避免以下问题：

· 主题不明确，语言不精练。

· 仅仅写出了自己的创新观点，太简单。

· 把结论写成余论，再留一些问题给读者展示。一般学术期刊论文这样可以，但学位论文不允许。

· 把结论写成展望。一篇论文把需要解决的问题解决好即可，展望内容不需要太多。

· 把结语写成感想。不少学生经常触景生情、浮想联翩，把许多与结语没有关联的东西写进来。感想，如果要写，也只能写在致谢部分（严格来讲"后记"部分）。

· 没有结语。

（四）笔者一篇论文的结语实例

《"以权利义务为内容"是法的基本特征吗？》❷，结语如下：

> 综上：法并不以权利义务为主要内容，法的主要内容除了权利义务之外，还包括职权职责以及法律责任；"以权利义务为主要内容"也并非法的基本特征，因为这种权利义务双向调整机制是近代法律才具有的，而古代法律并不具有这样的特征；从逻辑的

---

❶ 叶圣陶：《怎样写作》，中华书局2007年版，第68页。
❷ 韩立收：《"以权利义务为内容"是法的基本特征吗？》，《福建江夏学院学报》2020年第10卷第6期。

角度来看，权利和义务是不可分的，权利义务是一切社会规范的基本内容，它们并非法所独有。教科书中出现对法律特征认识错误的主要原因在于：混淆了权利义务二者的内在逻辑关系与其在法律条文中的外在表现关系，以及夸大了法律与一般社会规范之间的区别。（论文的主要创新观点及理由）

上述论证成立后，明确得出结论"以权利义务为主要内容并非法的基本特征"，为此我们就应当将该特征部分的内容从教科书法律的概念中去除，进而，教科书中法律规范的结构、法律规范的分类以及法律与道德等社会规范的关系等内容，都要相应地进行修改。（论文观点的推论）

（五）框架结构范例

例1：《衡平法的推定信托研究》❶。

第六章　结论
第一节　我国立法及司法层面类似推定信托的规定及司法实践（我国状况阐述）
第二节　结论——在不当得利的基础上适用推定信托（创新观点及应用）

例2：《英美法对价原则的研究：解读英美合同法王国中的理论与规则之王》❷。

第六章　对价原则与中国法：一个比较法视角下的结论

---

❶ 邢建东：《衡平法的推定信托研究》，对外经济贸易大学2006年学位论文。
❷ 刘承韪：《英美法对价原则研究：解读英美合同法王国中的理论与规则之王》，法律出版社2006年版。

一、中国法中的对价词汇与观念：中国到底存不存在对价问题？（结合中国实际）

二、对价原则对中国法的理念价值（西方理念的引进）

三、对价原则对中国法的制度价值（中国制度对西方理念的借鉴）

四、简短的结论（具体创新观点）

例3：《我国环境法治的社会资本理论考察》❶。

结语

一、环境法治失灵：我国环境法治发展与生态恶化形成鲜明反差（新观点1）

二、社会资本缺失：我国环境法治失灵原因的新诠释（新观点2）

三、社会资本累积：我国环境法治失灵校正的新路径（新观点3）

例4：《协商行政：一种新的行政法范式》❷。

结语：协商行政对我国行政法的结构性变革

一、行政法理念转变（新观点及推论1）

二、行政法理论革新（新观点及推论2）

三、行政法制度转型（新观点及推论3）

例5：《法社会学视野基层法院组织结构的运行逻辑》❸。

结论　走出个案：基层法院组织结构的现实架构和运行路径选择

---

❶ 徐忠麟：《我国环境法治的社会资本理论考察》，武汉大学2015年学位论文。
❷ 相焕伟：《协商行政：一种新的行政法范式》，山东大学2014年学位论文。
❸ 徐清：《法社会学视野基层法院组织结构的运行逻辑》，云南大学2016年学位论文。

一、问题回溯（表明问题）

二、"权力型"组织结构的评析（文章论述方法及创新观点）

（一）"权力型"组织结构的成因

（二）"权力型"组织结构的特点

三、交往沟通逻辑下"审判型"组织结构的回归（进一步的推论）

（一）交往沟通逻辑与法院组织结构的构建

（二）路径选择：回归"审判型"组织结构

例6：《我国本科法学教育中实践教学体系的构建与运行》❶。

结论

（一）论文的基本观点（结论）

（二）论文的理论意义和实践价值（进一步，其价值）

（三）论文的主要创新点（突出创新之处）

（四）论文的局限和不足（评价及进一步研究的余地）

七、注　释❷

学术性文章之所以不同于一般文章（如政治性文章），很大程度上就在于它在论述中要引经据典，甚至旁征博引。❸注释问题看起来不过是一个形式上的规范要求问题，但"这里的形式性规范并不仅仅是形式的，而

---

❶　邵文涛：《我国本科法学教育中实践教学体系的构建与运行》，山东师范大学2008年学位论文。

❷　不少大学对学术引注的方法是非常重视的。哈佛大学在新生入学时会每人发一份手册《学术论文引用规范》("Writing with Sources: A Guide for Harvard Students"）。香港大学的新生入学时也会收到类似的小册子。

❸　这也成为一种标志，没有注释的文章就不属于严格意义上的学术论文，即使它已经被发表在学术刊物上。

是具有实质性的内容的"。❶ 注释的重要性不亚于正文，写好注释难度甚至高于正文，说"正文一分钟，注释十年功"也不为过。也正因为如此，学位论文的写作对注释有严格的要求。除了必须遵守格式的要求外，学校往往还规定一篇学位论文必须至少有多少条注释，如本科论文至少含有15条注释，等等。

（一）"注"与"释"

注，指引文性注释，英文为 reference footnote，又称引注或引证，指出某段文字是引用某人某篇文章或专著等文献里面的内容。其主要功能在于表明论文"言之有据"，内容来源何处，起到索引作用。释，指释义性注释，英文为 content footnote，对该处文字的内容作解释，包括对论文中讨论的某些论点补充其他的佐证文献，拓展在论文中论述的观点，纠正文章的论点，等等。"注"和"释"通常合在一起，被称为"注释"。这是因为在论文写作中，二者往往同时出现，功能互补。

（二）直接引用和间接引用

如果引用属于原文照录，不做任何修改，在正文中需要把原文内容打上引号，这为直接引用；如果概括、综合别人的观点就不需要打引号，此为间接引用。有些杂志要求间接引用需要标明"参见"二字。一般引用应为直接引用，以保证所引内容的准确和完整。直接引用，可以准确表明其他学者的观点，同时明确区分自己的观点与他人的观点，不会侵犯别人的著作权。但是，这种方法也有局限，由于没有自己观点的渗入，而引用的原文中可能有的内容与论文无关，这样可能会冲淡主题，使得论文表述显得生硬，不流畅。间接引用，用自己的话阐明别人的观点，可以使文章顺畅，但需要深刻理解别他人的意思，注意不要产生误解。

---

❶ 朱苏力：《法治及其本土资源》，中国政法大学出版社1996年版，第211—219页。

（三）注释标注类型

一般注释包括正文内夹注、页下注释以及文末注释三种。夹注使用较少，一般放在需要注释的内容后面，具体内容放在小括号内。如：有些引用的内容中有错别字或明显错误时，❶这时就可以在该错别字或错误后如此表示：（原文如此——笔者注）或（引者注：此处"马歇尔"系"马伯里"之误）。夹注一般比较简略，具体方式可以依照学校的有关规定及法学界的一般使用习惯。

（四）注释的作用

一种相当流行的看法认为，注释就是论文的"装饰"，从而"使论文看起来像论文"，并且往往是一种"障眼法"。实际上并非如此。注释与正文中的其他内容相比具有特殊的、不可替代的重要作用：❷

1. 增强论文的说服力，没有引注的论文就是空中楼阁

注释可以在论文中支持强化自己的观点，❸使论据更具效力。注释不限于"引入强援"，也可能"引入对手"。通过与"对手"的搏斗并取胜，来显示自己观点的学术力量。没有注释，论点就缺乏支撑力和扩张力，论文就显得不充实，不丰满，似乎文中的观点是不需要以别人的相关研究为基础的，论述是没有语境的，这不容易使读者信服。❹

2. 使学术观点可回溯，可以核查、重复与验证，保障了论文的科学性

3. 保持论文思路的连贯性

把相对次要的内容放到注释中去，可以突出论文的主题，从而使论文避免了一般性表述和资料的堆积，节省篇幅，使论文结构更紧凑、语言更精练。

---

❶ 在直接引注中，一定要保证引文的客观真实，精确无误，即使原文有误也必须照抄，只是需要同时用括号内文字注明。

❷ 美国很多法学刊物对论文注释的核对是十分严格的，往往要求投稿人将注释的原文如数寄到编辑部，一一核对。

❸ 即使是引用与自己的观点相悖的观点，也是为了通过批判来增强自己观点的说服力。

❹ 这样的论文写作方式往往貌似中立、客观，以上帝的视角、真理式的叙事，给人一种傲慢、自大，不容反驳的感觉。这种"无我"的论文基本没有论证的内容，常常就变成了说明文。

4. 反映了学术的继承性

注释表明作者对前人的相关学术成果有了清楚的认识，与他们进行了学术上的对话和交流，理解并继承了（包括批判地继承了）前人的理论和观点。注释表明认可他人的智慧成果，用谦虚的态度学习和借鉴他人智慧的结晶，是向所有作者和批评家的辛勤工作"致敬"。❶对一篇论文来说，如果说主题思想反映其具有创新性内涵的话，那么注释则反映了其具有基础性的外延。有学者把注释称为论文的"皮囊"❷，非常形象、传神。也有学者把引言中的文献综述称为"大学术史的梳理"，而把注释称为"小学术史的梳理"。❸

5. 反映了学术的创新性

表明作者专注于发现和研究学术上的新问题，没有重复前人的研究工作，从而避免了个人和社会资源的浪费。一种观点只是比自己以前的观点有创新，还不是论文真正的创新，只有把它放入既有的学术传统，与已有其他学者的观点进行比较，才能展现其真正的理论意义。没有对比就没有鉴别，也就谈不上创新。

6. 体现良好的学风

注释分清了他人的观点与作者的观点，表明尊重他人的劳动成果，没有侵犯他人的著作权，也是学术诚信的体现。❹同时，也是更重要的，这使该论文被纳入学术传统之中，表明作者是学界中的一员，尊重学术共同体的基本规范，有利于学术共同体的巩固和发展。不注释，读者会误认为这是作者的原创，这不仅欺骗了读者，也否定了原作的信誉（甚至会误以为是他人抄袭了作者的论文）。

7. 帮助形成知识网络，促进知识的传播，也有利于追溯思想观点的源头

---

❶ 批判及驳斥既是一种"继承"，也是对作者的"致敬"。批判权威就是致敬权威，就是通过尊重"权威观点为一种不可轻视、无法回避的、重要的学术观点"的方式来尊重权威。

❷ 参见刘南平：《法学博士论文的"骨髓"和"皮囊"——兼论我国法学研究之流弊》，《中外法学》2000 年第 12 卷第 1 期。

❸ 侯体健：《从读书笔记到论文写作：方法与规范》，见葛剑雄：《通识写作：怎样进行学术表达》，上海人民出版社 2020 年版，第 110 页。

❹ 当前我国的硕士论文和博士论文中一般都包含"原创性声明"以及"著作权保留声明"的内容。

这尤其有利于读者（潜在的学术后来者）未来的进一步研究。如果有引用而无注释，则对读者会造成困难，使其无法进一步按图索骥，查找该观点或材料的来源，延伸阅读，进行核实、验证及理解该问题。这就犹如发布一篇征婚启事，却没有写明联系方式。

8. 明白交代论文的起点和深度

这为论文的审阅者评估其水平和价值提供了客观的依据，有利于审阅者高效地对论文作出正确的评价。❶

总之，注释作为一个纽结，既将作者与他人区分开来，又将作者与他人紧密地联系在一切。注释体现了对前人的继承和尊重，对自己的肯定和尊重，对后来者的指引和帮助，也体现了对前人的批评和评价，对自己的批评和反思，对后来者的教育和规劝。它体现了对学术界、学术传统、学术规范的认可，表明了作者对学术活动的敬畏之心。

（五）注释的"三性"

注释应该具有相关性、原始性和学术性。❷

第一，相关性是注释最基本的要求。这里的"相关"大致包括以下含义：（1）注释应能够使读者看出他人观点与作者观点在学术上的承继关系；（2）注释应足够详尽、准确，使读者能够顺藤摸瓜，找到作者参考过的资料；❸（3）注释内容应与正文中的内容联系密切。

第二，原始性关注的是注释内容的真实性。它主要指的是要尽量引用

---

❶ 不少学者评价一篇论文的水平，首先就是看注释。如果论文注释很少，引注文献的权威性不够，且没有批判性地引证，那它的水平就被认为不会太高。不仅如此，现在注释中的引证还有统计学上的作用，通过被引用的次数来评价论文的学术价值高低。

❷ 参见刘南平：《法学博士论文的"骨髓"和"皮囊"——兼论我国法学研究之流弊》，《中外法学》2000年第12卷第1期。

❸ 一般著作，注明是哪家出版社的哪一年版哪页，就可以了。但是有些著作同一版本，不同次印刷（时间不同，有的甚至相差十多年），同页的内容也不同。这时就一定还要标明是第几次印刷，标明页数。这样才能使读者顺利找到引用内容的出处。

原始的资料，即原文或第一手资料。❶有学生研究仲裁问题，但论文没有一处引用仲裁书，而大量引用涉及仲裁的法院判决书，这显然是不适合的。原始资料的范围比较狭窄，像译文、选集摘编等都不属于原始资料。同时原始性也指要努力真实地反映所引用文献的原来含义，不能以讹传讹。有一门学科叫考据学，其目的就是要考证某一事实或观点的来源，如某一观点是谁在何种情况下说的，其当时的目的是什么，等等。这里的原始性（也包括注释的其他两种属性）就含有考据的因素，不限于找到原始资料，要尽力寻找某思想的源头，即第一个（最早）提出这一观点的人及文献。这个过程需要学生具有探索真相的勇气，"打破砂锅——璺（问）到底"的劲头，养成严谨的治学作风。

第三，学术性指的是注释包含学术分析、研究的因素。注释可以分为一般罗列式的注释和分析性的注释两种。前一种属于一般论文注释类型，主要提供文献的最基本的外在资讯，如文献作者、题目、出版物和出版时间等。而后一种还要对文献进行比较、鉴别和分析，具有学术性。分析性注释阐明了作者对相关问题的认识，包括赞同及反对某观点等，反映了作者知识的广度，对论文的质量具有重要的作用，但往往被人们所忽视。还

---

❶ 笔者对四个引证印象深刻。第一件，关于黎族习惯法，有学者引《黎岐纪闻》作者的话，黎族地区"其俗贱男贵女，有事则女为政"。但笔者在该书中并没有找到这句话，而是在该书中彭端淑所撰的第二个序中找到了。参见张庆长：《黎岐纪闻》，王甫校注，广东高等教育出版社1992年版，第114页。

第二件，有学者引黑格尔的名言"人们以为，当他们说人本性是善的这句话时，他们就说出了一种很伟大的思想；但是他们忘记了，当人们说人本性是恶的这句话时，是说出了一种更伟大得多的思想"，而笔者一直找不到其出处，后来发现这句话实际上是转引自恩格斯，是他对黑格尔《法哲学原理》第18节、第139节以及《宗教哲学演讲录》第3部第2篇第3章的思想所作的概述。参见恩格斯：《路德维希·费尔巴哈和德国古典哲学的终结》，见《马克思恩格斯选集》第四卷，人民出版社1972年版，第233页、第553-554页。

第三件，众多学者引用拉古迪亚市长对美国人的"拷问"："一个人为钱犯罪，这个人有罪；一个人为面包犯罪，这个社会有罪；一个人为尊严犯罪，世人都有罪。"这段话来自该市长给罗斯福总统的信。

第四件，大家经常引用马克思这句话"在民主的国家中，法律就是国王；在专制的国家中，国王就是法律。"人们却没有找到其出处。笔者后来在潘恩的《常识》中找到了类似的话："在专制政府中，国王便是法律，同样地，在自由国家中，法律便应该成为国王。"托马斯·潘恩：《常识》，马清槐译，商务印书馆2015年版，第34页。

有,这里的学术性也包含"权威性"的因素,注释的内容应该尽量是权威性的,而不是街谈巷议的内容。

此外,注释的使用应该具有必要性和适度性,注释的信息"真实、准确、完整、基本",便于读者查阅,不能断章取义,歪曲原义。同时,引用内容不能太多、太滥。有学者认为,引文的数量应当结合文章的篇幅而定,不可过多,也不能没有,具体量化就是引文不能超过被引用作品的十分之一。❶ 譬如,对一篇字数为10000字的论文的引用一般不超过1000字。

(六)注释容易出现的问题

(1)注释的内容主要限于马克思等革命导师的著作,对法学家的著作引证很少。似乎革命导师都是法学家,这些巨人的话就是真理,引证它们就等于拿到了"尚方宝剑"。这背离了"以理服人"的原则,实际上就是装腔作势,把这些权威抬出来压人,吓唬、恐吓读者,以引用来代替论证的贫乏。

(2)大量引用中央文件上的内容,在一定的程度上混淆了法律与政治、法学与法制的区别,也混淆了学术理论活动与社会实践活动的区别。

(3)正面引用(自己赞同的观点)很多,而反面引用很少,搞注释上的"顺我者昌,逆我者亡",偏听偏信,唯我独尊,使得论文深度不够,经不起推敲。实际上反例及反面的观点很重要,不应回避,只有高度重视,解释清楚了反例及推翻了反面的观点,自己的观点才能够真正树立起来。无视反对的观点,想蒙混过去,这是在欺骗读者,无视读者,很不明智,结果可想而知。

(4)间接引用很多,直接引用很少,使读者不清楚原文到底如何,可信度下降。如有的论文一大段不包含引号在内的内容后面插入一个注释符号,使得读者不知道哪些是引用的观点,哪些是作者的观点。还有,直接引用前面有"参见"字样,这一般没有必要。

(5)注释内容大都是法条,缺乏期刊文献等涉及观点的资料。

---

❶ 李可:《法学学术规范与方法论研究》,东南大学出版社2016年版,第5页。

（6）对文献理解不够，引证时没有忠于原文，断章取义。

（7）"注"较多，"释"很少。这可能是由于学生论文不精练，往往把"释"的内容写到正文中去的缘故。

（8）采用第二手资料，结果导致以讹传讹。如论文中如此表述，奥斯特洛夫斯基的话："一个人的一生应该是这样度过的：……"实际上这句名言并不是他说的，而是他的名著《钢铁是怎样炼成的》中主人公保尔·柯察金在烈士墓前说的。还有，引用莎士比亚的话："第一件事就是杀死所有的律师。"实际上这是他的名剧《亨利六世》中一位屠夫说的。❶ 另外，采用第二手资料，只写明了转引自某学术期刊，即使内容翔实，也是不妥的，因为这是不尊重学术期刊首发权的表现。

（9）引用了别人的观点及理论，但没有注释。这属于抄袭，应该坚决予以杜绝。如："有学者认为……"，不讲该学者是谁；"目前有两种理论，……"，不讲理论的创立者是谁，以及该资料的来源。"在昆山龙哥反杀案中……"，不讲该案件的基本情况，更没有注明该案件资料的来源。还有，别人未刊文章中的观点、聊天中别人谈到的观点、别人演讲中的观点，等等，如果提到（即使是表示反对）也要注明。

（10）自引很少。中国传统上很少自引，一方面可能是由于"自谦"的缘故，觉得自引有自我表彰、鼓吹的嫌疑，另一方面也是对于对自引的作用理解不够。实际上，自引也可以是批评性引注，未必是正面引注。同时，自引主要是为了不重复自己的观点及论证，以便进一步突出创新，这可以使读者不用浪费时间和精力来读你以前发表过的观点。

（11）所引的一篇或多篇文献与论文题目完全相同。尽管不是绝对不可以，但应该尽量避免出现这种情况。因为评委会思考：你是否抄袭别人的观点，以及你与别人的区别在什么地方，尤其是你的创新在哪里？难道

---

❶ 这样的例子还有很多，如：阿克顿勋爵的"权力导致腐败，绝对的权力导致绝对的腐败"，实际应为"权力趋向腐败，绝对的权力绝对地腐败"（Power tends to corruption, absolute power corrupts absolutely.）。还有"无毒不丈夫"应为"无度不丈夫"，"无商不奸"应为"无商不尖"，"大器晚成"应为"大器免成"，等等。

你的学术问题和别人完全一致？

（12）注释过滥。论文中注释过度，为了注释而注释（如为了凑够学校规定的论文最低注释的条数，或最低引用外文文献的数目），把根本没有必要注释的一些常识性的内容也给以注释，导致注释过于烦琐。❶论文中注释过多，会使得论文支离破碎，不忍卒读，冲淡了论文的主题。❷像有些英美文献那样大量用注释，❸有的正文半页注释半页，甚至注释的字数超过正文的字数，这样可能造成不方便读者阅读的问题。

刘南平教授把"论文的注释"称为"皮囊"，这既强调了注释的重要性，同时表明了注释作用的限度，即我们不应该把"皮囊"当成"骨髓"那样对待，过犹不及。注释是论文的辅助部分，本应越少越好。一篇"皮囊"与"骨肉"比例失衡，甚至皮多肉少的论文只能是一篇难看的论文。衣服上下缀满色彩缤纷、琳琅满目的装饰（实际上就是给衣服打补丁），只会使得衣服花里胡哨，臃肿不堪。

不仅如此，引用过多实际上表明正文内容相对较少，以别人为权威，不自信，进而创新较少。只是引用别人的观点，这是简单的学术背景介绍，仍在传统思维模式里面，尽管可以构成创新的基础，但其本身还不是创新。梁漱溟先生有这样的话，值得人们深思："会读书的人说话时，他要说他自己的话，不堆砌名词，亦无事旁征博引；反之，一篇文里引书越多的一定越不会读书。"❹

---

❶ 现在有些期刊上的论文一反中国传统上注释很少的习惯做法，注释的内容非常多，甚至走向另一个极端，与某些外国学者，与马克斯·韦伯的写作风格相似，注释在字数方面大有与正文字数比肩的气势。这并不可取，因为"喧宾夺主"了。实际上有些注释的内容没有必要，完全可以删去，另一些比较重要，则可以放入正文之中。一个人的衣服很厚很漂亮，并不表明他很健壮。

❷ 陈寅恪教授治学严谨，但他的著述就脚注极少。美国大法学家卢埃林对偏执于论文引证非常反感，称"引证癖（Cititis）是在这块土地上广泛传播的一种疾病"。他1930年出版的《荆棘丛》中就没有一个注释！参见卢埃林：《荆棘丛》之"致谢（1951年版）"，明辉译，北京大学出版社2017年版，第5页。

❸ 中文文献传统上引用以"必要"为限，而英文期刊文献则是"if doubt, cite"，如有疑问就需要注释。

❹ 思维的层次和境界，http：//www.360doc.com/content/16/0302/22/ 1031880_538931253.shtml，2022年4月6日访问。

（13）引用过多的外文文献。有的论文中外文文献很多，甚至有些专门研究中国法制史的论文也是如此。这种为了引用而引用外文文献（为了装门面，甚至为了凑字数）的做法，显然是走火入魔了！

（14）大量引用硕士学位论文、网络文献以及权威性很低的"垃圾期刊"上的文献，效果很糟。

（七）注释格式

注释格式，主要指引注的具体格式问题。各个国家、地区，不同学术领域以及不同时期对格式的要求都有所不同，但基本都包含作者、文献名称、期刊及年、卷、期页，或出版地、出版社名称、出版时间、版次、页码等。其直接目的是要清楚明白说明资料的来源、出处，便于读者查阅、核对、溯源以及进一步阅读和研究。

此外，大段引用的内容要去掉双引号，变换字体、排版格式，以区别于自己的观点。

2019年11月由《中国法学》等多家法学期刊共同制定并使用《法学引注手册》，对引证格式作了全面的规定，由中国法学会法学期刊研究会推荐给学界，同学们可以参阅。

八、参考文献目录 ❶

如果说注释是论文的"衣服"的话，那么参考文献目录可以说就是论文的"鞋子"。它们都是前述刘南平教授所讲论文的"皮囊"，是论文不可缺少的一部分。

---

❶ 通常人们讲论文格式中的"参考文献"部分，实际上是"参考文献目录"部分。这类似于我们常说的"历史系"，实际上应为"历史学系"。

（一）参考文献目录的价值

参考文献这一概念是舶来品，首先在自然科学类期刊中使用，然后才逐步推广应用到社科类期刊以及学术论文中。[1] 参考文献目录虽然放在文末，但不是论文的形式部分，更不是可有可无的。尽管注释中已经包含引证文献，但参考文献部分并非多余。这一方面可以使全部参考文献与其他内容分开，单独集中在一起，且分门别类，使读者一目了然；另一方面可以便于自己以及他人对论文予以评价，如视野是否开阔、文献是否经典、是否体现学术前沿，等等。此外，参考文献的著录还便于有关情报的研究，如论文被引用次数的多少，这往往成为衡量论文质量的一个重要指标。

（二）重视参考文献，首先是重视文献搜集和阅读

论文中参考文献部分的内容，如文献数量的多寡、文献类型的多样性程度以及文献的档次，一方面标识出论文写作的主要思想来源和材料来源，反映了作者阅读的范围和努力程度，另一方面在一定程度上体现了论文研究的广度和深度，进而从一个侧面反映了论文水平的高低。[2] 在西方国家任何学术文章都必须有参考文献部分，在我国一般的论文未必有参考文献部分，而学位论文则规定必须有，这是对训练性论文的一种强制要求。不仅如此，各学校一般还规定文献的最低数目要求，如本科15篇以上，硕士30篇以上，博士50篇以上等。[3] 参考文献的多少、新旧、权威与否是评价论文的外在形式之一。

---

[1] 论文写作会涉及很多文献，但相当一部分被证明是对该论文写作没有价值的，那就不需要写入参考文献目录。

[2] 现实中，不少评委首先通过论文参考文献的数量和质量，来简单评价论文的档次。

[3] 如果是博士论文往往还规定外文文献的数目，如10篇以上等。

(三) 注意事项

（1）文献应尽量多样化、全面、新颖。掌握全面、大量的文献资料是写好论文的前提。❶

（2）外文文献标明外国作者的国籍，古代文献标明朝代。

（3）文献的代表性❷、权威性❸、可靠性和科学性。

（4）文献不一定在论文中直接引用过，参考文献不等于引证文献，但必须确实认真阅读过（未必全书阅读）并对论文写作产生了重要影响。参考文献即使在论文中引用过，在该部分也不标注页码。现在大多数学校规定参考文献必须在论文中引用过。

（5）一般只著录公开发表的文献。

（6）文献的顺序一般采取著作类—期刊论文类—学位论文类—外文文献类—法律法规类的顺序。现实中发现有的同学把"期刊论文类"写成"论文类"，实在不应该。如果学校有规定则采取规定的顺序。各部分的排列顺序一般没有规定，通常应该以重要性先后排序。❹有学生论文参考文献部分，开头便是裁判文书类，下面是几十篇裁判文书编号。这明显不妥。

（7）对于法律法规类文献，不少学者认为这类文献对法学论文来说是"必读文献"而非"参考文献"，所以不必列出。笔者认为，如果是中国当代现行有效的法律规定，如法律法规以及司法解释等，可以不列出，但对于过去已经失效的该类文献以及外国该类文献仍需要列出。

（8）采用标准化或学校规定的著录格式。如对于法律法规类文献，为

---

❶ 曾经有一篇法制史专业硕士研究生的学位论文，通篇参考文献只有两篇，答辩时被评委老师批评。

❷ 经常见答辩老师质问："为什么没有参考某某著名学者的文献？"这实际上就是对学生文献综述能力，进而学习态度的严厉批评。确实，忽略该研究领域有代表性的观点实际上就是无视或轻视这一观点及作者，进一步也是蔑视学术研究的基本规范和秩序。

❸ 有同学的博士论文送外审，专家反馈的意见中有这样一条："本文将五篇硕士论文作为参考文献，这在一定程度上会降低论文的整体品位。"

❹ 有的规定以文献出版时间由新到旧排序，也有的规定以文献拼音字母先后排序。

了郑重起见，应该采用全称（如加上"中华人民共和国"字样），而不用简称，同时标明颁布年份（实施年份），有的还要标明修订年份。如《中华人民共和国刑法》(1979年，2021年修订)。对于法规规章一般还需要标明制定主体，以便于读者阅读。

（9）文献不宜过多，过滥。为了凑数，或炫耀自己知识渊博、思路开阔，以及写论文下了很大功夫，把自己根本没有参考过的文献，尤其是外文文献也写进去。有的学生把自己没有阅读的导师论著，以及即将参加答辩老师的论著全部列入参考书目。这种小聪明更是要不得的。还有，也没有必要把自己参考过的文献均写入这部分，那样就太多了。这里的"参考文献"概念只能采取"缩小解释"的方法，理解为"主要参考文献"。❶

九、致谢及附录

致谢是论文中"最后，但并不是最不重要的"（The last but not the least）内容。❷它是作者在论文完成以后，发自内心的，对在自己写作过程中，主要是在学术上给予自己实质性帮助及直接帮助的主要人员及组织的谢忱，表明自己感恩的心。

（一）致谢对象

这通常包括导师，参加论文评审、开题答辩及论文答辩的老师，其他给予自己论文写作以指导、协助、合作、经济支持、鼓励的单位、组织和

---

❶ 有些论文及著作的参考文献有近二百种书及上百篇期刊文献，占六七个页面，实在必要性不大。笔者认为，参考文献应该是"主要参考文献"。这也是本书后面参考文献只有三十多篇的基本原因。

宋楚瑜先生《如何写学术论文》一书多次再版，影响很大，书末写明是"本书重要参考书目"，仅仅有14部中文书和7部英文书。梁慧星先生的《法学学位论文写作方法》一书甚至无"参考文献目录"部分！英国学者布莱恩·格里瑟姆著的《如何写出好论文》一书，共30万字，参考文献也只有12篇！

❷ 有人认为论文的致谢应该在参考文献之前，这是不妥的，因为参考文献针对的对象是读者，属于论文必不可少的基本内容，而致谢针对的是相关人员，不属于论文的最基本部分。一般的学术论文可以没有致谢，但参考文献是必备的。

个人，如母校、法学院、教务科、其他老师、同学、父母、爱人、朋友、基金会等。

这里导师及学院是首先也是最主要的致谢对象❶，正是因为导师的悉心指导和学院的严格管理，论文才能顺利完成。有的学校有学业导师以及论文导师之分，这里主要指论文导师。

对于参考了其文献的作者，如果该文献在论文中占有重要地位，也可以致谢。对于与自己观点相悖，甚至质疑、批评自己观点的学者也可以（甚至应该）致谢，因为这些批评引起不同观点之间的竞争，向你提出挑战，给你提供了压力和动力，反向激励了你的写作，使你的论证更加严密、有力，可能对你的论文写作帮助非常大，甚至是不可或缺的。

致谢的顺序一般是依据对论文写作贡献的大小排序，先学术方面，后生活等其他方面，先导师后他人，先个人后单位，先他人后亲人。❷如果要感谢自己，则放在最后，不过这没有多大必要，因为自己的重要性是不言而喻的。

（二）致谢本质上体现为对学术的尊重

尽管论文前面都有"原创性声明"，但在严格意义上来讲，学位论文都不是"独立完成"的。❸致谢表明论文不是纯粹由自己一个人独立完成

---

❶ 有人认为，"感谢指导教师没有多大意思。如果他帮助了你，他只是尽了自己的义务"（翁贝托·埃科：《大学生如何写毕业论文》，高俊方等译，华龄出版社 2003 年版，第 45 页）。笔者并不这样认为，因为未必一定是纯粹的无私帮助才值得感谢，感谢往往是道德及情感意义上的，而不是法律及理性意义上的。

❷ 至于感谢这个伟大的时代等，也可以。柏拉图就在自己的著作中流露出这样的情感："我感谢天地，首先因为我生就是一个人，而不是一头不能讲话的动物，其次是因为我生就是一个男人，而不是一个女人，再次是因为我生就是一个希腊人，而不是一个外国人。最后是因为我是一个出生在苏格拉底有生之年的雅典人。"参见保罗·埃尔默·摩尔：《柏拉图十讲》，苏隆编译，中国言实出版社 2003 年版，第 47 页。

❸ 学位论文前面一般都有"学位论文版权使用授权说明"，表明学生要授权学院使用其论文。这似乎是"自愿的"，但其实是"必需的"。为什么一般论文发表作者可以收取一定费用，而学位论文不可以？同时，这个授权说明书还需要学生及导师都签字？这些都在侧面表明学位论文的写作不是如一般论文那样完全是作者独立写就的。

的，他人的帮助对论文完成具有必不可少的重要影响，这体现了对他人工作的承认❶和尊重，进而对学术的尊重，同时也表明自己具有学术素养，严格遵循学术规范。在学位论文中都包含致谢部分，而一般学术论文根据实际情况则可有可无，不是必须包括的内容。

感谢，体现了作者对别人帮助重要性的认识，更体现了作者对自己努力成果的珍视。大家何曾看到一个毫无成就的人到处表示感谢"我之所以有今天，是各位大力帮助的结果，谢谢大家"?！那样的感谢是廉价的，没有多大意义，被感谢的人也不会领情。

（三）注意事项

致谢部分的内容应实事求是，突出重点，感情诚挚，程度适当，简洁明了，力避俗套，即"客观、诚恳、简约"。同时，注意对感谢的人或单位，不要漏掉，不要罗列无关的人或单位，致谢不要浮夸。

· 致谢对象不要太泛化，不要把对论文写作帮助不大的人员写进去，❷不要把致谢写成毫无实质内容的客套。❸

· 有的学生过分吹捧导师，是很不合适的，导师本人以及他人看后也会感到很不舒服。更有甚者，个别学生在致谢中大段夸耀导师的英俊或美丽，实在是没有必要，且偏离了学术论文的要求。

· 篇幅不要写得太长，如有些学生写了满满一页纸，甚至两页纸，就没有必要。有篇本科毕业论文的致谢仅两句话，就很好：

感谢某某老师的悉心指导。

感谢每一杯陪伴我的咖啡。

---

❶ 致谢，英文为 acknowledgments，其动词形式就含有"承认；告知收到；确认收悉"的意思。

❷ 有这样一个笑话：某硕士研究生在学位论文致谢部分中几乎把全班同学都列为致谢对象，而有个没有被提到的同学发现后就质问他："你为什么没有感谢我呢?！"

❸ 考虑到论文写作涉及的人可能很多，这里的致谢只能是主要的致谢对象，而不是全部。当然，致谢对象的表述也可以采取类似"兜底条款"的方式，如"感谢所有对我的论文写作给予帮助的人及单位"等。

- 当然，千万注意不要把导师及其他致谢对象的姓名写错，也不要把导师职称写错。
- 有些同学只是说感谢"导师"，不说出导师的姓名，或者只是说出导师的姓（如王老师、张老师）而不说名字，这都是不妥的。
- 一定不要把母校的名称写错，也不要把母校称为"贵校"，如"感谢某某学校的培养，祝贵校前程似锦"之类。

（四）"致谢"不是"后记"

致谢，与一般文章或著作后的后记❶有所不同。前者是写作后对外部帮助的情感表达，感谢别人。后者是写作后对自己经历的情感流露，自我怜惜、感慨，是对自我的总结。前者范围较小，限于论文写作，学术方面。后者是论文完成后的回味和思考，范围很广，不限于"论文的"（of paper），还可以包括"关于论文的"（about paper），也不限于感谢他人，还可以包含自己在论文写作期间（甚至迄今自己的人生过程）的学术上及生活上、心理上的感想等。目前一般人们对致谢与后记不作严格区分，致谢中往往也写一些自己感想的内容，但毫无疑问致谢的主要目的不是写感想，即使其中包含感想的部分，也是通过表明写作中的喜怒哀乐，来衬托致谢的必要性及诚意。

（五）致谢内容实例

刑法学专业硕士论文：

教唆未遂的可罚性问题研究——兼议我国《刑法》
第29条第2款的问题与完善

致 谢

事实上，本篇论文的初稿早在半年前就已经写完，但是迟迟

---

❶ 各校学位论文的格式要求中，笔者尚未见有"后记"的提法。

未能定稿，不仅论文的框架一变再变，而且观点也一改再改，到定稿时才发现，与毕业论文开题时预定的框架结构和结论迥异。到此时，我才体会到，苏力教授常说其在文章落笔之初实际上并不知道其文章究竟可以得出怎样的结论，并非虚言。（论文写作这一重要事项已经完成）

教唆未遂的可罚性问题由于身处共犯问题之中，显得格外扑朔迷离，因此，以自己现有的学术能力展开这一于理论和于实务颇感困惑之难题，任务之艰显而易见。但好在论文于磕磕绊绊中总算完成了，当然，至于论文的论证思路是否合理、分析结论是否妥当，只能有待于诸位读者评价了。（论文写作中自己的艰苦努力）

应当说，此篇论文的完成并非一己之力。首先，她的完成要感谢我的两位导师：XXX教授和XXX副教授，承蒙两位业师的悉心引领，论文于磕磕绊绊中才得以最终完成；其次，她的完成也得感谢此文所引大量文献的著者，正是站在这些"巨人"的肩上，才得以形成此文，但部分观点的引证不妥之处，还望见谅；最后，她的完成要感谢同宿舍好友和同门师友于论文写作中的照顾。（对导师等学术上帮助的感谢）

时光荏苒、岁月蹉跎，三年的硕士求学生涯即将过去，感谢多年来父母无怨无悔的照顾，感谢老师们不厌其烦地教导，感谢同学、朋友的不断支持，谨以拙文献给你们！（对亲人等支持的感谢）

姓名
年　月　日 ❶

---

❶ 比较有意思的是，在海南大学法学院参考范文的下面还有如下内容："注：'致谢'的写作方法可以多种多样，同学诸君大可自由发挥，而不必拘泥于此。如全体同学都以此为模板，而仅改动几个词语、姓名和时间，那效果可是很不好呵。"这显然是为了防范有些同学连"致谢"都抄袭的问题。

（六）附录

一般指附于论文后面，与论文有关，但不便于在正文中出现的内容，对论文起到辅助的论证及补充说明的作用。根据论文写作的实际需要，对一般读者并非必须阅读，但对本专业同行有参考价值的资料。

附录一般包括如调查问卷表、相关的调查数据表格、相关历史图片、相关法律规定等。❶附录还包括作者简历、在读期间与课题有关的研究成果，包括发表的论文、出版的专著、参加国内外学术会议及提交论文等。此外，有些论文还有"缩略语表"，一般在参考文献之后，以列出文中涉及的各种缩写、略写等用语的确切含义。

附录不要太长。有学生论文的附录是一些统计数据表格，长达几十页，这没有必要。❷

十、语法、标准及排版

这部分内容与本讲前面的部分有所不同，它不属于论文结构的一部分，但也属于对学位论文规定的格式部分内容。这些规定比较明确，包括教育部、学校、学院等的规定。文字使用依照《国家通用语言文字法》的规范，语法有语法规则的学术规定，标点符号有国家《标点符号用法》（GB/T 15834-2011）的明确规定和要求。

（一）语法及文字

论文写作不能语句不通，词不达意，错别字连篇，令人啼笑皆非，甚至不忍卒读。如：

· 逻辑不通，如"受贿罪的完善"应为"受贿罪立法的完善，"高空抛

---

❶ 我们常见著作中有附录，甚至有多项附录，这些内容往往是一些重要，甚至是珍贵的历史资料。
❷ 个别学生的硕士论文除去附录及表格，字数还不到两万，达不到学院规定3万字的基本字数要求。

物行为的完善"应为"高空抛物行为法律规制的完善,"改善损害赔偿责任"应为"完善损害赔偿责任";

·书名写错,如范忠信老师的《中西法文化的暗合与差异》,写成《中西法文化的"暗合"与"差异"》,增加了两个双引号;

·论文名写错,如朱苏力老师的《变法,法治及本土资源》,写成了《变法、法治及本土资源》(甚至把其中的"法治"写成"法制");

·个别句子没有主语;

·"1.""2.""3."被写成"1、""2、""3、";

·论文目录及正文页码没有重新从1开始;

·段落太长,一页多一段;逗号太多,满眼都是逗号;

·采用欧化句式,一个句子好几行;

·使用拼音输入法时不认真,"长程"成了"长城","救济"成了"救急","就业"成了"救业","再次"成了"在此","经济适用房"成了"经济适用法","心理预期"成了"心理逾期",等等;

·因为发音不准导致打字错误,"撰写"成了"攥写""篡写","偌大的中国"成了"诺大的中国",❶"亲属"成了"情书","共冶一炉"成了"共治一炉","定案依据"成了"定案以及",等等;

·粗心造成的低级错误,《河北法学》成了《河北法院》,《法制与社会发展》成了《法治与社会发展》;"佘祥林"成了"余祥林";《海南潭门港"两院禁示"碑辨证及其意义》成了《海南潭门港"两院禁示"碑辩证及其意义》;

·漏字的情况,如"该案中李枫的控诉",应为"该案中对李枫的控诉",漏掉一个"对"字,意思大变。

这些看似都是小问题,却如米饭中的小沙粒,不仅使人倒胃口,而且会使人怀疑作者的学术态度,进而质疑整篇论文的质量。

---

❶ 这是笔者在博士论文后记中犯的错误,答辩时被中国法制史专家霍存福教授指出,当时汗颜不止!对此,笔者一直牢记在心,对霍老师充满感激。

（二）国家通用标准及习惯用法

图表、公式、简称等也有特殊的学术要求，计量单位要符合国家法定的通用标准，缩略语、略称、代号，除了相邻专业的读者也能清楚理解，在首次出现时必须加以说明。学生论文中容易出现的问题包括：

·图表标注没有编号或标注不全；

·计量单位采用"市斤"，而不是"千克"，等等；

·未说明就随意使用简称，如《商标法》应为《中华人民共和国商标法》(简称《商标法》)，"最高人民法院"不应随意简称为"最高法院"或"最高院"，"拒绝作证"不应随意简称为"拒证"；

·不少外国人的汉语译名在论文中第一次出现时没有在括弧中写上对应的外文名；

·外来概念及理论的名称没有对应的外文名；

·自己翻译外国人名字或外国理论没有采取约定俗成的译法，或官方权威的译法，而是生造译法。

（三）排版及装订

对此，每个学校、学院都有明确的要求，且每年的要求都会有一定的差别。这些规定包括很多方面，不少同学注意不够。如关于页眉的规定：奇数页页眉，填写"海南大学硕士学位论文"；偶数页页眉，填写论文的中文题目。页眉文字中文采用宋体五号。

·论文奇偶页页眉相同；

·论文题目做了变动，而页眉却没有随之修改，结果导致二者不一致；

·装订混乱，丢三落四，论文根本无法阅读；

·为了美观，避免最后一页只有一两个字符的情况出现，而减小最后一段的字间距，结果导致同页中字间距不一致。[1]

---

[1] 这也是笔者博士论文中出现的问题，答辩时被评委老师质问，想起当时情形，至今还心有余悸。

还需要注意的是：首先，一定要采用最新的相关规定。国家及学校的规定往往变化较快，过期的规定不符合要求。如国家2012年6月1日起就开始实施《标点符号用法》(GB/T 15834-2011)，而不再使用《标点符号用法》(GB/T 15834-1995)。如以前可以这样使用顿号——"我国制作了《地雷战》、《地道战》、《南征北战》等电影"，现在改为"我国制作了《地雷战》《地道战》《南征北战》等电影"，中间的顿号"、"消失了。其次，一定要严格遵守规定，不得马虎大意，也不得因为其他原因而自作主张。

第七讲　学术规范

　　学术无禁区，写作有规矩。学位论文的写作除了要符合论文的基本特征要求，以及遵循一般的写作步骤，还要严格遵守学术上的要求。❶ 这些规矩可谓法学学位论文写作的"法律"。❷ 套用一句法学界的名言"以事实为依据，以法律为准绳"，可以说论文写作就是要"以文献资料为依据，以学术规范为准绳"。学位论文写作，既是培养科研能力的过程，也是培养实事求是的科学作风和严谨的治学态度的过程。科学作风和治学态度的养成离不开对学术规范的遵守。

一、学术规范的作用

　　何谓学术规范？学术规范即学术共同体内形成的进行学术活动的基本规范，或者根据学术发展规律制定的有关学术活动的基本准则。它既指实然的内在学术秩序，也指应然的外在学术规则体系。从来源上看，它包括国家的政策法规，也包括学术群体内部自发产生的规则与职业道德、纪律等。❸ 论文写作的学术规范也体现了梁慧星教授所讲的学者的"学术责任"。❹ 学术是一种崇高的境界，学者必须洁身自好，自省自律，爱惜自己

---

❶ 有人认为，论文要讲究学术规格即一定的规范和格调。一篇好文章不仅应该合"规"、合"范"，还要够"格"。学术规格是文章外部形式与内在精神的有机统一。遵循学术规格是学术活动的基本特点——认识的渐进性、知识的积累性和研究工作的高尚性所决定的。张少瑜：《谈谈法学论文的学术规格》，《法学评论》2000年第3期。

❷ 这也正如《律师职业道德与执业纪律》实际上也是律师业的"法律"一样。

❸ 李可：《法学学术规范与方法论研究》，东南大学出版社2016年版，第2页。

❹ 梁慧星：《法学学位论文写作方法》，法律出版社2012年版，第125–126页。

的羽毛。学术规范对于学术研究以及学术写作主要有以下作用。❶

（一）交流

不遵守同样的游戏规则，任何游戏也无法进行；不说同样的语言，大家就没有办法用语言交流。交流就必须有交流的基本规则，不能"凿枘不投"。不少学者认为，论文写作必须强调两点：一个是创新，一个是守规范。❷进一步来讲，论文写作要具有三个意识，即问题意识、创新意识以及规范意识。也正因为规范具有如此重要性，有些学校开设的论文写作课或关于论文写作的教材名称，为"学术规范与论文写作"，或"学术训练与学术规范"。❸不仅如此，多数学校的论文评阅书中把"论文的规范性"列为三大评议项目之一，❹内容包括引文的规范性、学风的严谨性、结构的逻辑性、文字表述的准确性和流畅性。该项目一般占 1/3 的分数。

本书前述，论文都是"自传"，都是"为己"的，但不可否认论文并非仅供自己阅读，并非仅仅具有"自娱自乐""自我陶醉""孤芳自赏"的价值。认为写论文完全是"自选动作""全凭自由发挥"的观点是错误的。仅仅出于"为己"目的而写就的东西，往往不清晰、不全面、不规范，甚至不合逻辑，尤其是会导致别人看不懂，理解不了，从而无法与人沟通和交流。论文内在地有与人交流、分享，给别人看，"群赏""为人"的一面。❺它可谓作者与读者文字交流（甚至合作）的媒介、作者与世界互动沟通的桥梁。论文的生命力也取决于其在时空上获取读者的能力。它要理

---

❶ 法律对人们的行为具有告知、指引、评价、预测、教育、强制等规范作用，这里的学术规范对包括学位论文写作在内的全部学术活动也具有类似的作用。

❷ 从这一点上来看，论文写作可谓平衡"创新与规矩"的艺术。

❸ 如荣新江：《学术训练与学术规范——中国古代史研究入门》，北京大学出版社 2011 年版。

❹ 其他两大评议项目是"选题"及"基础知识和科研能力"。

❺ 苏力教授对"古之学者为己，今之学者为人"这句话有进一步的认识。苏力：《只是与写作相关》，《中外法学》2015 年第 27 卷第 1 期。

· 245 ·

性地论证某个观点,说服读者接受,认可其论证的正确性。❶ 也正因如此,清华大学成立"写作与沟通教学中心",2018 年开始为大一新生开设写作课,名称为"写作与沟通课",特别重视写作的"沟通"价值。

学位论文写作首先要具有私人性、个人价值,满足自己的需求,其次要具有公共性、社会价值,满足社会的需求。❷ 这也就是论文写作必须在具备自我意识之外,还要具备读者意识、市场意识,进而规则意识的基本原因。

(二) 评价

法学学术规范就是对法学工作者在进行学术研究时的"底线"要求。它能够帮助人们,尤其是热心于在学术道路上继续前行的人辨别好坏、对错以及真实和虚伪的学术增量。

从某种意义上讲,学术规范就是学术的生命线,也是学者的生命线,甚至是一门学科的生命线。也正因如此,论文是否合乎学术规范就成了论文评定的一个最基本指标。考虑到学位论文属于教学环节,具有研习、学术训练的特征,写作规范的重要性无论如何强调都不会过分,某种程度上讲,其重要性要高过创新性。这表现在,评委评审论文,首先就看其是否合乎写作规范。规范性错误是学位论文评阅人最"无法容忍"的质量问题。论文如果严重违反规范,则通常会"一票否决",判为不合格,根本不会考虑论文是否具有创新等其他因素。论文的创新即使没有达到可以发表的程度也是可能通过答辩的,而学术规范出了大问题则不可能通过答辩。

---

❶ "一切为了读者,为了一切读者,为了读者的一切"的说法是不妥当的,但作者的眼里(心中)要有读者,要满足读者的求知需求,这是作者必须考虑的核心问题。"但不负责任的作者,却像不合格的情人。他们在亲热时都不顾及自己的伙伴。"参见菲利普·钟和顺:《会读才会写:导向论文写作的文献阅读技巧》,韩鹏译,重庆大学出版社 2015 年版,第 118 页。

❷ 舒尔曼说:"不是所有的智力活动都是学术。只有具备了如下三种成分之一的智力……活动才为学术:公开发表;成为圈内人士严格评价的对象;圈内人士开始使用、参考和发展这些思想和创造活动"。转引自张保生:《学术评价的性质和作用》,《学术研究》2006 年第 2 期。

（三）教育

学术规范能给人以积极向上的力量，有效避免学者在学术研究遇到瓶颈时投机取巧，❶能够有效遏制学术研究中只重视数量而忽略质量的现象。学术规范就是一把尺子，能在很大程度上避免"学术垃圾"的产生。换句话说，学术规范能够在一定程度上遏制学术圈盲目攀比、做无用功和只追求"学术 GDP"的现象。论文写作不仅是写作技巧的问题，也是治学的一部分，甚至可以说是修身养性、做人的一部分。

（四）强制

正如其他社会规范一样，学术规范具有强制功能。尽管这不是学术规范的主要功能，但确实是最引人注意的内容。不遵守论文写作的规矩，论文写作者就可能会被剥夺申请学位论文答辩的资格。学术规范可以对于违反学术规范的行为予以认定，给出警示，对于严重违反的人或团体给出严厉的处分，甚至驱逐出学术共同体。

学术规范能威慑不走学术正道的人，使专业共同体内的人不敢随意逾越雷池，使学术共同体风清气正，学术活动更好地开展。

（五）团结

学术规范大多是在学术研究过程中，无数学者通过不断试错，总结经验和教训逐渐形成，约定俗成并获得大家认可的写作传统或称规矩。这种规矩使学术研究与一般的问题探讨区别开来，从而也使专家、学者与一般

---

❶ 学术规范的功能并不仅仅体现在消极强制处罚方面。有学者探讨了抄袭的危害，主要不是对他人及学术界的，而是对抄袭者本人的。他把它归纳为四条："1. 打乱文章的平衡；2. 让你的表述和想法失去连贯性；3. 很难控制文章的结构，因此也不能保证论点的相关性；4. 阻碍你发展自己的观点。"布莱恩·格里瑟姆：《如何写出好论文》，李林波译，四川人民出版社 2021 年版，第 177 页。

大众区别开来，有利于促进学术的专业化，形成专业圈子或称专业槽。❶ 现在学术规范中相当一部分，往往通过学术团体或国家统一制定的标准的方式出现，是"人之行动"的产物，但它并不是纯粹"人为设计"的，而主要是学术研究本身内在的客观要求，反映了学术研究及学术写作的基本规律。

学术规范不仅有利于建立学术研究共同体，而且有利于维护及促进共同体的稳定和发展。它能够树立起学术研究共同体的正面形象。众多专家学者受人尊敬的一个重要原因是，其在某个领域研究得十分深入，而学术规范能够有效维护学术研究者的研究成果和证明其学术成果的真实性。没有规矩，不成方圆。没有学术规矩，学术研究就不可能走向良性发展的道路。

说到底，学术规范是学术界多年经验的积累和传承的结果，是学术研究活动健康发展的必要条件，也是为进入学术界设立的一套壁垒，或防火墙。遵守学术规范，也就是继承学术传统，也就满足了学术研究的基本条件，进入了学术对话的基础平台。

二、学术规范的类型

关于学术规范的范围以及分类，人们的看法不同。《高等学校哲学社会科学研究学术规范（试行）》就曾按照由重到轻的原则进行排列，将学术规范区分为基本规范、引文规范、成果规范、评价规范和批评规范五个部分。❷ 而"首届教育部人文社会科学法学类重点研究基地主任工作联席会议"推荐的《中国法学研究的学术规范与注释规则》将学术规范主要分为

---

❶ 不仅如此，不同的学术领域往往还拥有某些自己特有的学术规范。如在中国社科院考古所原所长夏鼐先生的倡导下，考古界形成了"不收藏文物"这样的规矩，以保持学术中立，超脱利益之上。

❷ 李可：《法学学术规范与方法论研究》，东南大学出版社 2016 年版，第 2 页。

写作规范、发表规范、学术批评规范、学术评审规范、引用和注释规范。❶有学者认为，上述针对学术规范内容的分类都有各自的道理，但是对于刚刚进入学术圈的研究者来说，不大容易掌握。从研究的程序上看，将学术规范分为前提规范、内容规范、形式规范、引文规范和发表规范五种类型更为妥当。❷

笔者认为，学术规范按照高低不同的标准，可以分为基本规范和理想规范两种。前者是较低的论文要求，达不到则不称为论文了，类似于一般文章写作要求的"信"及"达"的标准；后者要求较高，是对优秀论文的要求，类似于"雅"的标准。仿照美国法学家富勒"义务的道德和愿望的道德"的分类方法，我们也可以把论文学术规范分为"义务的学术规范和愿望的学术规范"。前者包括内容合乎语法、不抄袭、不侮辱他人之类，后者包括语言要生动、文字要活泼、内容要高雅、有重大创新内容之类。本书主要探讨前者，也就是基本规范。学位论文达到基本要求就合格了。

学术规范中的基本规范，按照内容不同的标准，大致可以分为格式规范、语言规范、伦理规范、法律规范四种类型。（1）格式规范。这主要指体例格式规范，指教育部、学校及学院等对学位论文写作明确提出的格式性要求，如论文包括几个基本部分，以及字体字号、行间距、字间距，还有字数要求，等等。（2）语言规范。这包括国家标准明文规定的内容，比如语法的使用、标点符号的使用、口语的使用、简化字以及外文的使用方面的规范，等等。这是任何写作，包括写小说、写报道等都需要遵循的规范，是最基础性的要求。本书前面对体例格式规范以及语法等方面的语言规范已经有了详细的阐述，这里不再赘述。❸ 只是，其中关于学术语言的

---

❶ 肖永平：《中国法学研究的学术规范与注释规则》，《法学评论》2002年第4期。
❷ 李可：《法学学术规范与方法论研究》，东南大学出版社2016年版，第2页。
❸ 驾驶车辆，既包括对交通规则的掌握，又包括对驾驶技术本身的掌握。前者可以类比于论文写作中的格式规范和语言规范，或称外在形式规范，后者可以类比于伦理规范和法律规范，或称内在实质规范。仿照美国法学家富勒教授"内在道德与外在道德，或程序的自然法与实体的自然法"的说法，我们大致可以说，学术规范中的前两类规范可以称为学位论文写作的"内在道德，或程序的自然法"，后两类规范可以称为"外在道德，或实体的自然法"。

特殊写作规范方面——行文规范，则有必要进一步探讨。（3）伦理规范。这包括一般伦理规范以及职业伦理规范，尤其指的是职业共同体在写作论文方面的规范。它可能写在纸面上，如教育部及各院校的明文规定中，也可能存在于人们的行为中。这是本章探讨的重点。这方面的内容比较广，与法律规范也往往有一些重合。（4）法律规范。这是任何人做任何事都必须遵守的，涉及论文写作的包括不得反对社会主义、煽动动乱、侮辱他人以及侵犯知识产权，等等。本书不专门阐述。

三、语言规范

这里主要讲的是其中的行文规范。

（一）法言法语❶

学术论文要使用专业语言，强调准确以及逻辑严密。法学学术文章不能简单、直接地"我手写我口"，满篇口语、大白话、俚语是不可以的，因为这样往往不准确、重复，包含不少逻辑矛盾。❷同时，论文也应少用政治语言，尤其是当代政策宣传中的语言，因为很难给出定义，在法律上这往往是不准确的，使用起来容易造成混乱，尤其是概念之间的重叠。如：

· "人民""敌人"这样的政治概念在法律上不好把握，就要慎用，必要时可以用"公民"代替"人民"，"罪犯"代替"敌人"。

· "单位""干部"这样的概念也要注意，"单位"与"企业""学校"范围部分重叠，"干部"与"公务员"部分重叠。

· "社会大众"属于一般概念，不宜使用，最好用法律语言"社会公众"。

---

❶ 读者可以参见：《立法技术规范（试行）（一）》（全国人大常委会法工委发〔2009〕62号）和《立法技术规范（试行）（二）》（全国人大常委会法工委发〔2011〕5号）。

❷ 如有的论文建议部分包含这样的话语"检察机关应重视中小企业高层人员的承诺"，口语化色彩严重，学术性明显不足。

·"案外人"是一个严格的法律概念，不能用"案外的人"代替。

·"发起人"一词在公司法中有特定含义，其他含义不宜直接使用这一概念，可以如"募捐发起人""求助发起人"这样使用。

可喜的是，我国官方说法及立法中现在已经逐渐重视该问题。如刑法中的"反革命罪"改为"危害国家安全罪"，《药品管理法》中的"保障人民用药安全"改为"保障人体用药安全"，法律及中央文件中的"双规"规定改为"留置"规定，等等。❶

新华社在《新闻阅评动态》第 315 期发表《新华社新闻报道中的禁用词（第一批）》中规定了媒体报道中的禁用词。其中法律法规类中包括：

·对刑事案件当事人，在法院宣判有罪之前，不使用"罪犯"，而应使用"犯罪嫌疑人"；

·在民事和行政案件中，不要使用原告"将某某推上被告席"这样带有主观色彩的句子；

·不得使用"某某党委决定给某政府干部行政上撤职、开除等处分"，可使用"某某党委建议给予某某撤职、开除等处分"；

·"村民委员会主任"简称"村主任"，不得称"村长"，大学生村干部可称作"大学生村官"，除此之外不要把村干部称作"村官"；

·不宜称"中共 XX 省省委书记""XX 市市委书记"，应称"中共 XX 省委书记""XX 市委书记"，等等。❷

（二）古言古语

如果是探讨古代的问题，就不应该用现代法律概念，尤其是不要用现代观念来直接说明古代的问题。如一篇探讨"古代的渔业管理"的论文，

---

❶ 我国《民法典》已经对以前法律中存在的不少非规范性用语做了法言法语的处理，如：干部，改为"公务员"；单位，改为"机构、法人等"；群众，改为"当事人"；经常居住地，改为"住所地"；法人、其他组织，改为"民事主体"；损害赔偿责任，改为"赔偿责任"；诚实信用原则，改为"诚信原则"；按照规定履行，改为"依照规定履行"。

❷ 参见：新华社新闻报道中的禁用词（第一批），http://ghfy.scssfw.gov.cn/article/detail/2007/05/id/4498483.shtml，2024 年 7 月 1 日访问。

属于法制史领域，那么就应该采用古代的说法，如律、令、格、式、典、诏等阐述其法律规范的形式，而不是用法规、规章等现代法律词汇。

一篇论文谈到"古代案件审理的教训"时指出："古代证据类型少""当事人观念落后""当时设备落后"，等等。其实，这些都不是审理的教训。我们不应用当代的眼光审视古代的情况。教训应该是：当时没有严格依法（包括习惯法）审理案件，导致裁决错误，造成很坏的影响。

一篇论文有这样的话"冒名顶替上大学犯罪在古代的体现"，可是古代并没有这个罪名，实际上当时连现代意义上的"大学"都没有。

一篇论文谈论"苏轼民本思想在部门法基本原则中的具体体现"，下面列出这样的小标题：宪法中"尊重和保障人权原则"；民法中"自愿原则"；刑法中"罪刑法定原则"；刑事诉讼法中"疑罪从无原则"。这显然是用现代观念去剪裁古代思想。

（三）外语

如果探讨外国法律、法学的问题，尤其是涉及基本概念，最好就用外语来说明，至少是括弧内标注外语，因为汉语词汇与外语词汇几乎都不是一一对应的，不标注外语很容易导致误解。如：哈特的"Primary rule"，有人翻译为"第一性规则"，有人翻译为"主要规则"，这在汉语中差别很大，加入英文后就便于读者理解了。实际上，由于基本概念的复杂性，不少文章为了便于国内读者理解，对看似普通的西方概念进行了详细的阐述。如严复在翻译《法意》(《法的精神》)时，就明确指出："西文之'法'，于中文有理、礼、法、制，四者之异译，学者审之。"[1] 邓正来教授在翻译哈耶克的名著 The Constitution of Liberty 的题目时，就采取"自由秩序原理"，而

---

[1] 严复译孟德斯鸠《法意》中的第一节"一切法与物之关系"中的第二个按语，见孟德斯鸠：《法意》，严复译，商务印书馆1913年版。

不是"自由大宪章"的译法,并详细地阐述了如此翻译的理由。❶

(四)概念使用要严谨

学生论文常常使用一些"大词",进行"宏大叙事",概念使用很随意、粗放,比较武断和绝对化。如:

(1)"我国这方面无法可依,亟待立法。"实际上,往往是我国已经有了立法,只是比较简单、粗糙、不健全,需要不断完善。

(2)"我国古代没有民法"。实际上,尽管曾经有一定的争议,但现在一般认为我国古代是有民法的,但不像西方古代那样主要以成文法的方式表现出来。

(3)"我国古代只重视实体法,不重视程序法。"实际上,我国的繁体汉字"灋"就体现了程序法的精神,传统社会烦琐的礼仪制度更是对程序非常重视。我国被称为"礼仪之邦",某种意义上也可以理解为"程序之邦"。

(4)"我国属于大陆法系。"实际上,我国古代属于中华法系,当代一般认为属于"中国特色的社会主义法系",而与西方的大陆法系相差很大,这不仅体现在立法精神方面,也体现在法律技术方面。

(5)"我国古代属于人治社会。"实际上,由于"人治""法治"都属于引进的外来概念,这样表述不妥,应该说我国古代属于"仁治社会"或"礼治社会"才比较适当。

(6)"古代官员多为贪官污吏,司法腐败盛行。"实际上,中国历史上不少时期官员是比较尽责的,司法也比较清明。

(7)"古代中国没有法理学。"古代中国当然有自己的法理学,只是这种法理学比较粗浅,不够系统,与西方近代的法理学表现方式不同而已。

---

❶ 翻译除了要准确,也还有一个精炼的问题。美国林肯总统于 1863 年 11 月 19 日葛斯底堡美国国家烈士公墓举行落成典礼演讲中提到"of the people""by the people""for the people",中国把它翻译为"民有、民治、民享",称其为"林肯的三民主义",与孙中山的三民主义"民族、民权、民生"相对应,可谓神来之笔。

（8）"中国人没有信仰，不利于法治建设。"实际上，中国人历史上信教的人非常多，当代不仅众多的少数民族信教，也有大量的汉族人口信教。同时，信马列主义也是有信仰，笼统地讲中国人没有信仰，偏离事实太远。还有，信仰与法治建设的关系也是比较复杂的，并非"有信仰就有利于法治建设"，实际上有些信仰内容恰恰不利于法治建设。

（9）"中国人厌讼，西方人好讼。"实际情况是，世界上根本没有人喜欢诉讼，中国处于社会转型时期，往往依照习惯通过非诉讼手段解决争端，而西方人处于社会稳定时期且非诉讼手段不发达，一般习惯采用诉讼手段，如此而已。

（10）"中国文化的本质是和谐，西方文化的本质是斗争。"实际上，中西文化都有和谐及斗争的一面。学术讲求精确，像中国、西方、文化、文明、本质、法系这样的"大词"，使用一定要非常小心，因为中国面积大、人口多、历史久，很难"一言以蔽之"，西方也是如此，包括很多国家和民族、种族，历史也悠久，同样不好"一概而论"。

（11）对"侵害"与"损害"、"权利"与"权益"、"价值""作用"与"功能"、"界分"与"界定"等不注意区别，"法律主体"与"民事主体"混用，对"自诉案件"与"公诉转自诉案件"的范围等没有清楚的认识。

（12）对研究对象随意分类。如借鉴西方的某制度，下面分为英美法系国家和大陆法系国家两个方面，但并没有弄清该制度与法系划分的关系，似乎是为了分类而分类。

（13）随意作出重要的判断，而并没有给出足够的证据。如有同学探讨富勒的法律内在道德理论，其结语部分有这样阐述："朗·富勒是现代法律理论中的重要人物，这一地位牢不可破。"而论文通篇都没有阐述及论证"为什么富勒的地位牢不可破"。还有，有论文开始就出现这样的句子"当今社会法律体系正经历从权力本位到权利本位的重大转变"，而这一观点并没有获得大家普遍的认可，且该论文也没有对该观点予以充分的论证。

有论文研究基层人民法院的诉源治理问题，在调查得出结论"诉源治理加重了法院负担"的情况下仍坚持要"完善诉源治理""加大人、财、物的投入"。这实际上是罔顾事实,预先假定了"诉源治理活动的正当性和可行性"。

有论文探讨社会组织提起环境民事公益诉讼问题,发现有不少问题,如诉讼案件少、立案成功率低,进而提出增大投入以增加案件数量、提高比例。这其中已经预设了"政府应该积极鼓励和帮助社会组织提起环境公益诉讼"的观念,而这一观念并非不证自明,实际上恰恰是有重大争议的问题。

(五)语言表述要准确

(1)一篇 2005 年写就的论文中第一句话中是这样阐述的:"我国经济体制改革十几年的实质收获,就是促进了经济关系由计划走向了市场和契约"。而众所周知,我国进行经济体制改革当时已经有二十几年了。❶

(2)有的同学的论文题目有"中国明代"的概念。因为明代实际上只有一个,就是中国的明代,外国没有明代,明代既指时间也指空间,所以应该去掉"中国"二字。还有,"前苏联"的提法也不妥,苏联只有一个,应该去掉"前"字。

(3)有同学论文题目为"未成年人犯罪预防研究",而通篇却没有给出"未成年人犯罪"概念的定义,而不同年龄段的未成年人犯罪有很大的不同,相应的预防方法也有重大的区别。

(4)"我国几千年的法治史"应为"我国几千年的法制史",这里把"法制"与"法治"这两个概念混淆了。

---

❶ 自十一届三中全会召开的 1978 年算起,我国经济体制改革到 2005 年已经进行了 27 年。即使从十二届三中全会上《中共中央关于经济体制改革的决定》做出的 1984 年算起,也已经过了 21 年!

在这些问题上我们应该向理工科学者学习,他们对数量是非常敏感的,常常关注到小数点后几位。历史上英国化学家瑞利就是 1894 年在测量空气时发现小数点后第三位的数值与理论预测不符,而紧紧抓住这一点,最后发现了空气中含有惰性气体氩。三十多年前上大学时周世光教授提到这一例子,并予以强调,令我印象深刻。

（5）同一个概念，前后表述要一致，不应随意简化，或用不同的词语替换。❶

- "案例指导制度"与"案例指导性制度"；
- "法官自由心证制度"与"法官心证制度"；
- "法官售货机论"与"法官自动售货机论"；
- "司法判例研究"与"司法裁决研究"；
- "网络虚拟财产"与"虚拟财产"；
- "私权利"与"公权力""公权利"；
- "妇保公益诉讼"与"妇女权益保护公益诉讼"；
- "司法功能"与"司法权功能"；
- "法官裁量"与"法官自由裁量权""法官自由裁量制度"；
- "信息权保护"与"信息保护""信息权益保护""信息安全保护"；
- "私募基金"与"私募证券投资基金"；
- "婚约裁判"与"婚约纠纷裁判"；
- "数字技术"与"人工智能""智能机器人""AI"；
- "法律职业伦理"与"法律职业伦理道德"；
- "法律正义"与"司法正义"；
- "参照适用"与"适用"；
- "司法运用"与"司法适用"；
- "法治价值"与"法律价值"；
- "制度完善"与"制度优化"；
- "虚拟财产纠纷司法裁判研究"与"虚拟财产保护司法裁判研究"；
- "家事诉讼"与"家事审判"；
- "乡村"与"农村"。

---

❶ 当年我博士论文答辩的时候，有老师问"你研究律师，到底指律师个人，还是指律师职业？"这实际上是在委婉地批评我，说我在答辩时有意无意中混淆了"律师"一词的两种含义。遗憾的是，我当时没有意识到这一点。

（六）尽量采用通说

不要自己生造说法。如"弊大于益""某省贯籍的人""人民中心主义""协商性法治""法治革命""村治精英""有效市场"，等等。

（七）慎用"完美"等类似的词汇

一定要少用或不用"全部""绝对""关键""必然"等词语。如不说"本文的方法完美地解决了目前法院存在的问题""这是一个绝对正确的选择""人工智能完全代替法官裁判"，等等。有些学生片面强调自己研究问题的重要性，常常把事情绝对化。如：一篇论文的题目是"行政许可制度与和谐社会"，开篇就讲"合理的行政许可制度是构建和谐社会的关键"，而其内容不过是阐述行政许可的基本作用，并没有论证在构建和谐社会方面行政许可比其他制度更重要。

（八）不能情绪化

不能用情感代替理性，用发牢骚代替论证。如："普遍认为，我国法治的现状是'高标准立法，普遍性违法，选择性执法'。从法的整体运行来看，相较于立法的高标准，司法的实施确实相形见绌。"这样的话语适合用在文学作品中，用在法学研究中则不大妥当，因为这些说法都是需要严格论证才能证明的命题。

四、伦理规范

（一）正确认识自己，尊重同行

学术研究要恪守学术性，行文不能涉及学术之外的东西，不应该以学术外的其他标准来评价及衡量同行及同行的观点。论文写作的态度应该是客观、公正，不卑不亢的，既不搞人身攻击，也不搞个人崇拜。

法学研究如同其他研究一样，通常是在批判、借鉴和吸收已有研究的基础上，创新性地提出自己的理论和观点。在借鉴他人成果或受到他人观点启发时应当注明出处和鸣谢。同时，法学批判必须站在客观的立场上，公正地对待他人的理论或观点，既不故意抬高，也不有意贬低他人的研究成果。❶不应排斥、打击或讽刺挖苦与自己学术观点相左的人或派别，而应当认真对待商榷和反对意见。实际上，被别人批评也是一种荣耀，而批评别人往往也是某种程度上的致敬别人。❷这也是被批评者常常对批评表示感谢的原因。

进行学术批判时应当指明批判的对象及学者的姓名，即在学术批判时要"指名道姓"，不可顾左右而言他，含沙射影。发表批判时也应该署自己的真实姓名，至少是众所周知的笔名，以让对方有反驳的机会。换言之，要敢于接受其他研究者的批判。在从事学术创新时，应当坚持实事求是的立场，有几分创新就写几分，而且要分清哪些内容是自己的创新，哪些内容是借鉴他人的。

当然，在学术上也要防止另一种倾向，那就是偏离学术标准，一味无原则地夸奖和赞美别人，甚至奉承别人，这也是典型的违反学术规范的行为。如有的人动不动就赞美别的学者（尤其是自己的老师及同一师门的师兄弟姐妹），称他们的学术观点"博大精深""产生重大影响"，甚至"范式的变革""独一无二"，等等。

这里还有论文中的自称以及他称的问题，需要探讨。妥善处理这一问题，也就是处理好作者、读者、他人相互之间的关系问题。这时要保持礼貌和谨慎态度，一般要注意遵循以下原则：

（1）学术上人人地位平等，不考虑学术以外的身份，对事不对人；

---

❶ 批判和批评基本是一个含义，不是纯粹的驳斥和反对，而是有褒有贬，学术上的客观评价。李可：《法学学术规范与方法论研究》，东南大学出版社 2016 年版，第 3 页。

❷ 重视及尊重你的观点，看得起你，抬举你才会批评你。美国哲学家怀特曾讲过这样一句话："几乎二十世纪的每一种重要的哲学运动都是以攻击那位思想庞杂而声名赫赫的十九世纪的德国教授的观点开始的，这实际上就是对他加以特别显著的颂扬。我心里指的是黑格尔。"他表明了"批判即颂扬，大家都批判即特别显著颂扬"的观念（M.怀特：《分析的时代》，杜任之译，商务印书馆 1981 年版，第 7 页）。纯属假大空、正确的废话、毫无学术价值的观点，根本不是批评的对象。不批评，有时意味着最严厉的批评，如鲁迅先生在《且介亭杂文附集·半夏小集》中所言"最高的轻蔑是无言，而且连眼珠也不转过去。"

（2）自尊自爱，不卑不亢，同时尊重他人的学术地位和角色；

（3）有主客之别，自称不妨随意一些，谦逊一些，对别人的称呼要正式一些，客气一些，由于别人在你的论文中没有解释及反驳的机会，批评别人时尤其要注意；

（4）学术是严肃、理性的，具有独立性，学术交流属于在公共论坛上发言，称呼不可太随意、感性。

使用什么样的自称以及他称反映了一个人的学术素养。自称，一般为"我""笔者""我们"等，不写自己的姓名。考虑到文章都是自己写的，同时自己也自然对文章享有权利和承担责任，所以论文中没有必要出现太多的自称，❶ 同时"我们"这样的自称也应该尽量少出现，因为文责自负，你没有权利自行随意代表别人说话。使用"我"显得随意一些，但也亲切一些；使用"笔者"正式、中立、超脱一些，但也有些疏远；"鄙人"之类显得有些过分自谦，现在一般不采用。

他称，一般为"教授""博士""先生""老师"等，有时候也可以直呼其名。❷ 这时要注意：

（1）称呼要准确，不能把"副教授""讲师""研究员"等称为"教授"，把"博士生"称为"博士"；❸

（2）"先生"称呼一般称德高望重的人，不随意称人；

（3）"老师"称呼比较泛化，既可能表示是教授过作者的老师，也可能仅仅表示一种职业，还可能包含尊敬意义上的一般学者；

（4）一般不称"某某学者"，显得累赘，因为大家都是学者；

（5）除非确有必要，一般不宜以官职来称呼别人，有时可以称呼学术

---

❶ 论文中可以强调"我"，用第一人称叙事，但不要弱化自己的观点和立场，因为这可能使读者觉得你不自信，你无意中暗示了别人可能与你不一致，且有一定的道理，这样可能会损害你作为作者的权威。

❷ 一般在答辩等正式场合，为表示尊重及郑重要加上职称等，尤其是被称者在场时，而不是直呼其名。

❸ 外国人一般特别重视这一点，如 2009 年在北京第 24 届 IVR 大会上，会议外籍主持人在谈到黄仁宇先生时，一口一个"黄副教授"，令笔者印象深刻，而国人普遍重视不够。

职位；

（6）一般不以"昵称""外号"称呼他人，其本人认可或大家公认的学术上的雅号、学名除外。

（二）不要违反职业伦理❶

前些年社会广泛讨论的"基因编辑婴儿事件"就是一个典型，它严重违反了2003年科技部和原卫生部颁布的《人胚胎干细胞研究伦理指导原则》的有关规定，甚至触犯了法律。❷当时100多名中国科学家联合声明强烈谴责这种行为，因为基因编辑虽然能够使人类抵抗艾滋病，但使人存在无数未知的重大风险，在尚没有研究透彻的情况下修改基因，将给人类带来不可预估的灾难。最后，研究者因为触犯了刑法而被判刑。

还有，在论文写作过程中，社会调查还涉及学生与被调查人员关系的伦理问题，这类似于新闻记者采访的伦理。《中国新闻工作者职业道德准则》（2009年修订版）第6条第2款指出："维护采访报道对象的合法权益，尊重采访报道对象的正当要求，不揭个人隐私，不诽谤他人。"何海波教授认为，调查活动应该遵循三原则：知情原则、同意原则及无害原则。❸这实际上是强调在社会调查中，应当对被调查人员（或被调查单位）给予足够的尊重，不应干扰他们的生活，尤其是不应侵犯他人的隐私，不应利用自己知识以及地位上的某些隐形的优势（或借助公权力的强势地位），一定程度上欺骗及强迫被调查人员接受调查，损害其权益。现实中调查者与被调查人员关系不融洽导致调查失败，甚至双方对簿公堂的事件并不鲜见。❹

---

❶ 为进一步加强科技伦理治理，推动科技向善，2022年3月20日中共中央办公厅、国务院办公厅印发《关于加强科技伦理治理的意见》。这是我国首次出台有关科技伦理治理方面的意见，填补了该领域的空白。

❷ "基因编辑婴儿"案宣判！贺建奎一审获刑三年，罚款300万，https://tech.sina.com.cn/roll/2019-12-30/doc-iihnzhfz9257911.shtml，2021年8月16日访问。

❸ 何海波：《法学论文写作》，北京大学出版社2014年版，第301-303页。

❹ 如《中国作家》1998年第2期刊发的《马家军调查》一文，导致作者赵瑜与著名教练马俊仁关系恶化，并引起全国性的关注和议论。

（三）不得侵犯著作权、名誉权、隐私权等

根据现行《著作权法》的规定，在未征得原作者同意的情况下，如果采取改头换面或重新排列组合的形式改编、翻译和汇编他人的作品，即使由此形成的作品具有自己独特的形式甚或内容也是为法律所不允许的。此种行为侵犯了原作品的改编权、翻译权和汇编权。这里伦理规范和法律规范是一致的。当然，如果是注释、整理、点校、改编、翻译和汇编古人及相应权利保护期满的作品，则在所不论。❶ 参考文献是用来"参考"的，不是用来复制、复印的！

不难理解，现在学位论文的扉页上一般都有两段话，一是《原创性声明》(或《学术诚信承诺书》)，二是《学位论文版权使用授权说明》。这两段话其实就是两个小合同。前者要求学生不得侵犯他人的著作权，后者要求他人不要侵犯学生的著作权。

这里还涉及论文所引案例中的人物的权利问题。案例中的人物是否需要真名实姓？如果不用，是否用"张某""王某""A""B""甲""乙"代替？这似乎没有大家公认的规则可循。笔者认为，一般都应该是真名实姓，尤其是公开的裁决书中明确标明了的，但隐私案件、未成年人案件等以化名代替为妥。进一步，案例中涉及的某城市或某企业一般也可以直呼其名，没有必要掩盖，如果用甲市、甲企业等代替，会给人一种案例不真实的感觉。

（四）不得犯政治错误及违反宗教政策、民族政策等

这通常是同学们在写作时无意中产生的问题。以批判国家政治法律和官方行为作为特点的论文，在写作时常常大段引用西方的宪政理论，包括"多党制""三权分立""司法独立"等内容，并依据这些理论来评价我国宪法及其他制度，甚至建议我国要引进西方制度，这是不恰当的；研究民族自决、民族法律文化、民族习惯法的学生，在论文中也容易出现"危害国家统一和

---

❶ 李可：《法学学术规范与方法论研究》，东南大学出版社2016年版，第3页。

领土完整、破坏民族团结、不尊重及贬低民族文化、违反民族风俗习惯"等问题;研究宗教的学生,在论文中也容易出现"煽动民族仇恨、宣扬邪教和迷信"等问题。❶ 实践中常出现的是:学生"国外""境外""域外"不分,有时会无意中把我国台湾地区的制度与外国的制度并列,有时在研究"一国两制"时无意中把"一国"与"两制"二者对立起来,都缺乏必要的政治敏感性,使论文立场出现问题。

五、学术失范事件的突出表现

论文写作严重失范是大家深恶痛绝的学术腐败现象。学术论文写作失范现象在我国引起广泛关注是在 20 世纪 90 年代❷。近些年来曝光的学术失范事件,肇事者不仅仅包括研究生,更有一些知名的学者和教授。事件曝光后,影响很恶劣,也导致当事人身败名裂。人们不禁要问,为什么近些年来不断有学术失范的事件被曝光?为什么诸如此类学术失范事件屡禁不止?笔者总结出了三个论文写作失范的表现。❸

(一) 剽窃、抄袭他人学术成果❹

剽窃、抄袭他人已有的学术成果是指引用者在未经著作权人许可的情况下擅自剽窃、抄袭他人未正式发表的论文成果,或者著作权人已经将自己的学术成果公开发表,但引用者在引用时未如实注明出处的行为。❺ 剽

---

❶ 李可:《法学学术规范与方法论研究》,东南大学出版社 2016 年版,第 4 页。
❷ 阎光才:《高校学术失范现象的动因与防范机制分析》,《高等教育研究》2009 年第 30 卷第 2 期。
❸ 学生论文写作失范,或学术不端(academic misconduct),广义上还包括学位论文外期刊论文等的虚假署名、一稿多发等问题。
❹ 对于西方大学老师来说,通常最大的禁忌,或称最后的底线,有两个:一个就是抄袭,学风不正;另一个就是师生恋,品行不端。只要触犯其中之一,就会面临被解聘的命运。
❺ 一位学生论文中采用了网上的一张黎族传统写在木板上契约的照片,不仅没有注明出处,而且更糟糕的是,没有注意到照片上横贯中部的、两行字体很小的字,上面一行是"谢绝复制",下面一行是英文"Don't Copy"!

窃、抄袭他人已有的学术成果在研究生群体中屡见不鲜，在其他群体中也有，不仅中国存在，西方也是如此。❶比较具有代表性的事件列举如下：

·2005年3月，武汉大学法学院副院长周某某著《经济社会学》一书被指四分之一"剽窃"。周某某承认书中部分地方"不够严谨"，但不是如指控所称近四分之一剽窃。

·2006年周某某、戴某某《共和主义之宪政解读》抄袭崔卫平教授《汉娜·阿伦特主要著作简介》事件。❷

·2007年上海交通大学副教授金某某剽窃王昭武《论共犯关系的脱离》事件。

·2011年3月，时任德国国防部部长的古滕贝格因博士论文涉嫌剽窃，大段抄袭报刊和学术文章而未标明出处，受到德国民众游行抗议。古滕贝格道歉无果，被迫放弃博士头衔并辞职。❸

·2012年，匈牙利总统施米特·帕尔因博士论文抄袭事件辞职。❹

更有甚者，有学生在写论文时，不是"一分证据说一分话，七分证据不说八分话"，而是违背实事求是的基本伦理规范，编造数据和资料。这比一般的失范行为更严重，造成的危害也更大。

国外有些高校规定，即使是表明了引用文献的出处，没有将别人的观点据为己有，但是由于大段地引用，引用内容过多，也构成学术不端。目前我国尚未有此规定。

---

❶ 严谨诚实的学风是学术本身的客观要求，不论古今中外。
明末清初的杰出思想家顾亭林《日知录》卷二十有云：
凡述古人之言，必当引其立言之人。古人又述古人之言，则两引之，不可袭以为己说也。《诗》曰："自古在昔，先民有作。"程正叔传《易·未济》三阳皆失位，而曰："斯义也，闻之成都隐者。"是则时人之言，而亦不敢没其人。君子之谦也。然后可与进于学。"

❷ 武大一博导涉嫌抄袭被起诉，http：//news.sohu.com/20060321/n242393694.shtml，2022年6月13日访问。

❸ 德国国防部长博士论文抄袭，https：//wenku.baidu.com/view/4a139924af45b307e8719784.html，2021年7月23日访问。

❹ 匈牙利总统因博士论文抄袭事件辞职，http：//www.360doc.com/content/12/0403/00/95588_200386432.shtml，2021年7月23日访问。

（二）论文帮写、代写

个别研究生贿赂导师，导师"帮助"研究生完成学位论文的，这不仅涉及学术道德问题，也涉及教师品德问题。不过这种情况并不常见，因为大多数老师仍会爱惜自己的羽毛，注意维护其学术形象。

比较常见的是学生通过多种渠道，尤其是通过网络渠道以花费一定的金钱作为代价，换取他人为自己代写论文，这种看上去是"双赢"的局面严重地违反了学术道德规范，是学术失信的最突出表现。

（三）假引伪注

凡是没有查核原文而错标引注信息的，都属于假引伪注。假引伪注是一个比较普遍的问题。即使在某些权威期刊中，也存在假引伪注的现象，遑论法学学位论文。造成假引伪注的原因主要有：第一，学位论文写作者只凭印象马马虎虎地写下引注信息，而没有仔细核对引注信息是否正确，只求效率，不注重质量。第二，转引他人错误文献，以讹传讹，出现这种情况的原因在于学位论文写作者没有仔细深入地探究文献来源，以为"所见即所出"，浑然不知已经转引他人错误文献。第三，错误的引注是作者为隐瞒抄袭的事实而有意伪造的，此种情形下学术研究者的主观学术不良思想比前述两种更加恶劣。

此外，还有其他引注方面的问题。有的学生为了增加注释的数量等原因，而不适当地自引（所谓"不当自引"），以及为了讨好别人而故意在不必要的情况下引用别人的文献（所谓"友情引用"，或"互惠引用"，实是体现了"引用即奉承、恭维"的观点）。这些也都属于违背学术规范的行为。

六、查重及诚信承诺书制度

近几年来，由于抄袭及其他不诚信现象屡屡发生，国家及学校对此采取了不少对策，除了加大惩处力度外，还制定并实施了查重和诚信承诺书制度。

（一）查重制度

学位论文的查重是学位论文能否顺利通过的重要一环，所谓查重，是指学位论文的撰写者将学位论文提交学术不端检测系统，由学术不端系统检查论文的重复率是否超过规定的标准。如果符合要求则可以进入下一步外审环节，如果重复率超过标准不多，则需要对学位论文进行自改，即"降重"，第二次查重符合要求则可以送外审。如果重复率过高，则直接宣布论文不通过，需要重新写论文。❶

至于查重要求，不同高校的具体规定不尽相同，但殊途同归，都会设置一个最高的重复比，例如不少法学院要求本科毕业生的学位论文的重复比不能超过30%，而硕士研究生的学位论文的重复比则不能超过15%。由此可见，学位越高，要求愈加严格。

论文查重的直接作用就是避免学术造假行为。使用专业的论文查重软件——学术不端文献检测系统，一方面能够避免学术不端行为的出现，在检测报告中能直观地看到哪些地方需要修改，另一方面，论文查重也能锻炼学位论文撰写者的创新能力，从选题到完成论文再到查重，唯有如此才能写好一篇学位论文。把自己的查重结果仔细琢磨分析，这本身就在提高学生的独立分析能力，在一定程度上也是在提高解决问题的能力。

查重，类似上飞机前的安检，看是否携带违禁物品，这决定你是否可以顺利登机。查重如果不达标，必须修改论文以进行再次查重。如果查重发现抄袭严重，则会直接延期毕业。❷

---

❶ 有的学校只给学生一次"查重"机会。为此，学生往往提前自己花钱多次"查重"，以防重复率过高。

❷ 海南大学《关于2023届本科毕业论文（设计）工作有关事项的通知》海大教〔2022〕104号规定："本科论文检测结果重复率 R ≤ 20% 的论文（设计），通过检测，可参加答辩。凡检测结果不合格者，取消当期答辩资格与优秀毕业论文（设计）评选资格。"当期答辩资格没有了，只能下一期答辩，而这往往是在几个月之后（研究生往往半年之后），自然也就只能延期毕业了。

当然，近年来的"查重热"也引发人们的反思：过度依赖查重是否也是一种"学术不端"？商业运作有其自身规律，有了查重系统，大量"避重神器"也应运而生。正如某些大学生说的，现在写论文几乎成了一种技术活，学术味道越来越淡了。❶

（二）诚信承诺书制度

签署诚信承诺书是指学位论文的撰写者在正式提交自己的学位论文前，签署一份学术声明，声明自己所提交的学位论文不存在学术剽窃、抄袭等学术不端行为，如有学术不端行为，其产生的法律后果和学术不良影响将由学位论文提交者承担。

不少学校除学生外，导师也要在学术诚信承诺书上签名，学术不端行为的后果和影响将由学生和导师共同承担。学术诚信承诺书，有的学校称为"原创性声明"，其内容的内涵基本一致，各高校大同小异。

学术诚信承诺书，类似宣誓制度，旨在通过特定仪式下的自律（仪式感），来达到使学生遵守学术伦理规范的目的。实践中作为一种辅助手段，它毫无疑问也起到了一定的作用。❷

---

❶ 柴春元：《过度依赖查重也是一种学术不端》，《检察日报》2021年5月27日第4版。
❷ 诚信承诺书（或原创性声明），我国以前没有在学位论文中必须载明这些内容的要求，外国也没有。这些内容形式上属于作者自律的范畴，但都是学术论文必须具备的基本条件，不表明也应该如此，不遵守会受到学术机构的监督制约，甚至处罚。
　　笔者认为诚信承诺书（或原创性声明）没有必要在论文扉页中标出。明确写下这些内容，实际上暗示：现实中存在大量违反学术规范的现象；似乎不承诺就可以不遵守；每个人都是嫌疑人。这给人一种不被信任、不被尊重的感觉，使人很不舒服。

第八讲　动笔写作

论文基本的想法和观点清楚了，资料也准备齐全，写作提纲已经准备好，也已经了解了论文的格式及规范，这样就可以开始动笔了。写好后要不断修改，最后定稿。

一、撰　写

这部分内容主要是把自己以前的计划付诸实施，也就是把自己已经在头脑中成熟的思想用文字清晰、准确地表达出来。我们一般谈"写作"，其最狭义的意思就是指"撰写"，这一环节的重要性不必细讲，最后无法落实到写的层面的论文写作活动是毫无意义的！

如果把前面写作前选题、搜集资料、编制提纲等准备工作，说成是"十月怀胎"的话，那么开始起草论文就可以说是"瓜熟蒂落""一朝分娩"了。然而，尽管撰写看起来似乎就是"把准备好的资料填到论文提纲的空格里"那样简单，"把化铁炉中的铁水倒到模具里"那样容易，实际上却并非易事。写作前的工作成果都具有鲜明的个性化以及默识（或隐微，tacit）的特点，而撰写则要把它们转化为明示的、可以交流的社会性知识。如果说把论文论点、论据、论证构思清楚，构建论文的结构是"一次创造"的话，那么写出来就是"二次创造"。这也正如"作词作曲是一次创作，而演唱出来是二次创作"一样。

（一）战胜"写作拖延症"

拿起笔来，或者打开笔记本，动手撰写的时候到了，然而不少同学还迟迟不敢动笔，一直在纠结，因为他们总觉得准备得还不充分。现实中往往是眼看到了交稿日期，才被逼迫着动笔。

确实，有些文章没有读完，有些著作没有深刻领会，有些格式方面的事情还不是很清楚，有些数据还有待核实，等等。这些同学认为，自己应该再下些功夫，准备越充分，后面的撰写越流畅，减少甚至避免再回头搜集资料等，从而提高了效率。然而他们不明白"论文写作是永远也不会准备充分的"，前述"想清楚了再写"不是绝对的，具体操作中只能是"基本想清楚了再写"，因为不开始写作就很难弄清到底哪些方面没想清楚，没有准备充分。写作本身才是发现准备不足的最好的，也是最后的途径。不是"心灵然后手巧"，相反，"手巧才能心灵"。这也就是有学者所讲的"写作引导思考，而不是思考引导写作"。人们通常讲"学然后知不足"，这里面就包含着"说然后知不足"以及"写然后知不足"的含义。不亲自动手操作，仅仅靠"想"，自己的不足往往是很难发现的。"想一想、说一说容易，而做起来难"也说明了这一点。动笔过分慎重的做法实际上是"写作拖延症"的表现，会使写作的进程严重滞后，甚至会消磨掉写作的激情。

如何应对"写作拖延症"？这里只想简单提出几点，供参考使用。

（1）弄清自己产生这种症状的原因，然后对症下药。直面问题本身，把自己的焦虑大声说出来，甚至写出来，然后一条条地进行理性分析，最后你会轻松地证明你的拖延是没有道理的、没有必要的，换句话说就是，你自己根本没有什么"病"，仅仅是心理上有些焦虑而已。

（2）想一想，你以前学英语时的恐惧和做英语作业时的拖延，当时你是如何克服的？现在的拖延症不过是"第二次感冒"而已，不算什么，你照样有能力克服。

（3）再看一看其他同学是如何写论文的，他们能克服心理障碍，你一定也可以，谁比谁差呢？

（4）美国历史学家、散文家雅克·巴曾说过："要说服自己，你是在捏黏土，不是在刻石雕，写在纸上也是可以修改的，下笔的第一句越蠢越好。反正写出来之后，你也不会冲出去把它打印出来。将它放在一边，然后写下一句即可。"❶ 注意他这里说的是"第一句越蠢越好"，谁还写不出"蠢句子"，怕什么？实际上世界上还从来没有出生过连一句蠢句子都写不出来的人！

（5）耐克体育品牌的广告词家喻户晓，用在这儿非常合适——Just do it。不要一直犹豫不决，"论文要勇敢地写出来！"大胆地开始动手吧，"撸起袖子加油干！"

（6）为此，甚至你可以使自己的"动笔"有一个仪式感，如犒劳一下自己，吃一顿"大餐"，可以自己一个人，也可以叫上二三好友。这表明你向一个"旧的时代"做了告别，写作准备阶段结束了；你迎来了一个"新的时代"，动笔写作阶段开始了！新的时代，带着新的心情，去迎接新的挑战！

动笔的阻力就是推动物体时面对的静摩擦力，开始确实很吃力，物体纹丝不动，似乎你根本无法战胜它，但一旦你尽全力推动了物体，动摩擦力就会大大降低。

（二）牢记写作目的

动笔写作就是按照写作蓝图，按部就班地写作。这似乎非常简单，但是过程并不轻松。学生一方面需要不断地思考，为论文增加血肉，以及加到什么地方，加到什么程度；另一方面还要瞻前顾后，注意各部分之间的关系，必要时还要适当调整论文构思和计划；最后还要一直不忘紧紧围绕论文主题，防备自己一不留神就"思想溜号""出了轨"，忘掉了写作目的——为什么要写这篇论文，偏离了前面的写作计划。"不忘初心，牢记使命"，不仅是政治宣传，写论文过程中这句话也是非常重要的。

论文写作中最容易出现的问题是，写着写着就"迷失了"，不知不觉

---

❶ 转引自劳拉·布朗：《完全写作指南——从提笔就怕到什么都能写》，袁婧译，江西人民出版社2017年版，第14页。

把论文写作变成了"侃大山",写了很多与选题有关、但与学术问题及主题无关的内容。自己都搞不清自己到底出了什么状况,怎么"写了什么"以及"为什么写作"都不知道了。这时就必须"悬崖勒马",找回自己写作的初心,回到主题上来。类似的情况论文写作中可能出现不止一次,由于前述写作过程属于"自然流淌",比较自由,少受约束,"流出主题之外"并不奇怪,这本是一种正常的心理现象,不妨称为"写作迷失现象",几乎每个写作的人都会出现这种现象,但初次写论文的同学不理解,会惶恐不安,为自己浪费宝贵的时间和精力感到悔恨,为自己写作进度落后于同学而内心充满焦虑。

(三)跟着感觉走

论文写作是一个整体,逻辑上虽有先后,但具体写作顺序并不存在定规,而是因人而异。人们写作并非一定从前言开始写起,然后第一章、第二章……一直写下去,最后结语、致谢。写出来的论文是给别人看的,如果逻辑不清晰,不按部就班,不是从简单到复杂,别人就不好理解,但写作是自己的写作,只要自己觉得方便,步骤先后如何都可以。论文写到一半,突然意识到某句话应该放在论文的前言中,那就去修改前言。你的写作步骤,读者是不知道的,他们也不需要知道,通过论文也看不出来,根本不会妨碍(也不会促进)他们阅读和理解你的论文。

写作的过程并不是线性的,而更像是由多个步骤组成的一个闭合的环,我们可以从环上的任何一个步骤开始写作,且中间可以随意跳到另一个步骤上去,同时,后面还会不断重复这样的过程。论文写作的顺序如此,修改的顺序也是如此。先易后难,或者先难后易,都是可以的。现实写作中,完全可以"跟着感觉走",顺其自然。最后写前言部分,论文写到一半就写摘要、致谢,甚至开始先写摘要、致谢,也是常事。❶ 不少诗

---

❶ 蓝佩嘉:《登山者的霹雳包》,见毕恒达:《教授为什么没告诉我——论文写作枕边书》,法律出版社2007年版,第15页。

人、小说家在写作顺序上有自己特有的习惯。美国诗人薇琪·卡尔普讲："阅读时,我们会从头开始,读到结尾;写作时,我们会从中间开始,然后解决其他的部分。"美国小说家玛西亚·达文波特则有这样的说法:"当我准备写一本书时,会先写结尾。"❶ 我个人的习惯是先写摘要及结论,后写其他,与一般写法相反。这里的原因是,写作前就已经明确了论文的问题、主题、整体框架思路和研究方法,先写下来可以便于下面的写作紧紧围绕它们展开。

写作开始后,很容易进入"心流"(mental flow)状态。这在心理学中是人们在专注进行某行为时所表现的一种心理状态。如艺术家在创作时所表现的心理状态。在此状态时,人们通常不愿被打扰,即抗拒中断。心流产生时会有高度的兴奋及充实感,这时候一般是采取"四不政策":不顾细节,不修改,不停止,不听劝。动手写作是一个连续的过程,尽管中间可能会出现各种问题,但尽量不要停顿,把自己的想法一股脑写出来再说。中间出现一些小问题,如措辞不妥,个别引用及注释不准确等,无关大局,可以放过,暂时不管它。这时不必注重细节,因为会分散注意力。由于考虑到写出来的东西不满意而随时停下来,打断自己的写作节奏,影响自己的思路和情绪,是最不可取的。这时也不要着急向别人请教,听取别人的意见和建议,尤其不要随便采纳别人的观点而偏离自己原来的思路。"随心所欲""靠自己的直觉""一鼓作气,一气呵成",思路不中断,集中时间和精力,心无旁骛,在动笔写作的过程中往往是最好的选择。❷

这样"一口气"(往往是多个"一口气",中间包括适当的反思及修正)写就的论文可以称为"粗稿"或"零稿"。❸ 它可谓刚刚连成一体、极其简

---

❶ 劳拉·布朗:《完全写作指南——从提笔就怕到什么都能写》,袁婧译,江西人民出版社 2017 年版,第 4 页。

❷ 这种写作方式也就是写作训练中常用的"自由写作方式",或称"心灵写作方式"以及"零秒思维写作方式"。其基本特点可谓是"三不政策":不要停,不要想,不要改。参见曾冠茗:《零秒思维写作》,华南理工大学出版社 2018 年版,第 14 页。

❸ 尤金·布洛克:《法学论文的撰写编辑与发表》,朱奎彬译,西南交通大学出版社 2018 年版,第 56 页。

略和杂乱的文章，处于写作提纲与初稿（或称一稿）之间的状态。

（四）坚持，坚持，再坚持

初稿的撰写包括不少环节，如学院要求的文献综述、开题报告环节等，同时也经常遇到各种问题，有时甚至感到"山重水复疑无路"了，这时需要停下笔来。在写作中由于思维受激发而变换认识的角度，或者产生新的观点是常有的事，这时需要重新审视材料、选择视角以及重新进行构思，在通过认真思考、理清思路、完善想法的基础上，再继续动笔。

写的过程中，有时也会有写不下去的感觉，不要紧张，不要害怕，这时需要的是坚持，坚持，再坚持。有时确实是材料准备不足，从而没有什么可写，但大部分情况下仅仅是思路没有打开。不要怀疑自己，不要自暴自弃，继续写，无论写什么，一定要度过"疲劳期"。这也正如我们参加长跑比赛一样，总有一个阶段，似乎自己已经被掏空，达到了体力极限（极点），一丝一毫的力气都没有了，只能放弃比赛了，但通常这个阶段很快就会过去。

知道飞轮效应（flywheel effect）吗？为了使静止的飞轮转动起来，一开始必须使出很大的力气，一圈一圈反复地推，每转一圈都很费力，但是每一圈的努力都不会白费，飞轮会转动得越来越快。

尽管可能写得很粗糙、很不完备，连贯性也比较差，但也要坚持把初稿写出来。

二、修　改

修改与撰写是如影随形的，边写边改贯穿写作的全过程，是写作的常态。初稿完成后的修改可谓正式的、狭义上讲的修改。这包括自己的修改、同学朋友建议的修改、导师审阅后的修改、查重后的修改、盲审后的修改，以及答辩后的修改，等等。

修改是撰写的继续，是撰写的最后阶段，也可以说修改是最重要的撰写，最精致的撰写。经过认真修改，即使是粗陋肤浅的论文，也会变成条理清晰、内容深刻的好论文！没有任何一篇论文是不需要修改的，甚至可以说"好论文不是写出来的，而是改出来的！"

修改并非限于简单整理自己已有的想法，而是借由重新思考来深化自己的认识。修改与撰写最大的不同在于：撰写时，我是主人，自我肯定；修改时，我是读者，批判的眼光。二者视角不同，方法不同，目的也有所不同。

（一）只有懒人，没有丑人

修改与撰写同样重要，它也有一定的顺序。尽管没有普适的要求，但一般遵守"先主要，后次要"的原则，从三个方面进行修改：

首先，修改论文的结构（写之前也是先构思、计划论文的结构），看其是否与计划的论文提纲一致，是否完整，是否符合逻辑，有没有多余及重复的部分，有无缺漏，有无头重脚轻、各部分不协调的问题。

其次，修改论点、论据、论证，看其是否明确、严谨，尤其是论证是否充分，论据是否需要进一步加强。

最后，是行文的问题，看是否存在字词、语句、段、标点及排版等不妥当及错漏之处。现在的 word 软件本身自带拼写检查及文档校对等功能，大大减轻了修改的难度，但修改仍是一项艰苦的工作，因为大部分论文内容的问题，软件是无能为力的，且有些软件的修改建议是不适当的。

论文初稿存在的问题，大致可以分为两种：一种是你的"故意"造成的，你当时的观点就是如此，没有考虑明白或自己的知识有缺陷。❶这类问题在修改时不容易发现，发现了也不容易修改；还有一种是你的"过

---

❶ 笔者评审中曾发现论文中有这样的句子：建议地方政府"完善民诉法相关条款"，建议"健全广西壮族自治区党内法规制度"。地方政府何来权力完善民诉法，自治区又如何健全党中央制定的党内法规？这主要可能是写作态度不认真造成的，但也不排除是因为基本法律知识欠缺所致。

又，有的论文探讨"村规民约的司法适用问题"，其完善建议部分却写道"规范村规民约的内容和制定程序"。司法适用怎么会涉及对村规民约内容及制定程序的规范？显然范围扩大了，问题与建议成了两回事。

失"造成的，主要是没有写明白，表达不清。这类问题相对容易发现及纠正。修改论文主要指的是解决第一种问题，也就是如叶圣陶先生所讲："修改文章不是什么雕虫小技，其实就是修改思想，要它想得更正确，更完美。想对了，写对了，才可以一字不易。"❶

修改多次后，自己尽最大努力写出的最好东西，自以为从内容到形式，完全符合要求了，这时的论文可以称为初稿。初稿不是"粗稿"，更不是"草稿""半成品"。自己明明知道还有改进余地，且自己也可以予以改进的稿子，不是初稿！不是初稿就不应该交给导师。

在修改过程中很容易发现，不少内容是没有充分依据的，这已经偏离了学术的严谨作风。如：

（1）"随着生活水平的提高和人们思想观念的逐渐开放，第三者介入他人婚姻现象十分普遍。"可实际上前后两个句子内容之间并没有内在的因果关系。

（2）"当代不少学生由于是独生子女以及受父母溺爱等原因，心理脆弱。"实际上"独生子女"与"心理脆弱"之间并没有必然因果联系。

（3）把党的生日"七一"，当成了中国共产党第一次全国代表大会的召开时间，而实际上召开的时间是 1921 年 7 月 23 日。

（4）认为巴拿马万国博览会是在巴拿马召开的，实际上是为了庆祝巴拿马运河的开通而于 1915 年在美国旧金山市召开的。

（5）认为马克思是犹太人，实际上犹太人即信奉犹太教的人，而马克思是无神论者，不信教，所以他不是犹太人（其父亲开始信奉犹太教，后来改信基督教，也不是犹太人）。以色列人也从来不引他为同族，相反，认为他是反犹主义者。

（6）认为特务头子戴笠是国民党人，实际上他从来没有加入国民党。

（7）认为孙中山先生被人称为"孙逸仙博士"，是因为他获得了博士学位，实际上这里的博士是"doctor"即医生的意思，他是香港西医学院

---

❶ 叶圣陶：《谈文章的修改》，《百花园》2021 年第 8 期。

的本科毕业生，并没有获得过博士学位。

（8）认为"我不同意你的观点，但我誓死捍卫你说话的权利"这句名言是法国启蒙思想家、被称为"法国良心"的伏尔泰说的。实际上它出自英国女作家伊夫林·比阿特丽斯·霍尔的《伏尔泰的朋友们》(*The Friends of Voltaire*)。这是她总结伏尔泰态度时说的一段话。❶

论文修改一定要高度重视语法、措辞、标点、错别字、排版等问题。这时要从一个编辑的眼光来看待论文。这些语言文字上的毛病根源往往在于作者思想上的毛病，问题看似不大，但并不是无关紧要的"小毛病"，因为它们会先入为主，给人留下很糟糕的第一印象，同时还会使人"恨屋及乌"，怀疑你的学术态度，进而怀疑论文的学术水平。为此，应该对自己提出这样的要求：文字要不断反复"推敲""打磨"，斟酌再三，千锤百炼，甚至"吟安一个字，拈断数茎须"，达到"增加一字则多，删去一字则少"的程度（如：通常一个句子中连着两个作为定语标志的"的"字一定要去掉一个，"从整体上来看"应改为"整体上看"），类似阅兵场上飞机飞行的"秒米不差"！

在语言文字使用的简练以及准确方面，我国以前的立法也重视不够，不过现在已经高度重视了。如2021年12月24日《民事诉讼法》的修改，就对有关文字进行了修改：

· "诚实信用原则"改为"诚信原则"；

· "节假日"改为"法定节假日"；

· "传真、电子邮件方式"改为"电子方式"；

· "抚育费"改为"抚养费"；

· "意外事故下落不明"改为"意外事件下落不明"；

· "由本院院长批准"改为"经本院院长批准"。

"三分靠长相，七分靠打扮"，美人大多并非天生丽质，而主要是化

---

❶ 参见：言论自由的尺度——关于《伏尔泰之友》中的名言，https://culture.caixin.com/2015-01-16/100775520.html，2024年6月28日访问。

妆、打扮的结果。修改可谓广义写作的基本表现形式之一，甚至是比狭义写作更重要的表现形式。优秀的论文是靠不断修改造就的。❶ 修改文章是一项重要的技术或艺术。

（二）是作者，就要对自己狠一点

正如挑剔、苛刻的当事人造就优秀的律师一样，挑剔、苛刻的读者也才会造就优秀的作者。以挑剔、苛刻的读者眼光看待自己的论文，不断自己与自己辩论，自己找自己的茬，自己折磨自己，这就是修改论文的同学要做到的。

前面已述，写作要达到信、达、雅的目标，其实，修改论文也是如此。它包括循序渐进的三个层次的要求：一个是"信"的问题，就是与主题关系不大，甚至与主题相抵触的地方，以及错误的地方一定要修改；二是"达"的问题，也就是"不准确"或"不妥当"的地方也要修改；三是"雅"的问题，也就是"不吸引人"的地方要尽量修改。毫无疑问，第一个层次是修改的中心，但下面的两个层次也不应该忽视。精益求精是学术活动的真谛。

通常讲，修改初稿总比写初稿更容易，这也许是对的，但修改论文仍是一件困难的事。修改自己的论文，就是要"自我批判"，说严重一点就是"扇自己耳光"，如果自己不"扇"，那么以后导师、评委就会代劳。学生要有足够的耐心，从多个方面修改论文，甚至同一个地方反复修改多次也是很正常的。有时，学生自我感觉良好，论文写得不错，颇为得意，想不到导师看后却迎面就是一盆冷水，毫不留情："这写的是什么？一塌糊涂，必须彻底修改，这样的论文还想提交答辩？"在老师严厉的目光下，学生别无选择，只好默默承受，低头认错，表示自己回去一定好好思考，

---

❶ 毛泽东同志就曾经在罗元贞教授建议下把《七律·长征》中的"金沙浪拍云崖暖"改为"金沙水拍云崖暖"，在诗人臧克家建议下把其《沁园春·雪》中的"原驰腊象"改为"原驰蜡象"。参见仲夏、散木：《"一字师"罗元贞》，《炎黄纵横》2012年第5期；臧乐源：《臧克家与毛泽东》，《文史哲》2007年第1期。

好好修改，抱着"理解了要执行，不理解也要执行，在执行中加深理解"的态度。正因如此，又有这样的说法：改章难于造篇。

　　修改是一项需要付出艰苦努力的创造性工作。正如写文章是对资料的"加减乘除"一样，修改论文也可谓对论文草稿内容的"加减乘除"。考虑到论文的基本内容已经基本确定，修改关键在于"加减"，对论文的剪裁，也就是一般所讲的"加、减、删、换、移"。这时就会遇到该"加"的时候没有资料，该"减"的时候下不了手的问题。对于前者没有捷径可走，只能是进一步搜集资料；对于后者则要"忍痛割爱"。不少学者认可这样的稿件字数公式：第二稿＝第一稿×90%。要像鲁迅先生在《答北斗杂志社问——创作要怎样才会好？》中所倡导的那样"写完后至少看两遍，竭力将可有可无的字，句，段删去，毫不可惜"。❶换成大白话，他的意思就是：不说废话！鲁迅先生劝别人修改文章，他自己的文章也常常是反复修改的。他的著名散文《藤野先生》，修改的地方有160—170处，《〈坟〉的题记》全文只有1000多字，改动也有百处之多。❷契诃夫说过这样的话："写得好的本领，就是删掉写得不好的地方的本领。"❸可谓精辟！

　　不少学生由于花费了许多时间和精力来搜集资料准备论文，一旦用不上，觉得可惜，所以往往舍不得抛弃资料。这时就要从捍卫学术的尊严出发，拿出学术勇气：对于那些可写可不写、可引可不引的观点和资料，即使观点新颖，资料珍贵，也要一律"忍痛割爱""痛下杀手"，不能"心慈手软"。❹比如，很多同学会在论文前言中大段地阐述众所周知的概念及理论，甚至指出其特征，并对其分类，其实这些往往对论文的主题是毫无意义的，应该统统删除。还有同学喜欢文学，用了很多的句子来增强

---

❶ 《鲁迅全集》第四卷，人民文学出版社2005年版，第373页。原文"字""句""段"三字之间为逗号，似有不妥。

❷ 古人注重言简意赅，这方面的例子很多。《朱子语类》有云："欧文公，亦多是修改到妙处。顷有人买得其醉翁亭记稿。初说滁州四面有山，凡数十字，末后改定，只曰：'环滁皆山也。'五字而已。"

❸ 契诃夫：《契诃夫论文学》，汝龙译，人民文学出版社1958年版，第409页。

❹ 我曾经有一段把8400字的论文修改为2400字小文的经历，其间的煎熬真是一言难尽，不过确实锻炼人，对此我充满感激，终生难忘！

论文的感染力，但学术论文不是小说，过多的情感往往会削弱论文的证明力。❶

写论文只有"删繁就简三秋树"，才能"领异标新"地开出"二月花"。毕竟，论文重在质量，而不是文字的数量。❷ "如无必要，勿增实体。"对于自己的论文，作者应该毫不犹豫地拿起剃刀。

修改论文还要注意的一个问题就是，一般论文写作常讲的"话不要说尽，意不要表足"。有些内容大家都知道，或者稍微思考一下就可以想明白，稍稍"动一下手指头"就可以找到，作者就不要详细地写出来，否则容易使人觉得文章拖沓，同时有轻视读者之嫌。一般文章的写作都要给读者留有思考的余地，学术文章更要如此。也许要求文章字字珠玑，有些过分了，但是要求"一句废话没有"还是必须的。《文心雕龙·熔裁》有云："句有可削，足见其疏；字不得减，乃知其密。"西方人有一句话说得好："The simple, the best"，简洁的就是最好的。诗词以及名言警句，可谓简练概括的典范。《论语》中"一言以蔽之""吾道一以贯之"这样的说法很多，就是在培养学生的概括能力。学生可以通过对诗词、名言警句以及经典名篇多读、多思考、多模仿，不断陶冶自己，以锻炼自己这方面的能力。

文章不厌百回改。❸ 散文家木心先生有云："文章写出来，第一遍是耻辱；第七遍就是光荣了。"❹ 人们一般喜欢不出声，默默地"用心"修改论文，但经验告诉我们，读出声来（诵读，最好是大声朗读）往往更有利于

---

❶ 鲁迅散文集《野草》中《秋夜》一文，有这样的句子："在我的后园，可以看见墙外有两株树，一株是枣树，还有一株也是枣树。"捷克作家、文艺评论家伏契克《绞刑架下的报告》第三章《二六七号牢房》中的第一段文字："从门口到窗户七步，从窗户到门口七步。"这样的叙述是很好的文学描述，但对论文来说则纯属赘言。

❷ "话说得短说得简要，不是一件易事。我回想自己说过的许多话，重看写过的什么文章，先叫我难过的就是既不简又不要，想起'由俭入奢易，由奢入俭难'这老格言果然不错。1942年2月8日延安反对党八股的大会，原先就叫压缩大会。四年半了，压缩尚未成功。"参见胡乔木：《短些，再短些！》，《解放日报》1946年9月27日。

❸ 有时修改本身也会产生问题：如有的是对的改错了；有的是某些地方的修改引起了其他地方的不协调，还需要进一步做适应性修改，如中英文不一致，摘要与正文不一致，等等。

❹ 这是木心先生2006年3月初接受《外滩画报》专访时的话。

发现问题所在。❶ 耳朵尽管在眼睛的后面，但它有时比眼睛灵光。心理学对此有自己的解释，"读"及相应地自己"听"可以让脑神经兴奋，把情绪最广泛地调动起来，更有力地促进大脑的思考（尤其是开发右脑）。"用心"的同时又"动嘴""动耳"，可以增强注意力，使人精力集中，扩大思考的深度、广度，提高效率。比如，人们都有一定的语感，通过诵读可以比较容易地发现语病、拗口、语句不通、句子不连贯、用词不准等。修改时，"论文要大声地读出来"，尝试读一读吧！❷ 当然最好避开人，不然显得傻傻的，还容易影响到别人。

（三）冷处理

初稿完成后进行修改，觉得自己似乎已经修改好了，这时不要立即交给导师，最好先对论文进行"冷处理"，把它"晾晒"一段时间。冷静出理性，静生慧，然后再回来修改论文。心理学上讲，在集中精力完成一件事情时，容易产生思维定式，造成思维的盲区，脱离原来的事务环境一段时间，可以使思维定式淡化，眼界开阔。俗话说"距离产生美"，实际上"距离也产生丑"。这里我们可以说，时间上的距离有利于发现"丑"，即论文的缺点和毛病！想一想有过多少次这样的情况发生：觉得自己写得很有趣、很有新意，简直无与伦比，甚至想无论牺牲多少都要为其辩护，可是几周之后，再回头看自己写的东西："这是谁写的？难道我会写出这样的东西？"

这期间，自己对论文持"冷"的态度，但论文本身不必"冷着"，最好把它交到同学、朋友的手里，请他们帮忙，提出修改意见和建议。不识庐山真面目，只缘身在此山中。自己觉得写得很清楚了，别人读后却往往

---

❶ Word 软件审阅菜单中也有朗读功能，但效果一般，有时本来连续的会断续朗读，可以参考使用。

❷ 读论文，实际效果可不限于发现论文的不足，实际上，同时诵读还可以发现自己论文的美——逻辑美、意境美、音韵美、节奏美、气势美，使你感到快乐，给你增添写作的信心和勇气！

会造成误解。自己的错往往自己很难发现，所谓存在"思维的盲区"。想一想，我们身边是不是有人曾经多次把"肆业"写成了"肄业"，把"酌定"写成"均定"吗?!❶ 如果没有别人指出，也许这些错误还会一直错下去。请他人帮忙修改，可以集思广益，即使这些朋友并非学术高手，也可以"三个臭皮匠，合成一个诸葛亮"，给论文修改提出一些很有价值的意见和建议。

修改要有耐心，不要有厌烦情绪。修改的次数少也许可以暂时节省时间，但"欲速则不达"，论文如果答辩后需要大改或者重新来过，则会花费更多时间。必须清楚的是：论文写作不是"比快的游戏"，而是"比慢的艺术"。慢工出细活，俗话不俗!❷

在修改过程中，学生必须牢记20世纪世界著名建筑师密斯·凡·德罗总结他成功经验时的高度概括：魔鬼在细节。千里之堤毁于蚁穴，细节决定成败。

三、定 稿

论文多次修改后，自己觉得非常满意了，同时已经没有能力进一步修改了，再提交导师审阅。经导师同意认可并签字，符合学院的要求后，可以定稿。

定稿后，论文装订、查重，通过后提交内审、外审。两审都通过后，再经修改及导师签字，可以向学院申请答辩。申请获批后，进入毕业论文答辩程序。

---

❶ 我曾经很长时间把"早稻田大学"念成"早稻田大学"，把"好奇害死猫"（西方俗语，Curiosity kills the cat）念成"好奇害死马"，把海南冷饮"清补凉"念成是"清凉补"，直到听到别人的念法才发现自己错了。

❷ 民国时期中央研究院历史语言研究所有一个不成文的规定：青年学者进所之后三年之内不准发表文章。这主要就是为了使青年学者静下心来好好积累。南京大学韩儒林教授有一句名言："板凳要坐十年冷，文章不写半句空。"

第九讲　毕业答辩

毕业答辩是法学学位论文写作的最后一个环节，也是最关键的环节之一。

一、答辩目的

学位论文写作中，包括两类答辩，一种是开题答辩，一种是毕业答辩，或称论文答辩。毕业答辩有时又分为预答辩和正式答辩。一般来讲，学术写作是为了发表，而学位论文的写作则是为了通过答辩，获得文凭。答辩是学位论文写作必不可少的部分，任何学生都无法逃避。对学位论文写作而言，论文本身的内容是至关重要的，答辩过程本身远不像想象得那么重要。❶很少有论文写得很好而答辩很差的，所谓"茶壶里煮饺子——有嘴倒（道）不出"的现象在答辩中基本上是不存在的。❷然而，答辩不仅是对学生语言表达能力的考查，它是学生论文写作能力（甚至整体学术能力）综合性、全面展示的舞台，这一舞台也是最后的、唯一的。答辩就是毕业汇报演出，最后的谢幕演出。

对学生来说，它可谓分量最"重"的一场考试，只能成功不能失败。失败的答辩会削弱论文所应有的学术水平，给论文"添堵"，甚至导致学

---

❶ 曾经有一位非常优秀的本科学生，论文写好后请我审阅，同时征求我的意见，答辩时要注意什么。我看过论文后对他说："答辩不需要任何特殊的准备，你只要把你的观点清楚地表达出来就可以了。"

❷ 尽管在日常生活中常见文章写得好，而口才一般的人。《史记》记载韩非子"为人口吃，不善言谈而善著书"。据说大数学家陈景润论文写得很棒，但也不善言谈。这里的"不善言谈"与论文答辩中的表达能力差还不是一回事，学术表达并不需要"口若悬河，滔滔不绝""舌绽蓓蕾，口吐莲花"。

生最害怕出现的最糟糕的结果——答辩未通过，而成功的答辩会使论文得到有力的支持，给论文"增彩"，使论文"马到成功"。答辩是论文质量的综合性的、最后的展示、评估和检测过程，它可谓足球比赛中的临门一脚！

具体来讲，答辩的主要目的如下。❶

（一）评审的深化

通常从答辩者所提交的论文中，已能大致反映出各个答辩者对自己所写论文的认识程度和论证论题的能力。但由于种种原因，有些问题没有充分展开细说。有的可能是受篇幅所限不能展开说明，有的可能是作者认为不重要或者认为没有必要展开说明；有的可能是作者说不下去或者说不清楚而故意回避了的薄弱环节，有的可能是作者自己根本就没有认识到的不足之处。通过对这些问题的提问和答辩就可以进一步弄清作者对所写论文选题认识的深度和广度。答辩采取面试的方式，通过答辩组多位专家的评议来审核论文，可以有效地避免导师个人审核的不足以及感情因素的影响，以及发现院审及外审专家书面审阅的盲区，能够更加全面、公正、客观地评定论文的质量。

（二）口头语言表达能力的考察

前面导师的审阅以及交叉评阅、外审专家评阅，主要是考察文字表达能力，答辩则是综合性考察，还要考察口头语言表达能力。这里包括演讲能力、辩论技巧、随机应变能力、形体动作辅助表达能力等。

（三）良好学风的保证

由于社会风气以及互联网普及等各种因素的综合影响，学生论文写作中态度不认真、学习不努力、不下功夫、学风不严谨，甚至抄袭和捉刀代笔等现象时有发生，答辩在一定的程度上可以抑制及纠正这种现象。

---

❶ 王嘉陵：《毕业论文写作与答辩》，四川大学出版社2003年版，第130页。

（四）教学环节的延续

评委要事先认真阅读学生的论文，弄清其基本内容及主要观点，发现其存在的问题，必要时还要查阅相关文献，核实相关内容。学生事先也要做好准备，以扩展自己的知识面，修改完善论文，认真制作PPT等。

答辩中，学生能够有机会和答辩老师面对面交流和探讨论文写作中遇到的困惑和不解，进一步深化对论文主题以及论文写作方法的认识，可以学到不少新知识。❶ 同时，答辩老师往往不仅提出问题，还会指出不少论文存在的不足和错误等，要求同学改正。这也会使答辩者受益匪浅。❷

不仅如此，答辩过程也是答辩委员与学生之间，以及答辩委员之间学术研讨交流（也许用"学术观点碰撞"更合适）的过程。有时答辩委员与学生之间，甚至答辩委员之间会在有关学术问题上产生分歧，甚至面红耳赤地吵起来，形成一道独特的学术风景线。学术观点的激烈对撞、交锋，充分地展示学术的魅力所在。一场学位论文答辩往往胜过一堂教学课，或一场学术讲座，它能使所有参与人（包括评委、旁听者在内）都在学术上（包括学术知识及学术素养）获益良多。

二、答辩过程

答辩过程严格按照学院的相关规定进行，一般包括以下内容：

第一，宣布答辩委员会的组成。学院会组成有丰富教学经验且具有高级职称的学者组成的答辩委员会来审议学生的论文。答辩委员会一般由五人或七人（奇数）组成，一人为主席（通常为外校人员），另设一人为答辩秘书。学生导师需要回避。

---

❶ 一般论文答辩都实施导师回避制度，这固然是为了避免情感因素对论文评审客观性的影响，同时也使得评审论文多了一个视角，便于全面及深刻地评审论文，给论文提出一个不同于导师的新的意见和建议，更有利于论文的进一步修改和质量的提高。

❷ 论文答辩，一般都是开放式的，除了答辩委员和答辩学生外，还有不少其他老师及学生来旁听。对这些旁听者来说，答辩也是一个学习的过程。

第二,学生自我阐述。这主要包括:自我介绍、选题目的、论文主要结构及内容、采用的基本方法、主要的创新点及不足。

第三,老师提问及学生回答。每个老师都可以提出问题,要求学生解答。通常每个老师针对论文内容以及答辩内容,至少提出一个问题。依据不同的规定,学生有时需要当场回答问题,有时需要退场准备一段时间后再来回答问题。有些老师的问题类似或密切相关,学生可以归纳为一个问题来集中回答。

第四,评议及公布结果。学生退场,答辩老师进行评议,然后评分、投票。秘书统计后,整理出评议结果。结果一般分为四类:优秀、良好、合格、不合格。然后,学生入场,答辩主席宣布评议结果。评议结果公布后,通常评委们还会对学生论文存在的、具有一定普遍性的问题提出一些意见和建议,要求学生答辩后认真修改自己的论文。

三、答辩注意事项

答辩人要想顺利通过答辩,首先要做好充分的准备,其次是从容不迫地应对答辩。具体来讲包括以下方面:

(一)答辩前请教导师

学位论文是在导师的悉心指导下完成的,因此,导师对学位论文的优缺点有比较详细的了解,加之,导师学识和见识一般都比学生广,因而答辩前虚心向导师请教十分必要。由于答辩能否通过主要与论文的质量有关,而论文的质量不仅与学生的科研能力有关,还与导师的水平和责任心挂钩,因此,导师一般会对论文的不足提出客观的批评或者修改意见,也乐意帮助学生顺利通过答辩。而且,导师有比较丰富的答辩经验,向其请教可以使准备活动达到事半功倍的效果。

（二）自我阐述及回答提问的准备

这两个方面最好都采取书面形式。自我阐述的内容与论文摘要的内容差不多。这里要注意详略得当以及时间的把握，其关键是要对论文内容"吃透"。

答辩老师提什么问题，这对答辩者来说是非常重要的，但同时这也是事先难以猜测的。实际上，即使是答辩老师事先也可能没有完全确定自己会提出什么问题，不少问题是根据学生答辩情况临时提出的，尤其是追问的问题。准备答辩时，答辩者只能是抱着"以不变应万变"的心态，好好审视自己的论文，试着自己给自己提出问题。对老师可能的提问，要从论文所论述的基本问题中去考虑，同时适当扩大范围兼顾论文所涉及的一些边缘问题。为此，一般要自我提出 10 个左右的问题。这些问题有些是考查知识掌握的"广度"，有些是考查能力的"深度"，还有些是综合考查的。如：

·论文的主要论点是什么，能否用一句话概括？❶

·论文中所使用的主要原理的核心含义？能否举例说明？或老师举一个例子，能否判断应否适用该原理？❷

·论文所采用某基本理论的局限？❸

·论文所采用某研究方法的局限？❹

·论文观点与某某著名学者的观点相比，有何区别和联系？❺

---

❶ 评委经常会要求同学用最简短的语言阐述，甚至"一言以蔽之"，用一句话（甚至一个词）来概括自己的论文：提出了什么问题，用的什么方法，得出了什么结论。

❷ 一次博士论文的答辩，论文是关于行政比例原则的。老师提问："一栋房子规划允许建五层，结果却建了七层，按照比例原则，行政机关应该如何处理？"结果这位答辩人回答："考虑到如果拆楼当事人会损失巨大，行政机关可以通过多罚些钱的方式来处理，不必拆楼。"当即遭到老师的批评。

❸ 多年前一位法理学专业的博士生，选题是军事法学方向，论文以权利本位论为理论基础。答辩中有评委提出："军人的天职是服从命令，一切行动要听指挥，在军事法中应该如何坚持权利本位论？"这位同学准备不充分，一时语塞。很遗憾，最后答辩没有通过。

❹ 如答辩老师经常问："你的论文采用的实证分析方法，请问该方法的局限是什么？"

❺ 一次题为"现代法哲学基石范畴研究"的博士论文答辩中，论文涉及"权利本位"的观点，答辩老师就提出：这一观点与张恒山老师的"义务先定论"的关系如何？

- 论文所涉及的某法律概念或原理的基本内容？❶
- 试用论文中的某理论解释某一社会热点现象？❷
- 关于某某问题，我的观点是……你是否同意我的观点？为什么？❸
- 你的研究结论对我国当前的法治建设有何意义？❹
- 我国当前相关的制度建设新进展如何？❺

对上述问题要认真准备答案，把握回答要领，掌握答题技巧，以做到心中有数、临阵不慌。必要时，应查阅相关资料，不能自以为是。此外，还要注意学习和掌握一定的演讲、辩论技巧。❻

（三）携带所需资料和用品

首先，要携带论文的底稿和主要参考资料。这是为了便于在回答老师提问时对某些细节问题的查找。如前所述，在答辩人回答提问之前一般会留有一定的时间进行准备，这时可以翻阅资料，核对细节。其次，还应带上笔和笔记本，以便把主答辩老师所提出的问题和有价值的意见、见解记录下来。通过记录，不仅可以减缓紧张心理，而且可以更好地把握老师提

---

❶ 这种问题往往并非论文的主要部分，但一定不能轻视。一位法制史专业的硕士研究生，论文题目是"丘濬法律思想研究"，答辩时竟突然冒出这样一句话"丘濬发展了罪刑法定原则"。答辩委员当场就被震惊了：明代我国根本没有罪刑法定原则，丘濬何来"发展"？实际上我国是1997年才刚刚通过刑法修正案确立这一原则！答辩老师当即问他该原则的含义，结果他回答得一塌糊涂。

❷ 如一次刑法学博士论文答辩，答辩老师就提到了当时轰动全国的孙志刚案件，让学生分析人权保障的问题。

❸ 我旁听过的一次博士论文答辩，有位答辩委员讲"前面几位老师提的都是必答题，中间有一位老师提的是选答题，我现在提一个免答题"。全场大笑。然后，他一人自问自答，最后问答辩同学是否同意他的意见，如果同意就不需要回答了，如果不同意，就谈一谈自己的看法。当时那位同学笑着表示同意老师的意见，这样该老师的提问及学生的回答就结束了。

❹ 一位同学的论文题目为"乡约对基层社会秩序之维护研究——以宋代《吕氏乡约》为例"，有答辩老师提问："立足当前，对乡贤参与社会治理你有什么建议？"

❺ 一位同学的论文题目为"论司法权的功能"，有答辩老师提问："十八大以后，司法领域有哪些新制度体现了以人民为中心的司法理念？"

❻ 考虑到答辩的重要性以及复杂性，不少学校规定要举行预答辩。除学校要求外，学生自己也往往提前做好"答辩预演"或称"彩排"（这与律师上庭前进行的"彩排"类似）：设想答辩专家可能会问什么问题，我的论文什么地方是薄弱的，容易受攻击的，等等，以做好充分的正式答辩的准备。

问的要害和实质，还可以边记边思考，使思考的过程变得自然。为了表述清楚，一般需要精心制作图文并茂、形象生动的PPT。❶

（四）论文防御战

一般法学专业都会开设演讲辩论课程，必修或选修，同学们通常对答辩技巧都会有所了解，但论文答辩仍需要认真对待。答辩不是演讲，演讲是独角戏，而答辩是双方对阵。同时，答辩也不是双方互有攻守的打仗，而是一场攻防大战，且答辩人只能防御，老师只会进攻。

答辩老师针对论文以及学生的自我阐述提出问题，学生当场或稍后给以答复和辩解（这也是"答辩"一词的基本含义）。答辩对学生的快速反应能力提出了较高的要求，尤其是有时老师在不满意学生的回答进一步追问的时候。

论文答辩是一场激烈的攻防战。在英语中"论文答辩"是"thesis defense"（直译"论文防御"），而不是"thesis discussion"（论文讨论）或"thesis debate"（论文辩论）。因为论文答辩主客分明，双方攻守地位及作用明确，答辩老师就是要通过"提问、质问、设问、追问"等从各个不同的角度来向你的观点发起猛烈进攻，而你只能通过"解释、说明、辩护、论证、反问❷"来尽全力去防御。你要证明你做的、你想的、你发明的是新的、正确的、先进的，那就要经受住答辩委员会刁钻的提问和质疑（有些提问看起来可能是"有敌意"的，颇像某些资深记者的尖刻提问），要证明自己的论文价值。这些提问和质疑是"进攻性"（attacking）的，你自然就要"防御""防卫"（defense）。答辩的困难在此，答辩的精彩也在此！

答辩就是要测试学生论文深度及广度的极限，类似新型飞机的试飞，要飞出其极限速度、高度和灵活性等各项实验数据。学生不能完全答上

---

❶ 二十多年前，我曾经旁听吉林大学哲学专业张文显老师的博士论文答辩，当时他的PPT上开头出现的两个小人辩论的动画场景，令人印象深刻！

❷ 尽管是"防御战"，反问也是可以的。这主要是在紧紧围绕论文主题的情况下与老师辩论时所采取的方法。引入与论文主题无关的反问是不可以的。

来，或答得不完美，这是很正常的。老师也没有期望你能答得很圆满。有时老师不断追问，仅仅是因为你答得太好，而他想了解你到底水平多高，这关系到他想给你打80分，还是90分。你回答不上来，这并不意味着你论文不合格，实际上甚至有时问的问题答辩老师自己也答不出来（个别情况下，有的问题世界上迄今还没有人能答上来呢!），答辩老师有时是要告诉同学们：不要骄傲自满，更不要企图蒙混过关，你的水平还有待提高，山外有山，人外有人，学无止境。

回答时要充满自信地以流畅的语言和肯定的语气把自己的想法讲述出来，不要犹犹豫豫，注意抓住要害，条分缕析，不要东拉西扯，使人听后不得要领。答辩还要力求客观、全面、辩证（这确实很难）。注意留有余地，切忌把话说"满"，如慎重使用"一定""必然""全部"等用语。此外，回答问题时要简明扼要，层次分明，不能含糊其辞，尤其不能做"差不多先生"。❶

（五）知之为知之，不知为不知

有时老师会问到学生根本不了解的内容，这时有些学生生怕自己答不上来，而不懂装懂，勉强回答。要知道，答辩老师能够提出这种问题，一般就表明答辩老师对答案是心知肚明的。随意回答的结果往往是所答非所问，甚至闹出笑话。如果说无法解答老师的问题是一个缺点的话❷，那么试图掩盖这个缺点则暴露了自己的第二个缺点。

回答不上来是很正常的事情，正如我们无法在考试中总得满分一样。先哲苏格拉底最爱说的一句话就是"不知道"。"我只知道一件事，就是我什么也不知道"是他的名言。诺贝尔奖获得者丁肇中教授也最爱说一句话

---

❶ 《差不多先生传》是胡适先生创作的一篇传记题材寓言，讽刺了当时中国社会那些处事不认真的人。从处事不认真到处世不认真，许许多多的人就在"差不多"的圈套里度过一生（载民国八年出版的《新生活》杂志第二期）。论文中应该少用"大概、可能、差不多、几乎、将近"这样的词语。这不仅会显露自己的不自信，也表明自己对论文选题的理解不深刻。

❷ 有时这仅仅是一个遗憾，因为老师的提问可能超出了学生所应当掌握的知识范围，答辩并不要求学生对一切提问都对答如流。

"不知道"。"一事不知，深以为耻"是不切实际的、对自己及他人的苛刻要求。假如对老师的问题一知半解，学生应大胆承认自己不是很清楚，表达自己的歉意，尝试着进行简单的回答，请老师指点、提醒及批评指正，同时表明自己答辩过后一定会认真研究这个问题。如此一来，或许还能获得老师的谅解及指导。

（六）始终保持自信❶

答辩时评委主要考察什么？主要看创新，因为创新是写作的目的所在。答辩就是答辩人展示自己创新成果的舞台，就是在选题领域有创新的人，给其他不了解这一方面创新的专业人员授课，答疑释惑。答辩是以答辩人为主角的学术讲座，是学术研讨会议。答辩人的自信来自自己的努力，来自创新成果，也来自学术研究活动内在的逻辑力量和客观性、规律性。❷

答辩人答辩时要有自己的气场，不卑不亢，不能过分地谦虚。❸ 如说"这篇文章不敢说有什么创新""还有很多重要的地方有纰漏""与论文的要求还相差甚远""自己能力有限""由于时间原因""自己才疏学浅""可能有不少不足之处""由于篇幅所限"，等等。这些都是废话，毫无意义。不仅如此，这些话还容易造成不好的影响，让人觉得你学术水平很低，且没有

---

❶ 有人开玩笑说：答辩前一定要自信满满，敢于把论文往桌子上一拍，大声地喊："谁敢给我的论文不通过，我就敢给谁玩命！"这实际上也提示我们，好论文的标准，除了客观标准，还有一个主观标准，那就是：下了功夫，感动了自己。自己比较满意、觉得好的论文往往就是好论文！

自信，应该贯穿论文写作，进而学术研究，甚至人生的全过程。我当年写第一篇期刊论文的时候，初稿完成后，征求导师意见，他觉得论文达不到发表的水平，再征求其他老师的意见，也大致表达了同样的意见，期间甚至有的老师只看了看参考文献，就提出意见"文献太少，且比较陈旧"。但是，我比较自信（其实，就是比较"固执"），没有灰心丧气，而是认为自己的文章下了功夫，质量完全达到了发表的程度，于是就自己投稿。结果，编辑慧眼识珠，论文被录用，且放在该期的第一篇！

❷ 自信要有一个限度，不能对自己论文的创新评价过高，盲目夸大自己的成果。如动不动就讲自己"填补了学术空白""取得了国际领先的成果"等。还有，通常创新点有一两个就不错了，不要讲很多。有个硕士研究生答辩时，上来就一口气谈到自己的六个创新之处，答辩老师们听后都不由得笑出声来。

❸ 这里的"谦虚"实际上就变成了"虚伪"，而"虚伪并不能使人进步"。

下功夫，对自己的论文心中没底。

关键应该从客观的、学术的角度来谈自己论文（针对自己主题的论证）必然存在的局限或缺点。这些问题无损论文的价值和意义，只是给后来者提供了进一步研究的方向和动力。

学生应保持学术的自尊心，因为毕竟自己（还包括导师）花了很多心血，甚至不少费用，在这个小的研究领域已经在掌握大量资料的基础上站在了时代的前沿。对博士生来说，他们往往已经成为某一特定学术领域的一流专家！学生完全可以以专家的姿态来阐述和答辩，以平视的目光来看待论文涉及的其他学者的观点，以及答辩老师的观点，对自己的观点据理力争。回答问题犹犹豫豫，只答不辩，这既不利于自己发挥应有的水平，同时也有损于自己的形象。❶

答辩，犹如新媳妇见公婆，这时要做到毫无紧张感，对答辩者来说确实是一件比较困难的事，但即使偶有紧张，也要始终保持自信。❷对答辩者来说，心理暗示很重要，因为过度的紧张会使本来可以回答出来的问题也答不上来。只有充满自信，沉着冷静，才会在答辩时有良好的表现。自信来自答辩前的充分准备，尤其是论文撰写的质量。凡是自己认真撰写的论文，基本知识和理论应当很熟，因此应当有信心做到对答如流。自信来自对答辩性质的认识，答辩就是对论文撰写过程的检验，通过与否主要还是由论文质量决定的，并不完全取决于答辩的几十分钟。自信还来自对答辩老师的信任，因为老师永远是教育学生的，而不是来难为学生的，答辩也只不过是教育的一种形式而已。

---

❶ 有人开玩笑讲："论文答辩有十六字箴言：答辩答辩，只答不辩；老师批评，学生道歉。"这显然是不对的，真理越辩越明，只答不辩也就不是答辩了！

❷ 答辩是不同人们之间的学术交流，评委与自己对论文的评价不同非常正常，这未必就是自己的水平有问题。答辩中出现下面这样令人意想不到的尴尬场面并不稀奇：学生认为自己论文的某个部分非常精彩，在介绍论文时予以渲染，评委却认为这部分令人困惑，难以理解。相反，论文中某一没有着重介绍的部分，评委却认为有一定的创新！

笔者博士论文选题是"律师职业研究"。当年答辩时，自以为对"律师职业内部矛盾"部分的分析鞭辟入里，是创新之处，最后评委们却一致认为该部分逻辑不清，而对于文中"律师职业的社会功能"部分，评委们则认为写得还不错。当时让笔者大感意外，无话可说。

在答辩时，要善于运用身体语言，不可一直低着头，而要学会用眼神或者体态去跟老师交流互动，这样也能让老师从答辩者的眼神和动作中看到自信。

（七）遵守答辩礼仪

答辩是展示学术素养的舞台，其中礼仪是学术素养的一个重要方面。礼仪性的问题是多方面的。

参加答辩，答辩者着装要得体，不要不修边幅，不要穿奇装异服。如女生不要穿超短裙，男生不要留长发和长胡须，天气炎热也不要穿拖鞋，等等。

答辩迟到时，要主动诚恳地向答辩委员会的各位委员道歉，以争取他们的谅解，而不要过多地为自己辩解。因为答辩委员并不会对答辩者迟到的原因感兴趣。迟到已成为一个事实，原因不再重要，重要的是答辩者的道歉态度。❶

答辩开始，学生应对答辩主席及委员致谢，表示感谢各位老师对自己论文的答辩，很高兴与老师们交流学术观点，愿意接受老师们的指教。❷

答辩中，答辩老师没有停止提问或者停止解答有关事项时，答辩者不要随意打断其发言。答辩时，答辩人应该言辞谨慎，紧紧围绕论文答辩展开，不要过于放松，随意发挥，说一些与论文答辩没有直接关系的细枝末节，如自己下了多大的功夫，花了多少时间，花了多少钱，走了多少路进行调研，克服了多少困难（如当时自己生了病），等等。这些内容偏离了答辩内容，浪费了时间，冲淡了答辩的主题，同时一般也不会获得评委的好感。❸

在整个答辩过程中，答辩人应当尊重答辩委员会的老师，言谈举止要讲

---

❶ 美国作家罗曼·文森特·皮尔的畅销书《积极思考的力量》中有一句名言："态度决定一切"。也许这句话有些夸大其词，但学生的学术态度会影响评委对论文的评价，这是毫无疑问的。

❷ 当然，答辩礼仪是对答辩现场所有成员的要求。答辩老师也应该穿正装，不应该穿短裤、拖鞋等，同时在答辩开始时，往往也会谈到自己很高兴（或有幸受到邀请）来主持（或参加）本次答辩。

❸ 在多年前的一次博士论文答辩中，答辩人讲"我不仅自己校对论文，还让我的司机帮忙进行了校对"。旁听者一阵嬉笑，他立即郑重解释"我的司机也是大学毕业"，结果又引来了更大的笑声。

文明、有礼貌，如提到答辩委员及其他老师时，不可以直呼其名，一般可称呼"张教授"或"王老师""刘主席"等。在答辩老师的观点与自己的观点不一样时，答辩人更应当注意自己的措辞，尤其注意要尽量避免用反问语气说话。

答辩结束后，无论答辩情况如何，答辩者都应该秉持着一颗尊师重道之心，恳请指正的态度，再次对老师参加答辩给予指教，表示感谢，然后礼貌退场。❶

（八）小处不可随便

第一，回答时不要遗漏评委提出的问题，也不要张冠李戴，把张老师的问题说成是李老师的问题。

第二，注意答辩时的声音大小适中、语速快慢适当、发音准确、吐字清晰。

第三，学会控制好自己的答辩时间，不可过短或过长。

第四，注意PPT上不要出现错别字。

四、答辩技巧

答辩是一门学问，也是一门艺术。它有其自身的技巧性，总结起来主要有以下几点：

（一）脱稿阐述

论文答辩不等于宣读论文，整个过程既不能表现在背诵内容的层面上，更不能表现在宣读内容的层面上。答辩者必须对论文的全部内容了如指掌，抓住要点进行概括性的、简明扼要的、生动的阐述，重点突出自己所做的工作和取得的成果。一般答辩前要经过多次反复练习，以达到脱稿

---

❶ 刘国涛、余晓龙等：《法学论文写作指南》（第二版），中国法制出版社2018年版，第341-343页。

阐述的效果。现实答辩中，有的学生低头念稿，这不仅是不自信的表现，更说明答辩人对论文的理解不深入，下的功夫不够，甚至使人怀疑其论文有别人代写及抄袭他人之嫌。

（二）回答问题不求快

在答辩老师提问题时，学生要集中注意力聆听，并将问题记下，仔细推敲答辩老师所提问题的要害和本质，切忌未完全弄清题意就匆忙作答，欲速则不达。如果对所提问题没有听清楚，可以请提问老师再说一遍。如果对问题中有些概念不太理解，可以请提问老师做些解释，或者把自己对问题本身的理解说出来，并问清是不是这个意思，等得到肯定的答复后再作回答。只有这样，才有可能避免答非所问。

评委提问往往有特定的目的，不似表面上那样简单。学生回答要慎重，尤其不要说得很随意、武断，下一个绝对化的全称判断。有一次博士论文答辩，内容为"同态复仇"。评委问："我国当代同态复仇观念如何？"该学生竟脱口而出"好像与古代没有多大改变"。这当即遭到该评委的批评："我国早就废除了相关制度，民间也少有同态复仇的现象发生，怎么能说我国当代没有改变呢？"实际上，根本不需要着急回答，比较理想的答案如下："整体上来看，我国当代法律制度中已经不存在'以牙还牙，以眼还眼'这样的同态复仇观念了，但是某些类似的观念还顽固地存在于人们的头脑之中，如'杀人偿命'等。"

（三）论文不足的处理

在阐述自己的论文时要积极主动、明确地（甚至比较详细、具体地）说出自己论文的不足。首先，这是答辩所要求必须回答的；其次，这可以表明自己对论文研究问题的深刻把握，对自己论文有一个正确的优缺点的评价；最后，这也可以表明自己的谦虚的态度。

此外，在答辩中发现自己的其他不足时，也要主动讲清楚不足之处，并进行必要的解释，可以避免答辩老师提出后再解释时的被动。对于答辩老师指出后才发现的不足之处，要先虚心接受，再阐明原委，同时表明自己后面认真修改论文的态度及可能的修改思路，以争取老师的理解，得到老师的建议。❶

（四）老师追问时的应对

有时，答辩老师会在答辩者回答后，继续追问，甚至穷追不舍，对回答连续追问。这时一定要仔细琢磨老师的意图。答辩老师的目的是质疑答辩者的观点？是认为回答偏离了问题？还是仅仅想了解答辩者进一步的想法？然后对症下药，而不是一味地顺着自己的思路来回答问题。

（五）答辩老师出错时的应对

假如答辩者意识到了答辩老师对某个问题的评论或者给出答案是错误的，心中一定要有意识地思考，即答辩老师是否故意把答案说错？❷ 抑或是答辩老师对这一问题确实是疏忽了？如果是前一种情况，答辩者应该当场纠正老师的错误，以表明自己对该问题的正确把握。如果是后一种情况，最好保留意见，等到答辩结束以后单独跟答辩老师沟通交流。

当然，考虑到学术面前人人平等，答辩时如果觉得评委的观点对自己论文的观点构成严峻的挑战，影响答辩通过，则必须予以回应，要据理力争。与答辩委员"吵"起来，甚至争得面红耳赤。这种方式本身并不会也

---

❶ 刘国涛、佘晓龙等：《法学论文写作指南》（第二版），中国法制出版社2018年版，第338-340页。

❷ 小泽征尔是享誉世界的交响乐指挥家。在一次世界优秀指挥家大赛的决赛中，他按照评委会给的乐谱指挥演奏，但是，在气势恢弘的音乐中，他那敏锐的耳朵听见了不和谐的声音。起初，他以为是乐队演奏出了错误，就要求大家停下来重新演奏，但是同样的怪音还是发出了，尽管它是那么细微，不仔细听几乎听不出来。小泽征尔又一次要求乐队停下来。这一次，他觉得应该是乐谱有问题，并向在场的评委会专家提出了这个疑义。这么重要的比赛，对评委会专家提供的乐谱表示怀疑，这还是第一次，面对专家的坚持，小泽征尔很慎重地又指挥乐队演奏了一次。这一回，他再次相信了自己的耳朵。面对一大批音乐大师和权威人士，他斩钉截铁地大声说："不！一定是乐谱错了！"话音刚落，评委席上的评委们立即站起来，全体报以热烈的掌声，并祝贺他摘取了世界指挥家大赛的桂冠。原来，这是评委们精心设计的一道试题，他们故意在乐谱中制造了一个小错误，以此来检验指挥家的音乐才能。参见：小泽征尔胜于自信的故事，https://wenda.so.com/q/1425789698729129，2022年3月17日访问。

不应该影响你的论文评审。

（六）其他小技巧

第一，答辩不要随意超出论文内容及自己准备的内容，如提出新观点、新证据或新例子，这种自由发挥很容易出错。

第二，评委提出论文没有涉及的问题时，要明确指出这一点，同时表示自己以后可以进一步研究这些问题。切忌在没有把握的情况下随意回答。

第三，多使用第一人称"我"。这样可以让答辩老师觉得，论文答辩者确实做了许多关于论文写作的工作，在心理层面上博得答辩老师的喜爱。❶

五、答辩后论文修改

答辩结束后，许多答辩者以为论文已经通过答辩，且最终定型，改与不改都不会对学位授予产生多大的影响，且往往感到自己已经精疲力尽，对进一步修改论文重视不够。殊不知，同答辩一样，答辩后的论文修改是论文写作过程中必不可少的重要组成部分。

（一）与导师商讨

在答辩过程中，通过与多位答辩老师进行学术交流，从老师的提问方式、质询角度和提问中所涉及的知识等方面，学生都可以得到很多启发，受到教育。答辩后，论文还需要根据答辩小组的意见，以及自己通过答辩过程产生的新认识进行适当修改，包括部分实质内容的修改和某些文字以及格式的修改等。

一般答辩结束，学生要回忆和思考答辩委员对自己论文的意见和建议，拿出自己的初步修改意见，然后尽快和导师联系。一方面向他/她汇

---

❶ 陈燕：《研究生学位论文答辩要领》，《科技信息》2012年第8期。

报答辩情况，一方面请教修改意见和建议。在与老师商定妥当修改意见后，再自己独立进行论文修改。这时学生往往还要阅读有关文献，与导师不断沟通和交流。

值得注意的是，有时会出现这样的情况：答辩老师之间对论文观点不一致，或答辩老师观点与导师观点不一致，以及学生自己的观点与答辩老师的观点也难以达成一致。这时候一般要尽量弄清各自观点的根据，找出矛盾所在，深化对问题的理解，消弭冲突；实在难以消除，则可以不采纳答辩老师意见（有时需要把这种意见作为一种重要的观点写入论文，并进行反驳）。学生要尽量与导师达成一致意见，如果观点实在难以达成一致，一般要尊重导师意见，最后以导师意见为主来修改论文。

论文修改完毕，经导师审查同意、签字，❶论文最后版本提交到学院，论文写作过程才算正式结束。

（二）重大修改说明书的提交

有些论文因为外审及院审时，有审阅老师提出尖锐的批评意见，甚至评定为不合格，这时即使答辩委员会通过了论文，学院教务办也往往会要求学生书面对自己论文的修改情况给出说明，以便于学院及学校学位委员会在评定学位授予时予以考虑。该说明书形式比较简单，一般要写明向谁说明，说明的目的，专家及评委的意见内容及自己修改的情况，说明人及时间。专家意见一定要具体、明确，是原话或原文，而修改情况也明确在论文的什么位置及详细内容。一般是一条意见对应一项修改内容。该说明书不需要太长，注重简练和明确，一目了然。

---

❶ 有这样的例子：学生论文外审及答辩都被评为良好，答辩后学生修改论文，导师及评委没有要求改的，他也改了。提交截止日期前一天晚上，导师审阅时发现，他把创新点都改没了，便要求其再次修改。但该同学没有修改，第二天怀着侥幸心理向学院学位委员会提交了论文。结果论文没有通过。

（三）总结使人进步

"谦虚使人进步"，这是指态度上，而在具体行动上则是"总结使人进步"。论文修改完毕并上交后，学生应该再对自己整个论文写作阶段的工作进行总结，分析自己在写作中的经验和教训，并与老师及其他同学进行交流，以进一步深化对论文写作的认识，利于自己在以后的学习或工作中提高论文写作的能力，不断进步。

结　语

关于法学学位论文写作的内容基本讲完了。为了提醒同学们注意，以及强调某些重要内容，现在从中概括提炼出学位论文写作中的几大关系谈一谈，并相应地提出几句忠告。在此基础上，再谈一谈论文写作中的愉悦等问题。

一、十大关系

论文写作正如其他任何事物一样，有其自身的结构以及内在、外在的基本矛盾。妥善处理这些基本矛盾，协调好这些关系，是学位论文写作面对的主要问题。

- 选题的热门与冷门；
- 资料的新颖与陈旧；
- 学习继承与批判创新；
- 现实问题与学术问题；
- 理论价值与应用价值；
- 大胆假设与小心求证；
- 意在笔先与笔在意先；
- 表达自由与写作规范；
- 为己写作与为人写作；
- 独立写作与导师指导。

二、六大忠告

针对同学们在论文写作中容易出现的问题、遇到的障碍，这里总结概括出论文写作六个方面的注意事项，希望引起同学们的高度重视。

- 没有继承，就没有创新；
- 没有疑问，就没有学术；
- 没有假设，就没有理论；
- 没有根据的说法，就是造谣；
- 没有规矩，不成方圆；
- 只有手巧，才能心灵。

三、写作的欢乐颂

本书前面提到论文写作压力问题，可能使同学们感到有些压抑，产生畏难情绪，但学位论文写作绝不是要求同学们去做枯灯黄卷下的苦行僧。实际上，与论文写作的压力和痛苦须臾不可分离的就是快乐。学位论文写作也是一个兴奋、激动、快乐的过程。诺贝尔奖得主德裔瑞士作家海塞有云："没有什么比沉浸在创作的欢乐与激情中奋笔疾书更美，更令人心醉的事了。"我深信此言。

1. 论文写作也许是形单影只的，但并不是寂寞无聊的

阅读文章就是与别人进行无声的、纸面上的交流，交朋友，阅读经典就是与伟人、哲人进行聊天、对话。阅读高水平的文献就是在享受"谈笑有鸿儒，往来无白丁"的快乐，享受"得天下之美文而读之，得天下之真知灼见而赞之"的快乐！

你与几千甚至上万公里外的学者交流，是不是有"有朋自远方来，不亦乐乎"的感觉？你与几百甚至上千年前的哲人交流，是不是有"有朋自'远古'来，不亦乐乎"的感觉？

他们的观点与你类似，是不是你会产生"心有灵犀一点通""于我心有

戚戚焉""英雄所见略同"的感慨？他们的观点与你相左，是不是你会产生"别有洞天""百花齐放"的感觉？

2. 理解别人、评价别人是一种快乐，❶理解自己、表达自己也是一种快乐

狂赞好文章，怒批差文章，这种直抒心意、"快意恩仇"的事情，当然也使人快乐！当你心思迷茫，搞不清楚自己究竟该持什么样的观点，百思不得其解时，突然柳暗花明又一村——冒出了新的想法，你是快乐的；当你不知道如何表达自己观点时，突然豁然开朗，找到一个最恰当的词的时候，你是快乐的。❷

3. 他人的鼓励和赞许是快乐，自我肯定也是快乐，甚至是更大的快乐

当你费尽心思，提出自己的观点和想法，最后得到别人的理解和尊重甚至赞赏的时候，你知道你的努力没有白费，得到了别人的认可，所有的付出都是值得的，这时你是快乐的；当你论文答辩通过的时候，你知道这是专家对你工作的肯定，最后的权威决定，这是你论文写作胜利的纪念碑，你油然而生某种满足感、自豪感和收获感、成就感、幸福感，这时的你是快乐的。

如果说"法律是法律人的情人"的话，那么法学论文写作就是你和法律谈的一场轰轰烈烈、让人生死相许的恋爱，通过论文答辩就是攻入围城，走进婚姻的殿堂。

4. 论文写作既是一个"独乐乐"的过程，也是一个"众乐乐"的过程

创新是论文写作的难题，同时也是论文写作的魅力所在。自己做出了创新，甚至填补了学术空白，开辟了一片新天地，是快乐的。你在对学术的认识上了一个大台阶，自我感觉经过论文写作的洗礼，脱胎换骨，变了

---

❶ 至于李敖先生"得天下之蠢材而骂之，不亦乐乎"的名言，我们就不多说了。不过确实，在阅读中当碰到写得不好的文章时，我们有时会不由自主地产生一种基于"阴暗心理"的快乐："写的内容真是垃圾，远远不如我的水平，以后可有饭后的谈资了！"

❷ 塔西佗有云："当你能够感觉你愿意感觉的东西，能够说出你所感觉到的东西的时候，这是非常幸福的时候。"转引自休谟：《人性论》，关文运译，郑之骧校，商务印书馆1980年版。

一个人，由一个向别人学习的学生，变成了在某一方面可以为师的专家。以前的丑小鸭变成了美丽的白天鹅。

最终完成一篇高质量论文后，自己左手拿着散发着油墨香气的论文，右手轻轻一页页翻看，往往也会惊叹："真想不到，这真是我写的吗？我这水平也能写出这么精彩、这么有新意的论文？我真是太佩服写论文时的自己了！"

在论文写作过程中，你与导师及同学、朋友交往中也是充满快乐的。这里有"听君一席谈，胜读十年书"的快乐，有"与君子游，如入芝兰之室"的快乐，更有"同甘共苦，相互鼓励、支持、帮助"的快乐。

5.论文写作是一个"寂寞的欢愉""痛并快乐着"的过程❶

也许可以这样调侃：如果你恨一个人，就让他/她去写论文吧，因为写论文最痛苦；如果你爱一个人，就让他/她去写论文吧，因为写论文最快乐！痛苦之后的快乐，是真正的快乐。前面越是辛苦，则后面的快乐也就越强烈。❷常见有同学在论文被"毙掉"的边缘惊险地走了过来，答辩通过后喜极而泣的场景。

席勒作诗、贝多芬谱曲的第九交响曲终曲第四乐章《欢乐颂》，又译《快乐颂》，是献给神灵的，现在应该把它的用词稍作修改，献给每一个正刻苦努力写作学位论文的同学：❸

> 学术女神圣洁美丽，灿烂光芒照大地。
> 我们心中充满热情，来到你的圣殿里。
> 你的力量能使人们，消除一切偏见。
> 在你光辉照耀下面，形成学术共同体……

---

❶ 这是借用两本书的题目。参见邓正来：《寂寞的欢愉》，法律出版社2004年版；白岩松：《痛并快乐着》，长江文艺出版社2016年版。

❷ 由此，也可以反推出这样的判断：没有经历痛苦与快乐交织的写作过程，是写不出优秀论文来的。

❸ 加着重号的部分原词为"快乐女神""分歧""人们团结成兄弟"。

四、知难行易是写作

临渊羡鱼，不如退而结网。只有在战争中才能学会战争，只有在论文写作中才能真正学会论文写作。毛泽东同志《实践论》中的一句话生动地说明了这一道理："你要知道梨子的滋味，你就得变革梨子，亲口吃一吃。"套用霍姆斯"法律的生命不在于逻辑，而在于经验"的说法，我们可以说："写好法学论文的关键不在于理论讲授，而在于经验的积累。"常听学生对老师这样讲"我发现别人的文章写得并不好，但是要让我写，我还写不出来"，这主要是缺乏实际训练的缘故。❶眼高手低是人的通病。

人们常说：说起来容易做起来难。其实不尽然，世界上不少事情是反过来的，孙中山先生在革命时期就曾大胆提出"知难行易"的观点。❷人们往往因为"说起来难"而恐惧写作，并没有勇敢地亲身体验一下写作的滋味。也许"知难行易是写作"这句话，才真正道出了写作的真谛！

写过论文的人都会有这样的体会：论文一旦开始写，就好像它有了自己的生命，似乎不是作者在写论文，而是论文自己在利用作者的手和笔在写，它按照自己的逻辑和节奏展开，甚至使作者感到身不由己，欲罢不能。哈耶克教授讲"法律是人之行动而非人之设计的结果"，套用这句话，似乎我们也可以说"论文也是作者之行动而非完全作者之设计的结果"。

小学四年级时我学过一篇课文《小马过河》：小马经过一番挫折，小心地趟过了河。它最后发现："原来河水既不像老牛说的那样浅，也不像松鼠说的那样深。"学生写学位论文也像"小马过河"一样，真正动笔写过论文，回头看看刚刚走过的路，就会发现：论文写作既不像原来想象的

---

❶ 这也就是不少关于论文写作的著作都包含大量的实例，甚至题目中都包含"实例"二字的基本原因，也是相关著作往往冠以"指南"或"指导"二字的原因。靠阅读著作或听课并不能使学生学会写作，其作用仅仅在于"指引""指导"。

❷ 当年孙中山先生深感"非知之艰，行之惟艰"的古说会助长畏难苟安的心理，认为这正是中国近代积弱衰败，革命事业不能取得成功的一个重要原因。为了破除这种旧的传统观念，鼓舞人们"无所畏而乐于行"的勇气，孙中山先生提出了相反的观点："行之非艰，而知之惟艰。"

那样困难，也不像有些人讲的那样容易。❶ 纸上得来终觉浅，绝知此事要躬行！在论文写作围城之外的人是无法体会围城之内人们的感受的！

五、小　结

法学论文写作虽然困难重重，也没有秘籍可供参考，但有规律可循，只要同学们掌握了规律，就会"从心所欲不逾矩"，从必然王国到达自由王国。攻城不怕坚，攻书莫畏难；论文有险阻，苦战能过关！❷

最后，衷心祝愿同学们写出一篇优秀的法学学位论文，为自己的青春留下清晰的脚印，为难忘的大学生活画上一个圆满的句号！

---

❶ 似乎没有听人讲"写论文很容易"，多见人讲"论文写作很难"。实际上并不是没有人认为写作是件容易的事，而是这样的观点往往并不以论文、论著的方式出现，或夹杂在文章中间，人们看不到，被忽略了。如果一个人写了很长的文章或著作来论述"写作是件很容易的事"，岂不自扇耳光！

不过，据我粗浅的了解确实有两本书大力宣扬写作很容易。其中一本书题目为《零秒思维写作》(曾冠茗著，华南理工大学出版社2018年版)，但该书共266页，172千字；另一本书题目为《发论文、拿项目，其实很简单》(老踏著，北京联合出版公司2019年版)，但该书共238页，174千字！

❷ 这句话是模仿前叶剑英同志《攻关》一诗，原诗为"科学有险阻，苦战能过关"。

主要参考文献

一、著作类

[1] 毕恒达.教授为什么没告诉我：论文写作枕边书[M].北京：法律出版社，2007.

[2] 布莱恩·格里瑟姆.如何写出好论文[M].李林波，译.成都：四川人民出版社，2021.

[3] 陈妙云.学术论文写作[M].广州：广东人民出版社，1998.

[4] 陈瑞华.论法学研究方法[M].北京：法律出版社，2017.

[5] 大卫·克拉斯沃尔，尼尔·史密斯.怎样做开题报告：给教育社会与行为科学专业学生的建议[M].焦建利，徐品香，等译.上海：上海教育出版社，2015.

[6] 菲利普·钟和顺.会读才会写：导向论文写作的文献阅读技巧[M].韩鹏，译.重庆：重庆大学出版社，2015.

[7] 葛剑雄.通识写作：怎样进行学术表达[M].上海：上海人民出版社，2020.

[8] 何海波.法学论文写作[M].北京：北京大学出版社，2014.

[9] 吉纳·威斯科.研究生论文写作技巧[M].王欣双，赵霞，李季，译.大连：东北财经大学出版社，2012.

[10] 季羡林.季羡林谈读书治学[M].北京：中国当代出版社，2006.

[11] 卡尔·波普尔.猜想与反驳：科学知识的增长[M].傅季重，纪树立，周昌忠，等译.上海：上海译文出版社，2005.

[12] 凯特·L.杜拉宾.芝加哥大学论文写作指南[M].第8版.雷蕾，译.

北京：新华出版社，2015.

［13］劳拉·布朗.完全写作指南——从提笔就怕到什么都能写［M］.袁婧，译.南昌：江西人民出版社，2017.

［14］劳伦斯·马奇，布兰达·麦克伊沃.怎样做文献综述：六步走向成功［M］.陈静，等译.上海：上海教育出版社，2011.

［15］李可.法学学术规范与方法论研究［M］.南京：东南大学出版社，2016.

［16］梁慧星.法学学位论文写作方法［M］.北京：法律出版社，2017.

［17］凌斌.法科学生必修课：论文写作与资源检索［M］.北京：北京大学出版社，2013.

［18］刘国涛，余晓龙，等.法学论文写作指南［M］.第2版.北京：中国法制出版社，2018.

［19］马立民，冯志明.法学毕业论文写作［M］.天津：南开大学出版社，2008.

［20］荣新江.学术训练与学术规范：中国古代史研究入门［M］.北京：北京大学出版社，2011.

［21］宋楚瑜.如何写学术论文［M］.北京：北京大学出版社，2014.

［22］唐弢.文章修养［M］.第2版.北京：生活·读书·新知三联书店，1998.

［23］王嘉陵.毕业论文写作与答辩［M］.成都：四川大学出版社，2003.

［24］王力，朱光潜，等.怎样写学术论文［M］.北京：北京大学出版社，1981.

［25］韦恩·C.布斯，格雷戈里·G.卡洛姆，约瑟夫·M.威廉姆斯.研究是一门艺术［M］.陈美霞，徐毕卿，许甘霖，译.北京：新华出版社，2009.

［26］翁贝托·埃科.大学生如何写毕业论文［M］.高俊方，译.北京：华龄出版社，2003.

［27］熊浩.论文写作指南：从观点初现到研究完成［M］.上海：复旦大学

出版社，2019．

［28］严耕望．治史三书［M］．上海：上海人民出版社，2011．

［29］阎天．法意文心：法学思维六讲［M］．北京：中国民主法制出版社，2021．

［30］叶圣陶．怎样写作［M］．北京：中华书局，2007．

［31］尤金·布洛克．法学论文的撰写编辑与发表［M］．朱奎彬，译．成都：西南交通大学出版社，2018．

［32］张五常．学术上的老人与海［M］．北京：社会科学文献出版社，2001．

［33］郑也夫．论文与治学［M］．北京：中信出版社，2018．

［34］朱礼生，朱江．论文写作与答辩［M］．南昌：江西高校出版社，1997．

［35］朱希祥，王一力．大学生论文写作：规范·方法·示例［M］．上海：汉语大词典出版社，2003．

二、论文类

［1］陈兴良．论文写作：一个写作者的讲述［J］．中外法学，2015，27（1）．

［2］刘南平．法学博士论文的"骨髓"和"皮囊"：兼论我国法学研究之流弊［J］．中外法学，2000，12（1）．

［3］刘作翔．创新是学术研究永远不变的真理——谈谈学术研究的体会［J］．法学教育研究，2016（1）．

［4］秦琳．社会科学博士论文的质量底线——基于抽检不合格论文评阅意见的分析［J］．北京大学教育评论，2018，16（1）．

［5］苏力．只是与写作相关［J］．中外法学，2015，27（1）．

［6］孙正聿．我国人文社会科学研究的范式转换及其他——关于文科研究的几点体会［J］．学术界，2005（2）．

［7］孙正聿．立德树人：导师的形象和工作［J］．学位与研究生教育，2020（4）．

［8］吴玉章．法学博士学位论文：学术与策略之间［J］．清华法治论衡，

2005（1）.

[9]肖永平.中国法学研究的学术规范与注释规则[J].法学评论,2002（4）.

[10]杨立新.法学学术论文的选题方法[J].法治研究,2016（2）.

[11]姚建宗.法学研究及其思维方式的思想变革[J].中国社会科学,2012（1）.

[12]尤陈俊.作为问题的问题意识——从法学论文写作中的命题缺失现象切入[J].探索与争鸣,2017（5）.

[13]张少瑜.谈谈内容提要的写作[J].法学评论,2001（5）.

[14]周国均.法学学术论文写作之我见[J].山西大学学报（哲学社会科学版）,2001（3）.

[15]周文辉,张爱秀,刘俊起,等.我国高校研究生与导师关系现状调查[J].学位与研究生教育,2010（9）.

跋

冒险中的冒险

  本书是一个老师与正在进行论文写作学生的贴心谈话，它是老师多年教学工作的点点滴滴积累。陈寅恪先生有"四不讲"："前人讲过的，我不讲；近人讲过的，我不讲；外国人讲过的，我不讲；我自己过去讲过的，也不讲。现在只讲未曾有人讲过的。"虽不能至，心向往之。本书特别强调论文的生命在于创新，谈写作的著述自身作为一项学术活动，又如何能不以创新为重呢！写作中，笔者力争写出新意，如果读者通过阅读本书，能够真正受到一些新的启发，笔者也就心满意足了。

  1949年，丘吉尔在英国国家书展上谈论《二战回忆录》的演讲中指出"写作是一场冒险"，他说得很对，那么以此类推"谈论写作的写作"就是"冒险中的冒险"。法学学位论文的写作需要法学、教育学、心理学等多方面的知识和能力，这是我在写作中逐渐体会到的，越写越感到难度大。为此，在写作中我甚至怀疑：自己是否有资格和能力来谈论如何写学位论文？我的这种"冒险"到底值不值得？

  文有章法，但无定法。章学诚《文史通义》有云："古人文成法立，未尝有定格也。传人适如其人，述事适如其事，无定之中，有一定焉。"文章的内容与写作方法是密切相关的，不同的内容，写作方法也会有所不同。论文写作实在是没有确定不移、通用、普适的规则的，就算有任何规则，这些规则也是用来打破的。只要世界上还有论文存在，关于论文写作方法的探讨也就永远不会停止。希望大家相互交流，共同努力，使我们对法学学位论文写作的认识一步步走向深入。

感谢童伟华教授，陈秋云教授，董万程教授，张静焕教授，宋国华教授，《法治日报》社记者翟小功先生，河南大学法学院马光泽副教授，南京大学法学院梁庆博士，海南大学2020级、2021级、2022级全体学术硕士研究生对本书写作提出的宝贵意见和建议。

特别感谢良师益友姚建宗教授，你不仅耐心审阅了本书的草稿，提出了中肯的意见和建议，还慨然拨冗为本书撰写了序言。在序言中，你称笔者"是个有心人"，这实在是对笔者最大的鼓励和鞭策。

最后，但绝非最不重要的是，要感谢海南大学慷慨资助出版本书，感谢海南大学法学院的大力支持，感谢知识产权出版社各位编辑的辛勤工作！

韩立收于东坡湖畔

2022年1月10日初稿

2023年6月18日定稿